本书是"国家社科基金项目《新兴媒体融合发展中的著作权制度应对与变革研究》（15BFX144）"的最终研究成果

新兴媒体融合发展中的
著作权制度应对与变革研究

梅术文　等著

知识产权出版社
全国百佳图书出版单位
——北京——

图书在版编目（CIP）数据

新兴媒体融合发展中的著作权制度应对与变革研究/梅术文等著. —北京：知识产权出版社，2021.11

ISBN 978 - 7 - 5130 - 7784 - 2

Ⅰ.①新… Ⅱ.①梅… Ⅲ.①著作权法—研究—中国 Ⅳ.①D923.414

中国版本图书馆 CIP 数据核字（2021）第 208002 号

责任编辑：刘 睿 邓 莹　　　　责任校对：王 岩
封面设计：智兴设计室·任珊　　　责任印制：刘译文

新兴媒体融合发展中的著作权制度应对与变革研究

梅术文　等著

出版发行：知识产权出版社 有限责任公司	网　　址：http：//www.ipph.cn
社　　址：北京市海淀区气象路 50 号院	邮　　编：100081
责编电话：010 - 82000860 转 8346	责编邮箱：dengying@ cnipr.com
发行电话：010 - 82000860 转 8101/8102	发行传真：010 - 82000893/82005070/82000270
印　　刷：三河市国英印务有限公司	经　　销：各大网上书店、新华书店及相关专业书店
开　　本：720mm×1000mm　1/16	印　　张：19
版　　次：2021 年 11 月第 1 版	印　　次：2021 年 11 月第 1 次印刷
字　　数：300 千字	定　　价：98.00 元

ISBN 978 - 7 - 5130 - 7784 - 2

前　言

随着数字技术和互联网技术的发展，新兴媒体融合发展已是大势所趋，由此带来的著作权问题不断增多，法律关系更加复杂，因此有必要系统地探索著作权制度的应对策略与变革模式。本书共七章，从新兴媒体环境下著作权制度面临的困境和挑战入手，探索著作权制度促进新兴媒体融合发展的正当性基础，提出新兴媒体和传统媒体著作权利益分享的理论基础，围绕权利配置、权利限制、权利利用和权利保护等四个环节，探索新兴媒体融合发展中著作权制度应对策略与变革模式。

第一章：新兴媒体融合发展对著作权制度的挑战。本章对新兴媒体以及新兴媒体的融合发展进行界定，分析新兴媒体融合发展过程中传统媒体面临的著作权困境、新兴媒体融合发展中著作权制度现状与问题。新兴媒体是继报刊、广播、电视等传统媒体之后发展起来的、能为大众提供个性化内容及服务的媒体形态，新兴媒体的融合发展表现为内容、渠道、载体及环境的融合。在互联网技术的支持下，新兴媒体的市场地位与市场份额不断提升，传统媒体受众规模则逐年下降，企业经营状况不容乐观，同时也面临侵权行为频发、维权道路艰难等问题，法律的滞后性加重了传统媒体的著作权困境。美国、欧盟、日本、澳大利亚等国家和地区有关新兴媒体融合发展的著作权立法颇具启示意义。相较而言，我国已经构建起应对新兴媒体融合发展的著作权法律和政策框架，但是，著作权制度理念和改革模式仍需不断创新，著作权制度体系和法律规则尚需进一步完善。

第二章：新兴媒体融合发展中的著作权正当性。本章以新兴媒体融合发展对著作权正当性的挑战为切入点，分析传统著作权正当性理论的适应力与解释力不足，提出将利益分享理论作为新兴媒体融合发展中著作权正当性的基础。媒体融合发展环境下，以互联网技术为依托的新兴媒体更加倾向于自由传播与互动共享，著作权侵权指控和自由传播的抗辩形成尖锐的对立，著作权制度正当性的基础正面临着严峻的挑战。传统著作权正当性的理论适应力不足，具体表现为劳动理论无法解决新兴媒体时代"智力劳动"与"智力创造"之间的关系，无法解决作品再次创作问题，著作权激励理论的工具论立场受到质疑，过分强调著作权专有化与产权化的经济分析理论制约了信息传播效率提升，利益平衡理论在面对多元化的新兴媒体利益格局时难以自圆其说。因此，利益分享理论建立在市场选择和政策选择的基础之上，以战略的思维去调整各方利益关系，能够推动形成著作权人、传统媒体产业、新兴媒体产业和文化消费者等各方利益分享与利益最大化，可谓是更为妥适的著作权正当性解释范式。

第三章：新兴媒体融合发展中的著作权权利配置。本章从作品形态和权利配置的一般原理出发，着重探讨新兴媒体传播新类型作品等客体时形成的法律关系类型、独创性标准判断以及权利内容配置。新兴媒体传播的作品类别主要为新闻作品、娱乐作品和实用作品，以上三类作品与《著作权法》上的作品分类不存在对应的关系，可以将新闻作品列为单独的作品类别，将娱乐作品表述为视听作品，扩大图形作品、模型作品的保护范围。人工智能创作物在满足独创性的情况下应纳入作品范围，人工智能视为作者，在无约定的情况下，将人工智能创作物的权利归属于使用者。具备独创性的体育赛事节目画面和网络游戏画面应当认定为作品，同时建立传播权体系，将定时播放、信息网络传播纳入传播权的调整系统。针对新兴媒体的网络转播行为，广播组织权中"转播权"的权利范围应延伸至互联网环境。

第四章：新兴媒体融合发展中的著作权限制。本章探索新兴媒体融合发展中著作权限制制度应对的一般原则和具体方式，阐述制度变革的条件和机理，针对争议较大的时事性文章合理使用、人工智能编创合理使用、网络转载、摘编法定许可以及"谷歌税"展开细化论述。新兴媒体融合发展中时事性文章是由党政机关工作人员创作，内容具备时效性、重大性、权威性、非学术性的作品，可在统一认定标准的基础上适用合理使用规则。人工智能编创满足转换性使用和非表达性使用的要求，在不影响作品正常使用、没有不合理地损害权利人的合法利益的情况下，应认定构成合理使用。全面建立网络转载、摘编法定许可制度虽不可行，但可以通过区分新兴媒体的不同类型以及其所使用的作品形态，创新著作权限制制度。欧盟、西班牙等建立的"谷歌税"规则是新兴媒体融合发展中针对聚合新闻媒体而设计的新型限制规则，我国可吸纳"谷歌税"中的合理元素，构建新闻聚合媒体使用作品的"实质呈现＋补偿"机制。

第五章：新兴媒体融合发展中的著作权利用。本章分析新兴媒体融合发展中著作权利用的一般原则和制度应对、变革的总体思路，结合著作权交易平台、著作权商业运营以及新闻作品和音乐作品的利用制度进行具体分析。新兴媒体融合发展中，有必要明确各类著作权交易平台的性质和业务范围，建立著作权公示制度并完善 DRM 著作权许可合同。著作权商业运营虽饱受批评，引起不少争议，但在新兴媒体融合发展中仍具备正当性，需要保障著作权商业运营机构的合法地位，将正常的商业运营与敲诈勒索相区分，追究恶意诉讼的民事责任。职务新闻作品可认定为特殊职务作品，将其著作权归属为新闻媒体，通过建立媒体联盟著作权集体协商和管理制度，推动新闻作品的合法利用。新兴媒体利用音乐作品在特定情形下可以遵循法定许可规则与公共许可规则，通过完善音乐作品著作权集体管理制度实现更便捷的授权许可。

第六章：新兴媒体融合发展中的著作权保护。本章从新兴媒体侵犯著作权行为的类型化分析、新兴媒体深层次链接的行为性质、新兴媒体的著作权义务体系、新兴媒体侵犯著作权损害赔偿责任和行政责任等方面讨论新兴媒体融合发展中的著作权保护问题。新兴媒体融合发展带来了新型的著作权侵权行为，需要对特定空间、特定技术背景支持或者特定领域发生的著作权侵权责任进行认定。新兴媒体深层次链接应当适用实质呈现标准，构建新兴媒体深层次链接的"实质呈现＋补偿"机制。新兴媒体著作权法律义务体系存在缺陷，应建立涵盖事前管理义务、事中配合义务和事后制止义务的法律义务体系。新兴媒体侵犯著作权损害赔偿额度计算应该回归到实际损失的测度，通过"市场定价＋惩罚性赔偿"确定赔偿数额。新兴媒体侵犯著作权的行政责任具有充分的理论正当性，需要完善行政责任法律体系，加强行政执法与司法保护的衔接，建立著作权信用评价体系等。

　　第七章：新兴媒体融合发展的著作权制度完善与战略对策。本章结合新兴媒体融合发展所面临的各种著作权问题，对法律制度完善和媒体产业的战略对策进行探讨。在前面章节分析的基础上，《著作权法》《著作权法实施条例》《著作权集体管理条例》《信息网络传播权保护条例》等都有修改与完善的空间。根据市场选择和战略抉择的理论，国家层面需要实施推动新兴媒体融合发展的著作权战略，企业层面则需要加强内部的著作权创造、运用、保护，顺应媒体融合的时代潮流，依法经营管理，实现著作权价值的最大化。

　　总之，本书以新兴媒体融合发展中的著作权制度挑战为切入点，以推动新兴媒体和传统媒体利益分享为研究主线，全面梳理新兴媒体融合发展中面临的著作权困境，深入研究相关的立法动态与司法实践，以求建立系统的新兴媒体融合发展的著作权权利配置、权利限制、权利利用和权利保护体系。该研究有助于聚焦新兴媒体融合发展与制度支持之间的理论关联，有助于进一步完善著作权法律制度，有助于推动新兴媒体和传统媒体企业不断加强著作权运用和管理，增强著作权意识，拓展以著作权为纽带的文化产业价值链和创新链。

目　录

第一章
新兴媒体融合发展对著作权制度的挑战

随着互联网技术的不断发展，各类新兴媒体应运而生，层出不穷，其自我更新之快速、功能融合之多元、远非传统媒体时代所能体认。新兴媒体产业由此获得迅猛发展，融媒体、全媒体、自媒体、聚合媒体、视听新媒体等应接不暇，对著作权的保护、管理和利用都提出全新的要求。此种形势下，既需要维护传统媒体和广大作者的合法权益，明确新兴媒体的法律责任，又必须充分发挥著作权制度的作用，推动传统媒体和新兴媒体走向融合发展、合作共赢。本章将梳理相关概念范畴，分析新兴媒体融合发展的含义、必要性和挑战，讨论新兴媒体融合发展中传统媒体存在的主要著作权困境，结合代表性的立法，解读新兴媒体融合发展中的著作权制度现状和存在的主要问题。

第一节　新兴媒体及其融合发展

一、媒体与新兴媒体

（一）媒体的含义及特征

媒体的英文表述是"Media"，这一词来源于拉丁语"Medius"，意为两者之间。从传播的方式上来看，媒体可以被理解为是人类借助用来传递信息、获取信息的工具或渠道。❶ 质言之，媒体是人们借助用来传递信息与获取信息的工具、渠道、载体、中介物或技术手段。

媒体具有三个方面的基本特征：第一，媒体具有表现的充分性。作为信息的载体，媒体有多种表现形式，可以更充分、更全面地将信息展现给受众。第二，媒体具有塑造的逼真性。随着媒体技术的发展和完善，媒体展现的信息也更加真实、具体。第三，媒体具有公信力，即其内在的具有被公众信赖的特质。

（二）新兴媒体的含义及特征

1. 新兴媒体的含义

新兴媒体的英文表述是"New Media"，其本意涵盖了所有数字化的媒体形式。有人认为，美国哥伦比亚广播电视网（CBS）技术研究所戈尔德马克于 1967 年率先提出新媒体的范畴。❷ 也有人认为，法国学者弗兰西斯·巴尔和杰拉尔·埃梅里在 20 世纪 70 年代合著的《新媒体》中首次使用新兴媒体的概念。❸ 可见，从其诞生之初，新兴媒体就是一个颇多争议且具有相对性的概念，指向继报刊、广播、电视等传统媒体之后兴起的全新媒体形态。

在西方，关于新兴媒体概念的界定是个争论不休的话题。匡文波教授称之为"一个混乱的概念"。❹ 美国《连线》杂志将新兴媒体定义为"所有人对所有人的传播"。❺ 资深媒体分析师凡·克劳斯比（Vin Crosbie）称新兴媒体是能对大众同时提供个性化内容的媒体，是传播者和接受者融会成对等的交流者，而无数的交流者相互间可以同时进行个性化交流的媒体。❻ 联合国教科文组织对新兴媒体所下的定义是："以数字技术为基础，以网络为载体进行信息传播的媒介。" 1998 年 5 月，时任联合国秘书长安

---

❶ 戴元光. 传播学原理与应用 [M]. 北京：中国传媒大学出版社，1988：2.

❷ 石磊. 新媒体概论 [M]. 北京：中国传媒大学出版社，2009：1.

❸ 廖祥忠. 何为新媒体？[J]. 现代传播（中国传媒大学学报），2008（5）：121.

❹ 匡文波. "新媒体"概念辨析 [J]. 国际新闻界，2008（6）：67.

❺ 曹鹏飞. 新媒体是什么 [EB/OL]. [2019 – 07 – 27]. http：//cpc. people. com. cn/n/2014/0625/c68742 – 25195789. html.

❻ 景东，苏宝华. 新媒体定义新论 [J]. 新闻界，2008（3）：59.

南在联合国新闻委员会上提出，应当加强最先进的第四传媒——互联网的作用，网络媒体遂被称为"第四传媒"。而今，西方实务界习惯将第四传媒——互联网和第五传媒——手机称为新媒体。❶

我国学者在界定新兴媒体时一般从三个维度进行思考：第一个维度是技术维度，也就是认为新兴媒体建立在新兴数字技术与网络技术之上；第二个维度是表现形态的维度，也就是新兴媒体具体表现为互联网媒体、掌上媒体等；第三个维度是试图找出新兴媒体所具有的共同本质的维度，一般指明新兴媒体是在传统媒体基础上发展而来，具有互动性、人人传播、大众传播等本质特征。当然，也有学者采取"多维论"，将上述角度综合起来，尝试更为全面地去理解新兴媒体。例如，清华大学的熊澄宇教授认为，新兴媒体的概念始终与时俱进，并且在网络基础上又有延伸。❷ 移动媒体的问题、其他新的媒体形态以及跟计算机相关的任何媒体都可以称为新兴媒体。

结合国内外学者的观点，本书认为新兴媒体是在报刊、广播、电视等传统媒体之后发展起来的、能为大众提供个性化内容及服务的媒体形态。同时，新兴媒体是为传播者和接受者搭建个性化交流平台的媒体。具言之，新兴媒体建立的基础是其依托的数字技术、互联网技术以及移动通信技术，以及未来可能发展形成的新型技术；其描述的基本现实是该种媒体与传统媒体或曰旧媒体存在的差异，本质的特征是"传承"和"变革"的合体，既承袭媒体在大众传播方面的基本功能，也在传播主体、传播范围以及传播方式等方面超越传统媒体的框架，形成自身的特点与气质。

2. 新兴媒体的特征

（1）前沿性。

新兴媒体是利用数字技术、网络技术，通过互联网、宽带局域网、无线通信网和移动互联网等渠道，以电视、电脑和手机为终端，向用户（受众）提供文字、视频、音频、语音数据服务、远程教育等交互式信息和娱

---

❶ 传统的报纸被称为第一媒体，广播和电视则是第二媒体和第三媒体，而互联网、手机则被称为第四媒体和第五媒体。张晓梅. 新媒体与新媒体产业［M］. 北京：中国电影出版社，2014：3.

❷ 熊澄宇. 整合传媒：新媒体进行时［J］. 国际新闻界，2006（7）：7.

乐服务，以此获取经济利益的一种传播形式。❶ 可见，新兴媒体的技术平台伴随着数字化、多媒体技术、虚拟现实技术以及各种数字技术的广泛应用，是最新颖、最前沿的传播技术构建的媒体形态。

（2）即时性。

即时性体现出新兴媒体网络传播的时效性。随着图文、音频和视频等形式各不相同的直播类型的出现，网络新闻的即时性实现了质的飞跃。面对突发事件，新兴媒体比报纸、广播、电视编辑时间更短暂、更迅速，公众可以通过新兴媒体知晓整个事件发展情况。新兴媒体可以最大限度地收缩信息传播周期，缩短受众与信息传播者的距离。

（3）聚合性。

新兴媒体以"聚合"为形式，突出了新兴媒体的资源优势。新兴媒体汇聚了多种传播手段和方式，将图文新闻、视频音频、互动话题、网络直播等进行整合，图文并茂，声画结合。另外，个性化、分众化传播得以普遍应用，跨媒体传播也成为新媒体的基本特征。

（4）交互性。

新兴媒体的强交互性，体现在信息的发布者与接受者可以进行实时的、畅通的交流。传统的单方传播信息方式被双方交流形成信息的方式所替代。在这种交互式传播中，信息的接受者可以在其选定的时间和地点获得作品。新兴媒体为互动交流提供了便捷易行、事半功倍的途径，实现了信息的双向传播，例如用户不仅可以自由点播电视节目，还可以随时随地通过弹幕、评论等方式参与讨论、发表观点等。

（5）海量性。

新兴媒体的海量性体现在信息内容的丰富性和信息覆盖范围的广阔性方面。新兴媒体可以通过各种手段对海量的信息进行筛选和抓取，其对信息的覆盖力和搜索力为传统媒体远不能及。同时，由于互联网技术的发展，新兴媒体平台往往存在多种传播手段、方式和载体，单就信息传播的形式而言，就包含文字、图片、声音、视频、动画等多种。多种信息进行耦合，形成更加丰富的信息形态，更加有助于用户自定义所需要的信息。

---

❶ 尹章池，等. 新媒体概论 [M]. 北京：北京大学出版社，2017：前言.

（6）全球性。

"网络传播无国界"意味着新兴媒体的传播具有全球性，网络传播理论上排斥任何国家或地区的限制，世界上任意一个网站登载的内容，都有可能被全球网民访问、浏览和下载。

（三）典型的新兴媒体类型

按照显示终端进行分类，新兴媒体包括三种基本类型：（1）计算机网络媒体。这类新兴媒体以计算机为载体，包括基于互联网的门户网站、视听新媒体、社交媒体等。（2）数字电视媒体。这类媒体是基于数字广播网络的手机电视、数字电视、车载电视以及基于跨网络的 IPTV 等。（3）手机媒体。这类媒体基于移动互联网，将传统互联网上的媒体形态延伸到手机终端，实现信息媒体与通信网络的融合。

按照新兴媒体的创办和运行主体进行分类，新兴媒体包括传统媒体延伸下的新兴媒体和互联网企业创办的新兴媒体两种基本类型。[1] 前者的典型样态包括人民日报社下设的"麻辣财经""侠客岛"等工作室、乌拉圭《观察家报》开设的网络电视频道等。[2] 这些事例均表明，新兴媒体这一概念在全媒体时代，理所当然应该涵盖传统媒体所打造的各类新兴媒体平台。

按照新兴媒体的特殊表现形态进行分类，新兴媒体主要包括：（1）门户网站。从商业运作的角度，门户网站可以分为商业性网站和非商业性网站。在我国，新浪、网易等综合性网站都是典型的商业性网站，其特点是以营利为目的，经营形式灵活，但没有新闻采编的权利。[3] 新华网、人民网等新闻网站以及政府性官方网站等都是典型的非商业性网站，这些网站

---

[1] 传统媒体延伸下的新媒体，其典型如人民日报"中央厨房"，结合视频短片了解打通"报、网、端、微、屏"各种资源、实现全媒体传播，打造了"麻辣财经""一本政经""侠客岛""学习大国"等工作室，发展网站、微博、微信、电子阅报栏、手机报、网络电视等各类新媒体。参见中共中央政治局2019年1月25日上午就全媒体时代和媒体融合发展举行第十二次集体学习，习近平总书记发表重要讲话的相关内容。

[2] 李宇. 传统电视与新兴媒体：博弈与融合［M］. 北京：中国广播电视出版社，2015：39.

[3] 卢佳，宋培义. 探索网络媒体发展之路［J］. 现代传播，2004（3）：81.

的主要目的是传播信息，因而享有新闻采编的权利。❶（2）新闻聚合媒体。也就是依据服务商或者用户所发出的请求，由人工或计算机程序在海量数据中搜集筛选符合需求的新闻内容，并将搜索结果呈现给用户的新兴媒体。（3）社交媒体。这是人们彼此之间用来分享意见、见解、经验和观点的工具和平台，也就是自媒体的表现形式，典型如微博、微信、论坛等。（4）视听新媒体。指利用数字技术传播电影类作品和广播电视节目的一种业务形态，包括交互式网络电视（IPTV）、互联网电视（OTT）、视频分享网站、网络直播平台、音乐播放 App 等新兴媒体。

二、新兴媒体的融合发展

（一）媒体融合的含义及其表现

学界对媒体融合的认识和关注开始于 20 世纪 70 年代，且较早的研究成果大部分产生于西方国家。将不同媒体进行融合的想法最早于 1976 年被提出，由此开启了人类媒体发展史上的融合之旅。尼古拉·尼葛洛庞帝作为这一想法的首位提出者，其认为，所谓"媒体融合"，是以计算机技术和网络技术的结合为基础，通过网络和终端来传输数字形态的信息，从而实现不同媒体之间的互换性和互联性。❷ 20 世纪 80 年代，浦尔教授首次明确提出"媒体融合"一词，并且认为"它是各种媒体呈现多功能一体化的一种趋势"。由于彼时基于数字技术的新兴媒体尚未普及，对"媒体融合"的认知仍局限于报纸、广播、电视等传统媒体的范畴内。里奇·戈登教授在此基础之上，将媒体融合归纳为六个层面，包括媒体技术的融合、媒体所有权的合并、媒体战术性结合、媒体结构性融合、新闻采访技术融合、新闻叙事方式融合。❸ 安德鲁·纳齐森将"媒体融合"定义为"印刷品、

❶　张晓梅. 新媒体与新媒体产业［M］. 北京：中国电影出版社，2014：137.

❷　杨海军. 媒介融合：缘起与终极目标［J］. 传媒，2009（4）：71.

❸　GORDON R. The Definitions and Meanings of Conver-gence［M］//KANAMOTO K. Digital Journalism：E-merging Media and the Changing Horizons of Journalism. Lanham：Rowan & Littlefield，2003：224.

音频、视频、互动性数字媒体等组织之间的战略性的文化联盟"。❶

　　国内学者对媒体融合的定义，大致有以下几种阐释。有学者提出，基于当前大众逐渐形成的碎片式媒介消费习惯，可以认为新兴媒体是对媒体功能、组织的整合，其根本目的在于借蒸蒸日上的注意力经济之力，取得广告和流量带来的巨大经济利益。❷ 有学者提出新兴媒体融合表现形式有三：（1）传统媒体逐渐在数字化领域开疆辟土；（2）传媒文化形态的嬗变、传播机制的更新与传媒公司的功能有机结合；（3）媒体功能走向多元化，增加用户对媒体的互动与参与功能。❸ 还有学者认为，新兴媒体融合是建立在数字技术和网络技术基础上的，是对报刊、电视等传统媒体与网络终端等新兴媒体的整合，其最终效果是将整合的产物在数字平台上予以展现。其本质是一种跨媒体集团的运营模式。❹

　　结合以上分析，新兴媒体融合发展的主要表现有四个方面：其一，内容的融合发展。新兴媒体自创内容和传统媒体流转内容相互结合，各种作品形态充分聚集。其二，渠道的融合发展。以信息技术和下一代互联技术的发展为媒介，各种传播手段融合发展。同时，在"三网融合"技术支持下，电信、互联网和电视广播等渠道交会融通，形成全新的媒体发展格局。其三，载体的融合发展。各种新兴媒体企业和形态不断产生，传统媒体基于生存和发展的需要，不断向新兴媒体领域延伸。其四，环境的融合发展。以著作权为代表的法律体系日益完善，法律适用上的差异逐渐减少，传统媒体和新兴媒体融合发展的制度支撑不断巩固。

（二）新兴媒体融合发展的必要性

　　无论新兴媒体融合发展的方式是继承传统媒体特质，还是"另立门户，重起炉灶"，融合发展是大势所趋。新兴媒体的发展过程是新旧媒体整合的过程，其并非"新新事物"，而是"陈旧的新生事物"。新媒体最根

---

❶ 石磊. 数字报业的内容融合与渠道融合——媒介融合时代的报业发展战略［J］. 新闻界，2009（2）：14.

❷ 喻国明. 传媒要适应中国社会大环境的变化［J］. 新闻与写作，2007（12）：31.

❸ 熊澄宇. 整合传媒：新媒体进行时［J］. 国际新闻界，2006（7）：7-8.

❹ 姜进章，谢晶，王方群. 解析媒体融合现象［J］. 理论界，2006（12）：214.

本的特点不是消解，而是重建，新媒体与传统媒体应该在相互碰撞和激荡中"相呴以湿，相濡以沫"，而不是一方对另一方的毁灭和排斥。❶ 新兴媒体融合发展的必要性可以从以下三个方面进行理解。

1. 传统媒体难以替代

尽管新兴媒体逐步开始缔造传媒行业的新时代，然而就现状而言，传统媒体已经形成较为成熟的内容生产机制和渠道运行模式，新兴媒体并不能完全颠覆传统媒体在漫长的发展历程中所积淀的独特优势。新兴媒体的出现并未从根本上改变传统媒体在内容创作、传播渠道及终端投放三大关键节点上的运营机制。电视、报纸等传统媒体，在引导主流舆论、宣传国家政务等领域的主导地位难以动摇。同时，尽管新兴媒体在技术特征和传播手段方面要明显优于传统媒体，然而囿于对传统媒体的内容过分依赖，新兴媒体尚未找到一条合适的营利路径。因此，当前传统媒体的不可替代性是新兴媒体走融合发展之路的重要原因之一。

2. 传统媒体与新兴媒体优势互补

面对新兴媒体潮水般的侵占，传统媒体想要谋求自身的生存空间，选择与新兴媒体的合作实属明智之举。目前，新兴媒体依赖传统媒体为其提供内容支持，传统媒体也需要借助新兴媒体帮助其拓展传播渠道和影响力，两者相辅相成，将人才、内容、版权以及传播平台进行整合、优化，使其辐射力、影响力以倍速增长，推动信息和文化传播模式的更新迭代。❷同时，新兴媒体虽具有时效性的优势，但其报道的真实性备受质疑。传统媒体依然被社会公众视为最专业的内容制造者和最可靠的信息发布者，具有新兴媒体难以替代的公信力。由此可见，两者各有所长，只有在融合发展中取长补短、优势互补，才能更好地为社会公众提供高效而又权威的作品。

3. 媒体走融合发展之路是政策推动的现实需要

2014 年，中央全面深化改革领导小组通过的《关于推动传统媒体和新

---

❶ 张晓梅. 新媒体与新媒体产业［M］. 北京：中国电影出版社，2014：272.

❷ 代江龙. 互联网时代媒体融合发展的未来模式探索［J］. 重庆邮电大学学报（社会科学版），2018，30（2）：36.

兴媒体融合发展的指导意见》指出，推动传统媒体和新兴媒体融合发展，是传统媒体转型升级、求生存谋发展的重要现实选择，是新兴媒体强基固本的发展时机。长期以来，我国文化产业发展水平不高、国际影响力不足。近年来，我国的文学作品、影视作品在国内国际两大市场的知名度和影响力逐渐增强，离不开新兴媒体和传统媒体的融合发展。可见，推动媒体产业整体竞争力的提升，对于我国文化产业和文化事业的繁荣具有重要价值。

（三）新兴媒体融合发展面临的挑战

随着媒体之间的壁垒逐渐被突破，媒体融合逐渐深化。然而，融合的过程并非径情直遂。媒体融合过程中遭遇的现实困惑并不鲜见，也为新兴媒体融合发展带来巨大的挑战。

1. 新兴媒体融合发展进程中欠缺成功模式

新兴媒体融合涉及不同媒体之间的互动交融，然而这并不意味着两种或者多种媒体形态的任何组合都能产生成功的媒体融合模式。以报纸和网络的融合为例，面对新兴媒体的强势冲击，各大纸媒纷纷建立网站推出网络数字版。然而，这种方式存在一种明显的问题，如果通过网络就可以获得与纸质报纸相当的内容，那么读者对纸质报纸的需求就会大大降低。尤其是在大部分网站都在使用免费阅读模式的情况下，网络报纸对纸质报纸的替代效应更加显著。欠缺成功的商业模式和有效的融合途径，已经成为当前新兴媒体发展的主要困境。由于新兴媒体通过渠道控制即可实现内容的管控，传统媒体必须在著作权保护之下形成内容为王的发展格局。媒体融合过程中日益增多的著作权争端未得到很好的解决，而这将极大地打击传统媒体人的创作热情，从长远角度来说，这危害着整个媒体行业的良性发展。❶ 如果不能在著作权保护和管理方面形成合力，媒体融合发展将缺乏持续的动力。

2. 新兴媒体融合发展缺乏创新性

目前，新兴媒体融合发展处于模仿阶段，新兴媒体融合发展路径缺乏

---

❶ 刘奇葆. 加快推动传统媒体和新兴媒体融合发展 [J]. 党建，2014（5）：11.

创新性。以"中央厨房"式的融合路径为典型事例，该模式一经问世就成为其他媒体竞相效仿的"爆款"，然而，显然其中有许多媒体并没有充分考虑自身实际情况是否适合这种"移植"。多数媒体在应对融合发展这一问题上，往往将其简化为内容在不同媒介上的相同或相似的呈现，仅仅是两种形式的"相加"而不是"相融"。一些报社除传统业务外，通过微信、移动客户端进行运营，但往往是结果欠佳、各模块之间貌合神离。由于媒体融合思路没有打开，一方面，面对快速发展的新兴媒体时，缺乏创新式、越顶式的统筹规划；另一方面，对于传统媒体业务的改革趑趄不前，难以推进"改头换面式"的创新。❶

3. 媒体管理尚未实现"新兴媒体化"

首先，新兴媒体融合发展是传媒产业发展过程中的一种经济行为，是市场资源配置的一种手段。虽然我国的传媒体制已逐渐改变原本以意识形态宣传为主的性质，正逐步向"产业经营的媒介"转化，但政府对新兴媒体的融合发展干预甚多，按照我国传媒业发展的惯性思维，政府仍在新兴媒体融合发展中发挥主导力量。其次，我国传统媒体与新兴媒体在体制上存在巨大的鸿沟，成长于国家事业单位体制内的传统媒体，与萌生于企业和市场经济环境中的新兴媒体，在面对日新月异的产业形态和市场环境时，在资源与地位上的不对等更为凸显。最后，一些媒体尚未转变观念，始终把新兴媒体业务作为传统媒体业务的附庸，将大量资源投入在传统媒体业务上，而对新兴媒体业务的探索和拓展还不够深入，尚未找到符合当前时代潮流的最佳媒体融合发展模式。

（四）新兴媒体融合发展的应对措施

对于新兴媒体融合发展中所带来的挑战，域外各国纷纷采取措施应对。例如，美国媒体秉承"用户中心"理念、一体化发展方式，用人机制与法律制度不断健全，❷ 使美国得以成为媒体融合大潮中的弄潮儿。日、韩等国对专业技术和创新意识极其重视，同时也培养起较强的市场意识、

---

❶ 谢新洲. 我国媒体融合的困境与出路［J］. 新闻与写作，2017（1）：34.
❷ 朱晓刚，叶乐阳，苏航. 美国媒体融合发展的特点及启示［J］. 青年记者，2017（7）：35.

法律意识，使其在新兴文化传媒领域走在世界前列。英国主要从成本控制、新技术适应和实效平衡三个方面应对，印度主要以记者为主体，将作品在不同媒体渠道交互推广。

通过观察世界主要国家和我国相关实践情况，应对新兴媒体融合的挑战呈以下特点：第一，推进媒体融合发展的过程，体现了受众导向的特点。以受众需求作为融合的前提，是国内外共同关注的重点；第二，绝大多数国家都在实践中不断总结、反思，从经验中归纳具有科学性、可行性的普遍规律；第三，加强著作权保护，推动新兴媒体强化著作权管理和运营，已经成为打造新兴媒体融合发展新模式、改进新兴媒体管理体制、推动新兴媒体内容创新、实现传统媒体优势内容价值的重要措施。

第二节　媒体融合发展中传统媒体面临的著作权困境

新兴媒体融合发展的本质就是新兴媒体与传统媒体在市场竞争中获得共赢式发展。在日新月异的互联网技术的支持下，新兴媒体的市场地位与市场份额不断提升，传统媒体不得不与之分享自己的生存空间。新兴媒体事实上也存在传统媒体无法比肩的内在优势，主要体现在传播速度、互动机制及信息容量等方面。新兴媒体发展速度之快，业务拓展范围之广，受众普及之大，是传统媒体必须面对的竞争现实。面对新兴媒体的市场扩张，传统媒体的相对份额不断压缩，受众规模逐年下降，企业生存经营状况不容乐观。但是，传统媒体同样具有新兴媒体所不具备的竞争优势，例如其具备新闻采编的资质、信息把关严格、社会责任明确和专业实力雄厚等特征，这些都是新兴媒体难以企及的。❶ 为了获取海量的高品质作品，部分新兴媒体肆无忌惮地侵犯传统媒体的著作权。媒体融合过程中日益增多的著作权争端未得到很好地解决，而这将极大地打击传统媒体人的创作热情，从长远角度来说，这危害整个媒体行业的良性发展。❷ 传统媒体在面对日益增多的著作权侵权案件时，也开始使用法律武器维护自身权益。

---

❶ 柳邦坤. 传统媒体与新兴媒体融合发展问题探析［J］. 今传媒，2015，23（1）：70.
❷ 刘奇葆. 加快推动传统媒体和新兴媒体融合发展［J］. 党建，2014（5）：9.

一、传统媒体著作权困境的主要表现

(一) 新兴媒体著作权侵权行为频发

近年来，新兴媒体侵犯传统媒体著作权主要表现在侵权数量逐渐增多、侵权方式多种多样、侵权范围日益广泛、侵权后果持续加重这四个方面。

第一，侵权数量逐渐增多。新兴媒体使用传统媒体作品几乎不需要任何成本，且侵权行为可以通过技术手段加以掩饰，隐蔽较强。相关统计显示，近年来涉及新兴媒体著作权的纠纷日益增多。例如，在 2016 年全国著作权侵权案件中，超过六成为网络著作权侵权案件，约 4 万件。❶ 这些案件中，很大一部分涉及传统媒体的著作权保护问题。以《新京报》为例，自 2005 年《新京报》诉 TOM 网站擅自转载文章始，其成了真正的"版权斗士"。近年来，《新京报》先后对浙江在线、iPad 应用"中文报刊"、今日头条、一点资讯、大众网等多家新兴媒体进行诉讼。《新京报》自 2014 年以来持续发布一系列反侵权公告，对新兴媒体的侵权进行警示。例如，2017 年 1 月发布的第 32 期"反侵权公告"中载明，因其原创作品《争夺李春平》被数家新兴媒体转载，《新京报》随即要求侵权人立刻停止侵权行为并与其著作权管理部门联系。《新京报》的维权行动，是媒体融合背景下传统媒体所面临的著作权困境的一个缩影，也引发社会对传统媒体和新兴媒体著作权纠纷的关注。

第二，侵权方式多种多样。除传统的侵权方式外，近年来出现了云媒体侵权、聚合式新闻客户端侵权、IPTV 交互式侵权等新方式。例如，今日头条长期标榜着"聚合媒体"的形象，但是近年来，今日头条屡屡被诉，原因在于其长期未经授权使用《南方日报》《广州日报》《新京报》等媒体的新闻作品，成为著作权侵权的高发地。

第三，侵权范围日益广泛。侵权范围从以文字为表现形式的新闻、文

---

❶ 马秀荣. 网络著作权的司法保护 [EB/OL]. [2018 – 03 – 25]. http：//tech. qq. com/a/20160428/042357，htm.

章转载摘编，向网络音乐、网络视频、网络电视等方面发展。从侵权主体涉及的范围上看，各种新兴媒体都有侵权的便利条件，有些新兴媒体甚至就是建立在侵权运作的基础之上。自媒体的发展，更是让大量的网民成为侵权主体。例如，一篇公众号文章的转载只要轻轻一点，或者直接复制他人的朋友圈消息发到自己的公众号中，这些媒体侵权过程操作简单，扩大了侵权范围。

第四，侵权后果持续加重。由于网络传播的快速性，传统媒体作品被侵权后，会被迅速的重复侵权。一旦传统媒体的作品被转载到网络上，其他媒体可以以同样便捷的方法获得该作品，从而在瞬间生产裂变式的侵权链条。由于新兴媒体侵犯传统媒体著作权涉及面广，缺乏可控性，侵权行为在很短的时间内就会造成非常严重的损害结果。

（二）传统媒体著作权维权道路艰难

首先，新兴媒体的侵权成本较低，传统媒体的维权过程成本较高。一个新兴媒体的员工可以通过简单的复制粘贴操作，在未经授权的情况下实现对传统媒体作品的转载和改编。与之形成对比的是，传统媒体维护自身的合法权利却需要花费大量的人力物力来收集不易获取的证据。在新兴媒体转载侵权案件中，由于侵权行为基本以代码的方式呈现，甚至以技术手段规避权利人的检索，权利人如果不使用"爬虫"技术或聘请专人进行跟踪、筛查，很难及时发现侵权行为。在传统媒体与新兴媒体著作权侵权诉讼中，法院往往需要传统媒体提供新兴媒体未经授权通过互联网平台转载作品等电子证据。然而，电子证据通常需要专业人士进行取证，耗时耗力。即使获得电子证据，由于电子证据易被销毁、篡改，其真实性往往会受到质疑。即使通过人工或技术监测等手段监督侵权行为，如不能有效固定证据，则侵权者可以轻易通过删除或屏蔽链接的方式使证据灭失。随着技术手段的不断更新，云媒体、聚合媒体等形式的新媒体侵权发生后，证据获取越来越困难，成本也越来越高。传统媒体遇到网络侵权情况后，可以使用的手段其实并不多，大多数传统媒体往往选择平台投诉，但该维权途径的弊端也十分明显：其仅仅是一种平台内部的处理，具有结果上的不确定性，且举报流程较长、成本较高。

　　其次，侵权人分散，权利主体不明确等增加了传统媒体的维权难度。对于传统媒体而言，每个新闻作品可能对应不同的著作权人，但是媒体却不能基于统一的权利依据进行诉讼，这无疑会带来维权的困难。例如，2008 年，《新京报》诉浙江在线网站非法转载案中，涉及侵权作品 7000 余篇，即存在多个诉讼标的，法院认为此种情形下不宜合并审理，而应以分案进行起诉。然而，如果案件被拆分，不仅是公证费、律师费、诉讼费大幅增加，对于起诉书和证据材料等案件材料的收集整理也将耗费更多时间和精力。❶ 由于法院最终认定此案应当构成多个独立的诉，不得合并审理，《新京报》无奈之下只有选择和解。新兴媒体环境下，用户经常以匿名方式发布信息，给侵权主体的确定造成困难。同时，一些侵权者恶意伪装、间接侵权的行为也时常出现。例如某些网站以个人账户发布传统媒体的新闻作品，而后将这些信息改头换面转登在自己的网站上，使真正的侵权主体难以被追责。

　　最后，维权收益过低也是影响传统媒体维权积极性的重要因素。传统媒体即便在针对新兴媒体的著作权侵权纠纷中获胜，它所获得的损害赔偿数额也比较有限，不能达到惩罚侵权行为、激励维权行动的目的。我国《著作权法》第 54 条规定的三种损害赔偿计算标准都不足以让传统媒体获得足够的赔偿。第一，权利人的实际损失难以鉴定。与传统著作权侵权相比，由于新兴媒体传播的作品没有物理载体，被复制的数量难以计算，只能通过流量进行估算，其结果的准确性不具有可预期性。第二，侵权人的违法所得不易判定。在传统环境中，侵犯著作权所造成的损失的数额计算主要是依据侵权作品的销售数额来确定。然而在新兴媒体著作权侵权纠纷中，流量的收益、网络广告的收入呈隐性状态，法院很难确定侵权人获得的哪些收益与侵权作品相关，因此赔偿数额难以确定。传统的维权道路不符合成本收益的原则，维权成本常常高于判赔数额。例如，中国青年报社起诉世界经理人资讯有限公司侵犯著作权纠纷一案，原告仅获赔 650 元。❷

---

❶ 浙江在线未经授权转载《新京报》作品被起诉，杭州中院裁定原告不愿将 7706 篇分拆立案而驳回起诉 [EB/OL]. [2018 - 03 - 25]. http://media. people. com. cn/GB/40606/11719544. html.

❷ 北京市海淀区人民法院（2012）海民初字第 6828 号民事判决书。

这个数字无疑让传统媒体从业者寒心，极大地挫伤了原创作者的积极性，甚至让那些习惯了顺手牵羊的新兴媒体有恃无恐，这对于整个产业的发展极为不利。

（三）传统媒体的转型发展带来著作权问题

随着新兴媒体的出现，传统媒体积极向互联网空间延伸，打造各类"融媒体"和"全媒体"，但是这也会带来一系列新的著作权问题。《人民日报》《广州日报》的电子报刊，《人民日报》等传统纸媒入驻微博、微信公众号，均是传统媒体谋求转型升级的代表，这些传统媒体甚至通过网络空间允许更多自媒体参与互动。但是在这一过程中，传统媒体在著作权方面有两大困境：其一，为了借用新兴媒体传播速度快、传播资源覆盖面广以及传播容量大的特性，进行作品传播，一些传统媒体不得不容忍新兴媒体的侵权行为，默认网站对其自身内容的转载，引用外链等进行媒体宣传。其二，不少传统媒体也加入侵权行列。例如，一些传统媒体打造的自媒体侵权现象就时有发生。

二、传统媒体著作权困境产生的原因

（一）著作权意识有待进一步提高

随着国家知识产权战略的实施，普通民众、企业和国家机关、事业单位的著作权意识得到普遍提升。新兴媒体的良性发展，同样离不开良好的著作权文化环境。然而，无论新兴媒体、传统媒体或社会公众，著作权意识仍存在较大提升空间，而这恰恰正是新兴媒体融合发展中出现一系列著作权困境的重要原因。国内互联网兴起之初，新兴媒体以免费转载作为发展的主流模式，缺乏对于著作权的尊重。国内的传统媒体大多在垄断经营渠道上下功夫，并没有牢固的著作权管理经营意识。当门户网站等新兴媒体未经授权转载传统媒体的作品时，传统媒体为了提升自身影响力，对这些著作权侵权行为听之任之，丝毫没有意识到对方侵犯了自身的切身利益，更不会料想到这将会威胁到整个传统媒体的发展。可以说，长期以来，拥有丰富著作权资产的传统媒体缺乏著作权法律意识，新兴媒体在发

展中更是无视、漠视著作权的存在。虽然近年来传统媒体和新兴媒体的著作权意识在逐步提高，但为了真正实现在媒体融合发展中的转型与新生，还需要进一步加大培训力度，让媒体的高层管理人员尤其是社长、总编、台长、总经理、创始人等能够树立著作权意识，真正从内心深处重视著作权，并且将著作权作为媒体企业生存和发展的重大战略问题，改进经营模式，通过著作权打造企业的核心竞争力。

（二）传统媒体的著作权经营管理不容乐观

我国不少传统媒体已经认识到了著作权经营管理的重要性，在实践中建立了相应的著作权管理体制，甚至有专门的部门负责著作权管理工作，在媒体融合中构建有效的著作权运营策略。❶ 例如，传统出版机构作家出版社试点建设版权资产管理体系。但是，我国传统媒体的著作权管理现状依然不容乐观。具体来说，传统媒体的著作权经营管理存在以下四个问题。

第一，著作权权属不清。不少传统媒体没有对著作权资产进行盘点整理，未建立统一的资源管理系统对作品和权利归属进行记录。如果不能在新闻等各类作品创作中明确权利归属，固化权利证据，一旦发生纠纷，将会滋生巨大的确权成本。例如，累积了大量节目资源的南方传媒集团，其下属的南方电视台和广东电视台就拥有 36 万余小时的视音频资料。但由于许多年份久远的资料自始就没有建立版权档案，权属不明，需要企业付出额外的人力物力来完成明确权属的工作。

第二，传统媒体著作权资产闲置浪费较多，推动其运营利用的力度较弱。许多传统媒体从业者仅把辛苦创造的著作权资源当作历史资料进行保存，而这些资料一旦尘封，著作权资产便成为"沉默"资产。例如，珠江电影集团有限公司在对其所有的著作权作品进行清点时发现，自公司成立以来拥有的大量"沉默"著作权作品，包括 800 多部电影作品、1 万多件音乐作品、近千部剧本等。该公司著作权资产种类丰富，数量可观，但长

---

❶　例如，2004 年中央电视台总编室下设的版权管理部，主要负责全台著作权资产统一归属、统一管理和统一运营，在实践中再根据新媒体业态版权管理的特殊要求进行调整。

期以来不为人知，其中所蕴含的潜在经济价值更是无法挖掘。

第三，传统媒体的经营模式中欠缺以著作权为内核构建产业链的营利途径。著作权是传统媒体的核心资产，但不少传统媒体局限于编、印、发环节，既忽视对著作权产品的深度开发与综合运营，也不注重将产业链向互联网环境延伸，资产管理整体上基础较为薄弱。尤其是在媒体融合的背景之下，传统媒体往往对于新兴媒体的崛起心怀不满，却较少运用自己的著作权资产与新兴媒体进行优势结合。多数传统媒体尚未建立适应媒体融合趋势的著作权管理信息系统，因此无法将内部资源系统资产化。与新兴媒体相较而言，部分传统媒体在媒体融合发展的时代洪流中处于"后发制于人"的不利地位。实际上，新兴媒体的出现并不会毁掉传统媒体产业，而是会加快其转型速度，推动媒体更高质量的发展。传统媒体应该将著作权运营和管理提升到企业战略的高度，开展多元化的著作权运营，发挥著作权资产的优势，实现与新兴媒体的合作共赢，打造良性的媒体产业生态链。

第四，传统媒体的著作权维权方式比较单一。一旦出现著作权纠纷，传统媒体一般都是按照行政保护或者民事保护的要求，或向著作权行政管理机关投诉，或是收集证据向法院起诉。相反，传统媒体并不热衷于推动形成良好的著作权保护氛围，缺乏与法官、专家学者或者立法者进行交流沟通的热情，较少致力于推动立法规则的完善或者出台更为明确的执法规范、司法解释。在维权模式上，很多传统媒体对于网络著作权规则不够熟悉，没有形成配套的维权队伍和取证方式。新兴媒体时代，作品呈数字化形态，只需复制由代码组成的"数字集"即可完成对作品的复制。这种利用技术手段的复制不仅可以轻易而准确地获取作品信息，也能易如反掌地规避权利人的监测与追踪。正因如此，传统媒体维权必须结合网络技术的特点进行，而不可一味拘泥于模拟时代的方式。

（三）针对新兴媒体的著作权监管困难

传统媒体致力于在诉讼前端，要求通过行政或者司法手段，推动针对新兴媒体的著作权监管，无疑具有事半功倍的效果。但是，无论是自律还是他律，对新兴媒体开展著作权监管都非常困难。例如，今日头条以及其旗下产品西瓜视频等，从某种角度上来看，相当于一种信息流转平台，该类平台多有作品上传奖励机制，即文章上传后如获得一定的关注、转发量，即可获得现金奖励。在这种奖励机制的吸引下，用户大量投入注册使用，而这些平台注册方式简单，仅需输入简单的个人信息、联系方式以及身份证信息上传即可完成注册。针对这些海量上传的作品进行监管就非常困难，强行要求新兴媒体在短时间内对每天成百上亿的上传作品进行一一筛选审查，并不具有现实可行性。

与此同时，新兴媒体每天面对数百件著作权侵权投诉，通常会主张适用"避风港规则"进行抗辩，同时也规避可能出现的"审查义务"。当然，按照"避风港"规则，新兴媒体要做到删除侵权文章，并将具体的侵权用户的信息提供给著作权人，这些都需要同时进行文章下架公证以及用户后台信息公证，公证费用也非常高昂。

一些新兴媒体以侵犯他人著作权为"主业"，将自身的发展完全建立在侵犯著作权的基础上，这些侵权行为及"恶名企业"所受到的打击力度仍然不够。特别是规模侵权、营利性侵权和恶性侵权行为的民事赔偿数额较低，行政保护力度不够。在具体的赔偿数额确定上，损失计算的自由裁量空间大，没有建立起较为完备的惩罚性赔偿机制，不能达到震慑侵权行为的作用。新兴媒体因为实施侵权行为被追究刑事责任的较少。另外，在现有的措施和机制方面，行业协会、著作权保护联盟等的作用不明显，尚未构建起有效的司法、行政、技术和标准相结合的知识产权综合保护体系。在打击新兴媒体侵权行为时，还需要进一步发挥行政机关和司法机关的联动，实现行政执法与民事司法的有效衔接。

（四）著作权制度存在一定的滞后性

传统媒体著作权困境的产生，也有制度前瞻性不够、制度发展和创新力度较弱的原因。实践中，媒体发展不仅需要政策的引导，而且应该针对其中存在的法律保护疑难问题和灰色地带形成较为统一的司法裁判规则和行政执法依据。另外，媒体产业的发展必须在权利保护和信息共享之间寻求必要的平衡，针对一些新兴媒体传播带来的侵权问题，例如网络游戏直播、体育节目网络转播、新闻作品转载等领域，应该在多方讨论的基础上建立更为完备的方案，在建立更为严格的知识产权保护规则的同时，进一步完善权利配置、权利限制、权利利用、权利保护等规则，引进更为严格的新兴媒体管理机制。关于我国新兴媒体融合发展中存在的著作权制度现状与问题，也是下一节讨论的重点，此处不再详述。

第三节　新兴媒体融合发展的著作权制度现状与问题

近年来，新技术驱动的媒体融合正深刻改变着全球传媒业的生态，新兴媒体融合的著作权问题已经引起学术界和实务界的高度重视。在所有数字内容创作及数字内容再利用的过程中，著作权是保障创作者权益的最后防线，也是交易流通的根本。[1] 网络盗版致使那些通过合法途径以较高的成本获取内容的正版企业无法获取足够的用户流量，进而导致其广告业务及高端增值服务无法创造足够的收益，最终使内容产业价值链中的生产者、发行者及销售方的利益严重受损。[2] 目前，多数国家积极面对新兴媒体融合发展中的著作权侵权盗版现象，同时不断完善著作权制度，顺应新兴媒体融合发展的趋势。

一、代表性国家应对新兴媒体融合发展的著作权制度现状

随着新兴媒体融合发展趋势在世界范围内的扩大，世界上越来越多的国家意识到颁布法律法规来规范新兴媒体融合发展的重要性。从 20 世纪 50 年代开始，发达国家就着手修订著作权法，以适应媒体融合发展的新环境、新趋势。20 世纪 90 年代后，互联网的迅速普及使作品传播、创作和使用的方式发生了根本的变化。[3] 发达国家继续探索与完善新兴媒体融合发展的著作权立法，以更好地适应新兴媒体融合发展的大环境。

（一）美　　国

美国是计算机技术的起源地，对新兴媒体融合发展著作权问题的研究

---

[1]　尹章池，等．新媒体概论［M］．北京：北京大学出版社，2017：159．
[2]　谢利明．内容经济［M］．北京：人民邮电出版社，2017：16 – 17．
[3]　吴汉东．知识产权制度基础理论研究［M］．北京：知识产权出版社，2009：109．

时间最长。同时，由于美国科技发展迅速且科技水平居于世界首位，面对新兴媒体融合发展的著作权问题也最为敏锐。因此，研究美国应对新兴媒体融合发展的著作权动态很有必要。

20 世纪 90 年代以来，美国快速推动了媒体融合发展背景下的著作权法修订进程。自此，美国开始采取完善立法的方式来解决新兴媒体融合发展的著作权侵权问题。1995 年，美国出台了名为"知识产权和国家信息基础设施"的报告，建议扩大发行权的范围，将以数字形式进行的终端间信息传输作为"发行"的情形之一，使交互式网络传播侵权作品的行为落入著作权法规制范围。❶ 同时，该报告对作品的临时复制、数字出版发行数据库的保护、公开表演权等做出了规范，修订了"权利穷竭"原则等。❷ 此外，该报告还提出在对网络服务提供商进行归责时，应以严格责任为原则、过错责任为例外。

世纪之交，美国相继修订多部著作权法案，使法律制度逐渐适应新兴媒体融合所带来的变化。美国通过《数字千年版权法案》确立"避风港原则"，为网络服务提供者的版权侵权行为提供豁免，并开始以媒体融合衍生出的新行为类型拓展"合理使用"的界限，将包括网络图书馆及远程教育在内的行为纳入其中。此后，随着媒体融合的深化，美国在《数字媒体消费者保护法》等法律中进一步对"合理使用"的情形进行扩充。在 2003 年和 2005 年，美国分别通过多部法案对复制、发行、表演等权利进行扩大解释，使新兴媒体背景下的传播行为在版权法的框架下得到调整，同时增加了对发行者和生产者告知义务的要求，明确规定以刑事处罚应对擅自在网络上传播预览影片以及在私人场合采取措施规避某些网络传播作品的合法性问题。❸ 2018 年通过的《音乐现代化法案》作为美国音乐历史上最重要的版权改革，是回应本国音乐产业主体需求的主动立法，制度设计与产业需求之间已形成默契，为产业的未来构建了一个全新的框架。

---

❶ 王迁. 网络环境中的著作权保护研究［M］. 北京：法律出版社，2001：71.
❷ 王迁. 网络版权法［M］. 北京：中国人民大学出版社，2008：10.
❸ 吴汉东. 中国知识产权制度评价与立法建议［M］. 北京：知识产权出版社，2008：68.

（二）欧盟及其成员国

欧盟及其成员国也较早对新兴媒体融合发展中相关的著作权法律问题做出应对。早在 20 世纪末，欧盟委员会便以绿皮书❶的形式，将网络著作权及其邻接权纳入保护范围。1997 年，欧盟通过《关于协调信息社会的版权和有关权若干方面的指令》。该指令将基于公共利益特定用途的网络教育等形式的临时复制纳入复制权范畴，并创设了"向公众传播权"以涵盖无线方式的传播手段，❷ 使得著作权的内涵更加丰富。同时，该指令明确规定技术措施的保护与限制，并对向公众传播权和复制权的权利限制进行适度的调整。2019 年，其又通过《欧盟数字化单一市场版权指令》，进一步完善著作权限制与例外的内容，通过创设所谓的"链接税"制度，强化对报刊出版者的保护；规定互联网服务平台的监控责任和审查义务，对著作权合同的缔结进行法律引导，保障传统媒体和著作权人获得公平合理的报酬。

欧盟成员国应对媒体融合发展的制度设计也一直走在国际社会前列。2003 年，德国紧随欧盟立法潮流，颁布《德国规范信息社会著作权法》，以规范融媒体时代下的复制、网络传播等权利及网络服务提供者责任。2013 年，德国在其著作权法第八修正案中新设"报刊出版者权"这一邻接权，赋予新闻出版者对其新闻作品享有排他性权利，以一年为期限，网络搜索服务提供者或新闻聚合服务提供者非经授权，不得通过网络传播其新闻作品。2009 年，法国在《法国促进网络创作保护及传播法》中设置专门网络监督机构"网络作品传播与权利保护高级公署"，其职责在于网络盗版行为的监督、裁判与执行任务，该法案于 2010 年生效。2016 年修订的《法国数字经济信任法》中规定了网络服务提供者的各项基本义务和参与网络治理的机制。2015 年《西班牙知识产权法》建立了谷歌税制度，这就意味着谷歌等搜索引擎，如果在搜索结果中显示未经授权的新闻内容，则

---

❶ 1995 年，欧盟委员会公布的《信息社会的著作权及邻接权绿皮书》。
❷ 成员国应赋予作者、表演者、唱片制作者、广播组织者等以授权或者禁止通过有线或者无线方式向公众传播其作品的原件或者复制件的专有权，也包括让公众中的成员以个人选定的时间和地点访问作品的方式获得作品的权利。

生产新闻的相关媒体机构可以依据"新闻内容制造权"向其收取费用。❶
2017 年，法新社等 9 家欧洲新闻机构要求使用其新闻内容的互联网巨头们
支付版权费用，相关金额达数十亿美元。

（三）日　　本

1997 年，日本对著作权法进行修改，出台《日本版权法修正案》，确
立了权利范围为"有线和无线的方式、数字和模拟形式、单向和交互模
式"的公共传送权。❷ 随后，日本于世纪之交之际，两次修订著作权法，
对技术措施保护和权利管理信息保护等问题进行规范。同时，细化了对营
利性侵权的赔偿数额及下载量损害赔偿数额的计算标准。此外，日本政府
也积极宣传媒体融合环境下著作权法的新内涵，号召多方主体加入著作权
维权行动，为媒体融合发展下的著作权制度保驾护航。2019 年，《日本版
权法修正案》正式生效。该修正案中规定人工智能使用网络数据用于机器
学习的目的，并在未作出察觉的情况下使用了著作权作品构成合理使用。

（四）澳大利亚

2000 年的《澳大利亚版权法修正案》中新增"向公众传播权"，重新
将"传播"定义为"在线获得或电子传输"。❸ 2004 年，澳大利亚再次修
改版权法，将"计算机等介质内的临时性电子复制件"纳入"复制"范
围。2018 年 11 月 28 日，澳大利亚议会两院通过《澳大利亚 2018 年版权
法修正案（网络侵权）》（以下简称"修正案"），并于 12 月 10 日经签署
之后生效。该修正案对 1968 年《澳大利亚版权法》第 115A 条进行修订，
旨在完善网络版权侵权的打击机制，允许版权所有人向联邦法院申请禁
令，以阻止澳大利亚用户通过境外上网途径实施版权侵权行为。

---

❶ 梅术文. 网络知识产权法：制度体系与原理规范［M］. 北京：知识产权出版社，2016：
20 - 21.

❷ 周艳敏. 日本版权制度的"数字议程"［J］. 电子知识产权，2002（2）：51.

❸ 王迁. 论著作权法中"发行"行为的界定——兼评"全球首宗 BT 刑事犯罪案"［J］. 华
东政法学院学报，2006（3）：61.

二、我国应对新兴媒体融合发展的著作权制度现状

（一）著作权法律、行政法规和司法解释

在媒体融合发展进程中，著作权法律体系具有一定程度的滞后性，但法律中的基本原则和主要制度仍然可以通过创造性的司法实践，在现实中发挥基础性的作用，并且引导着媒体融合的合法性发展走向。"司法先导"成为我国应对媒体融合著作权问题的实践路径。由于新兴媒体融合发展中著作权侵权案例占较大比例，司法实践遇到越来越多的新问题，人民法院为此出台了相应的司法解释，立法机关和行政机关也相继出台或者完善著作权法律、法规和规章制度，对解决新兴媒体融合发展中的著作权问题发挥重要作用。

以信息网络传播权的演进为例。2001年，《著作权法》首次确立"信息网络传播权"，明确了以有线或无线方式交互式传播信息受著作权法的保护。2006年，《信息网络传播权保护条例》将合理使用情形延伸至网络环境，建立网络服务提供者侵权责任规则和"避风港"规则。这些规定为我国判定新兴媒体著作权合理使用和解决网络作品侵权纠纷提供了法律依据，有利于实现媒体融合发展中著作权人、网络服务提供者以及社会公众之间的利益平衡。2012年，《最高人民法院关于审理侵害信息网络传播权民事纠纷案件适用法律若干问题的规定》对网络用户和网络服务提供者侵害信息网络传播权行为进行界定，规定了网络服务提供者侵权行为的抗辩事由，对于新兴媒体需要履行的著作权注意义务、责任形式和限制规则进行规定，明确了人民法院对信息网络传播权纠纷案件的管辖权及裁量权。这一司法解释是我国总结包括各类新兴媒体在内的网络服务提供者侵犯著作权法律责任案件审理经验的重要成果，已经成为新兴媒体融合发展中严格按照著作权法规定开展运营管理的重要法律文件。

我国《著作权法》自1990年9月7日制定以来，曾于2001年和2010进行了两次修正。2012年，我国著作权法的第三次修订被提上议程。2020年11月11日，十三届全国人大常委会第二十三次会议表决通过关于修改《中华人民共和国著作权法》的决定，新修正的《著作权法》（以下简称

现行《著作权法》）于 2021 年 6 月 1 日起正式施行。现行《著作权法》中
与新兴媒体融合发展具有重要关联的著作权规则主要包括：（1）调整作品
定义和种类。将作品界定为文学、艺术和科学等领域内具有独创性并能以
一定形式表现的智力成果，增加"符合作品特征的其他智力成果"作为作
品类型的兜底条款。（2）将著作权客体的排除领域"时事新闻"修改为
"单纯事实消息"，措辞更加精准，更能契合司法实务需求，更加直接明确
地表明著作权法不予保护的"时事新闻"的本质，将不予保护的范围进一步
限缩在"事实"的范围内，进而为新闻作品的保护提供制度空间。（3）完
善广播权，使之涵盖网络定时播放行为。本次的修订明确广播权是以有线
或者无线方式公开传播或者转播作品，以及通过扩音器或者其他传送符
号、声音、图像的类似工具向公众传播广播的作品的权利，但不包括信息
网络传播权规定的内容。（4）完善合理使用规则，增加"三步测试法"和
兜底条款。在完善若干合理使用具体条款的同时，增加法律、行政法规规
定的其他情形作为兜底条款，并且为著作权的合理使用情形设定了"三步
测试法"进行限制。（5）明确新闻媒体工作人员职务作品著作权归属。亦
即报社、期刊社、通讯社、广播电台、电视台工作人员创作的作品属于特
殊职务作品，其著作权属于法人或非法人组织。（6）明确视听作品为作品
类型，调整视听作品著作权归属。将视听作品划分为影视作品和其他视听
作品，影视作品的著作权归制作者享有，但编剧、导演、摄像、作曲等作
者享有署名权；其他视听作品的著作权归属由当事人约定，没有约定或者
不明确的，由制作者享有，但作者享有署名权和获得报酬的权利。（7）明
确规定广播电台、电视台享有信息网络传播权、网络播放权。（8）强化著
作权保护的手段。明确技术措施和权利管理信息的保护。加强著作权行政
保护，赋予执法机关较为完备的行政执法权限。完善侵权损害赔偿责任，
明确规定惩罚性赔偿。

　　由此可见，我国著作权法第三次修改时，不少内容直接或间接对新兴
媒体融合发展中的著作权问题进行了明确回应。有些条款虽然并非全部针
对新兴媒体融合发展，但是与新兴媒体融合发展有着密切的关联，有些内
容甚至具有开创性，这有助于探索网络环境下保护著作权人利益，实现权
利人、使用者和传播者的利益平衡，有利于为新兴媒体融合发展提供良好

的著作权法律环境。

（二）引导新兴媒体融合发展的著作权政策文件

2015 年至今，随着云媒体、网络音乐、文学媒体等新兴媒体的蓬勃发展，国家版权局等机关出台了专门引导和规范新兴媒体的政策文件，这些政策文件中有的涵盖相关的著作权政策，有的则是专门针对新兴媒体发展中的著作权问题进行调整。

具体来说，这些政策文件主要涉及以下方面：（1）规范网络出版，加快修订相关管理条例，划定新兴媒体出版市场的准入门槛。❶（2）强调对数字音乐作品的版权保护，支持相关单位探索数字音乐作品版权合作新模式，实现权利人与使用者之间的共赢；❷ 同时也明确了网络音乐经营单位的监管责任和文化行政部门的监管职责。❸（3）设定制播云平台体系的安

---

❶ 2015 年 3 月，国家新闻出版广电总局联合中华人民共和国财政部发布《关于推动传统媒体和新兴媒体融合发展的指导意见》。该意见指出，要加快修订出台《网络出版服务管理规定》和《出版物市场管理规定》，制定网络出版等新兴出版主体资格和准入条件，制定加强信息网络传播权行政保护指导意见，推动网络使用作品依法依规进行。2016 年 11 月，国家版权局发布《关于加强网络文学作品版权管理的通知》。该通知进一步明确通过信息网络提供文学作品以及提供相关网络服务的网络服务商在版权管理方面的责任义务，细化了著作权法律法规的相关规定，要求网络服务商建立健全侵权处理机制、版权投诉机制、通知删除机制和上传审核机制。

❷ 2015 年 7 月，国家版权局发布《关于责令网络音乐服务商停止未经授权传播音乐作品的通知》。该通知责令各网络音乐服务商停止未经授权传播音乐作品，并于 2015 年 7 月 31 日前将未经授权传播的音乐作品全部下线。2015 年 11 月，国家新闻出版广电总局出台《关于大力推进我国音乐产业发展的若干意见》。该意见指出，要加强对音乐作品特别是数字音乐作品的版权保护，严厉打击未经许可传播音乐作品的侵权盗版行为，支持权利人和使用者开展版权合作，推动音乐作品相互授权和广泛传播，鼓励相关单位积极探索网络环境下传播音乐作品的商业模式，推动建立良好的网络音乐版权秩序和运营生态，逐步实现数字音乐的正版化运营。完善反盗版举报和查处奖励机制，加大对网络非法传播、假冒出版单位制作出版等各类侵权盗版行为的打击力度。强化市场监管，坚决依法查处含有有害内容的音乐作品。

❸ 2015 年 11 月，《文化部关于进一步加强和改进网络音乐内容管理工作的通知》发布。该通知指出，提供网络平台（空间）供网民编创、表演及个人音乐上传服务的网络音乐经营单位，应当建立对本网络平台（空间）的实时监管制度，发现违规内容要立即进行处置。该通知明确了对网络音乐内容实行企业自主审核、承担主体责任，文化行政部门进行事中事后监管的管理制度。

全边界，完善节目著作权交易制度和平台建设。❶（4）明确网络新闻信息平台必须保证新闻信息的真实性与来源可溯性，合法转载他人作品，平台用户必须实行实名制。❷（5）加强对互联网各领域的侵权盗版行为的查处。

三、新兴媒体融合发展中著作权制度存在的主要问题

随着互联网技术的发展与进步，新兴媒体日益成为现代传媒体系的重要组成部分。历经著作权法的多次调整，法律规则的总体框架已经能够调整新兴媒体融合发展中的各种问题，但是，在以下两个方面仍存在进一步完善和创新的空间。

（一）著作权制度理念和改革模式需要不断创新

现行著作权制度虽然因循现代信息技术的发展而不断调整，但是仍不能完全解决媒体融合发展中产生的新问题。这集中表现为制度理念和改革

---

❶　2015 年 10 月，国家版权局发布《关于规范网盘服务版权秩序的通知》，进一步明确了网盘服务商在提供网盘服务中应当履行的义务和承担的责任，将法律法规中的有关要求具体化，增加了可操作性和执行性。2016 年 7 月，国家新闻出版广电总局印发《关于进一步加快广播电视媒体与新兴媒体融合发展的意见》的通知。该通知指出，要树立深度融合发展理念，把握媒体融合发展大势。建设广播电视制播公有云、私有云、混合云和专属云，并通过规范性接口、网络安全设备、通信策略等明确制播云平台体系安全边界，确保信息传输和系统安全，提升制播云平台业务基础、运营支撑、公共能力、资源适配、平台开发接口等服务能力，推动全国性融合媒体制播云建设。同时规定要加强版权保护，加大对盗版、盗播等侵权行为的查处力度，维护著作人权益，完善节目版权交易制度和交易平台建设，为版权交易提供便利条件。

❷　2015 年 4 月，国家版权局发布《关于规范网络转载版权秩序的通知》。该通知明确网络版权转载必须遵循授权许可的原则，互联网媒体转载他人作品必须先获得授权，并对转载内容支付报酬，不得歪曲篡改标题和作品原意，针对报刊单位明确有关作品的权属，鼓励报刊单位和互联网媒体积极开展版权合作，营造健康有序的网络转载环境。2017 年 5 月，国家互联网信息办公室发布《互联网新闻信息服务管理规定》。该规定指出，互联网新闻信息服务提供者为用户提供互联网新闻信息传播平台服务，应当要求用户提供真实身份信息。用户不提供真实身份信息的，互联网新闻信息服务提供者不得为其提供相关服务。互联网新闻信息服务提供者转载新闻信息，应注明新闻信息来源、原作者、原标题、编辑真实姓名等，不得歪曲、篡改标题原意和新闻信息内容，并保证新闻信息来源可追溯，应当遵守著作权相关法律法规的规定，保护著作权人的合法权益。违反者情节严重或拒不改正的，暂停新闻信息更新，处 5000 元以上 3 万元以下罚款；构成犯罪的，依法追究刑事责任。2017 年 8 月，国家新闻出版广电总局印发《国家新闻出版广电总局关于规范报刊单位及其所办新媒体采编管理的通知》。该通知要求，各新闻单位要加强对所办报刊、网站、微博、微信、客户端等各类媒体刊发内容的审核把关。转载其他新闻单位的新闻报道，不得对原稿进行实质性修改，不得歪曲篡改标题和稿件原意，并应当注明原稿作者及出处。这有利于维护健康的新闻传播秩序，保护著作权人的合法利益。

模式的选择上。例如，法定许可制度对于以网络媒体为代表的新兴媒体具有明显的不适应性，仅在传统媒体领域具有较为合理的适用空间，这种偏向传统媒体的制度思维受到批判。再如，传统环境下，为个人学习和学术研究少量复制作品适用合理使用制度。但是，在新兴媒体环境下，由于新兴媒体交互性和传播性强，用户以个人学习、研究或者欣赏为目的，进行未经许可的转载、分享其他媒体享有著作权的作品，引发的转载侵权案件日渐增多。这不仅引起很多反思，甚至出现"抛弃版权"的极端思潮。在著作权制度改革模式上，"保守派"和"激进派"之间的争论始终不曾停歇，针对权利控制范围和权利限制规则等方面的改革创新一直停滞不前。

（二）著作权制度体系和法律规则尚需进一步完善

目前，新兴媒体融合发展中需要完善的法律规则增多，需要创设新型规则和改进传统规则的讨论也非常活跃。针对新兴媒体融合发展中出现的人工智能创作物、体育节目画面、网络游戏画面等客体的法律保护都是迫切需要讨论的新问题。在权利控制范围上，新兴媒体"节目回看""网络直播"等引发的信息网络传播权和广播权、其他权的问题仍没有达成共识。在权利限制方面，时事性文章的著作权限制、网络转载的法定许可等法律规则还有完善的空间，"谷歌税"等新兴规则也需要深入探讨。在新兴媒体著作权利用制度方面，目前的讨论还非常欠缺，针对新兴媒体著作权交易平台、商业化运营机构、新兴媒体利用新闻作品、音乐作品、孤儿作品等已经出现的特殊的制度要求缺乏足够的关注。在新兴媒体责任方面，新兴媒体的"避风港"规则与"红旗规则"、深层次链接中的"服务器标准"、"消费者感知标准"和"实质呈现标准"等之间的选择，以及构建新兴媒体的注意义务和审查义务体系等，都存在讨论空间。因此，完善新兴媒体发展中的著作权体系和法律规则非常重要。

新兴媒体创新作品传播和利用方式，带来一些法律调整的模糊地带，需要通过司法解释进一步明确。例如，新兴媒体在网络上发行电子图书、进行电子影像出租等业务活动，是否需要同时获得出租权授权就缺乏共识。搜狐影视提供这样的服务，一部电影在网站上出租、观看，消费者只能在 48 小时内通过授权账号进入观看，超过时间后不再提供该服务。由于我国著作权法所规定的出租权和发行权的对象都是作品的原件或者复制件，而电子出租、出售没有出现相应的有形载体，所以并不能由这两个权利进行控制。目前由信息网络传播权进行调整也并不是非常准确，因为提供作品的行为也带有"发行"和"买卖"的性质。特别是当消费者支付相应报酬购买了电子书后，能不能按照"发行权一次耗尽"的原则获得再次出售的机会，法律上的规定含混不清。所以，有必要明确这些新兴媒体经营模式的行为性质，这不仅关涉电影产业、图书产业的发展，也对新兴媒体产业的有序发展大有裨益。

第二章

新兴媒体融合发展中的著作权正当性*

新兴媒体与传统媒体之间免费转载现象非常普遍，各种侵权指控和自由传播的抗辩形成尖锐的对立。面对新兴技术带来的制度挑战，法律的落后或"失灵"表面上体现为各种利益主体之间的博弈，实质上却深刻叩问制度基础的合理性。无论是劳动理论、意志理论等自然权利理论，抑或是激励理论、制度经济分析等功利主义理论，都不能完全解释新兴媒体发展进程中的著作权正当性。面对现代信息技术的发展和产业需求，还要不要保护著作权？保护著作权对于激励内容创造的价值在哪里？如何在媒体融合中展现创作者的意志？这些问题均需要深度反思。新兴媒体融合发展中，需要在利益分享理论支持下，将新兴媒体传播作品的行为纳入著作权框架，适度限制著作权的控制范围，加大著作权利用力度，严格著作权保护，实现著作权人、传统媒体、新兴媒体和文化消费者等主体之间的利益分享。

第一节　新兴媒体融合发展对著作权正当性的挑战

现代著作权法的设计理念是通过授予作者对其作品一定时间的排他权以促进科学进步与文化繁荣。❶ 而互联网背景下的技术发展，使得新兴媒

　＊ 本章作为阶段性研究成果已经发表。梅术文. 新兴媒体融合发展的著作权利益分享论纲 [J]. 新闻界, 2021（2）: 57 - 66.
　❶ 梅夏英，姜福晓. 数字网络环境中著作权实现的困境与出路——基于 P2P 技术背景下美国音乐产业的实证分析 [J]. 北方法学, 2014, 8（2）: 45.

体更加倾向于自由传播与互动共享，这给著作权的正当性带来了前所未有的严峻挑战。

一、新兴媒体自由传播对著作权正当性的挑战

新兴媒体作为一种全新的传播载体登上历史舞台，深刻影响着著作权激励作品传播的正当性基础。在前数字时代，作品的传播需要以传统媒体为媒介进行，由于报刊社、出版社、广播电台、电视台等中间传播媒介数量有限，传播渠道总体上属于珍稀资源，媒介的稀缺和高昂的成本成为信息传播的主要障碍。然而，新兴媒体的出现改变了传统信息传播方式，宣告传统媒体垄断信息传播时代的终结。新兴媒体的飞速发展和快速推广引发了信息传播的革命，引起了传播业产业结构的调整。目前，参与作品传播的新兴媒体数量和种类猛增，作品等信息更多的不是通过传统媒体而是通过新兴媒体直达消费者。脱离有形载体与传统通信方式的束缚，使得信息传播成本被大量压缩，作品的大规模、大范围传播不再难以实现。例如，某人在微博、微信朋友圈上撰写作品，在创作完成后便可利用网络直接传播，迅速将自己的思想传送到世界的每个角落，而这种不限地域、不限时间的传播成本几乎为零。事实上，新兴媒体改变了内容传播渠道的单一性，"万人出版商"的时代已经来临，网络空间已成为一片活跃创作的乐土。这种信息自由传播的方式改变了社会公众的消费习惯，便捷的传播途径、高效的传播速度以及丰富的资讯使公众的文化消费向海量化、多元化方向发展。在这样的语境之下，著作权的合理性面临三个方面的挑战。

首先，著作权激励作品传播的基础不复牢固。传统的著作权制度是建立在媒介稀缺的基础之上的，但在媒介如此充裕的数字技术环境下，这种制度的合理性就受到质疑。现实的情况也是如此，提供存储空间、深层次链接乃至各种聚合服务的新兴媒体，其基本的生存和营利模式并不依赖于著作权制度，而且这些媒体也并没有为作品等信息的传播提供智力贡献。新兴媒体传播知识产品并不像出版商、广播电台、电视台那样进行主观选择，文化产业呈现百花齐放之景。传播自由与版权保护之间的紧张关系反而会因为版权审查而变得紧张。版权的不当利用扭曲了文化市场，使得一些大型文化娱乐公司掌握了市场，甚至控制着文化娱乐产品的生产、销

售，对热门大片、畅销书和文艺工作者的投资受到了较强的保护。因此，大量的文化产品走出公共领域，损害了原本公平的文化市场环境。除此之外，传统媒体技术的发展一方面促进了职业文艺工作者的作品传播，另一方面却抑制了普罗大众的创作热情。著作权的实际控制范围越来越宽泛，著作权的边界越发模糊，冗长、苛刻而又泛滥的法律条款反而限制了作品的传播。

其次，著作权激励文化消费市场的预设受到质疑。在一个自由传播不受限制的环境里，消费者具有本能和天然的自由感，而著作权无疑成为人为设置的障碍，文化消费领域布满"著作权的雷区"，一不小心便陷入侵权的风险，这引发了社会公众对著作权制度的普遍不满。尤其值得注意的是，新兴媒体所依赖的数字技术、大数据技术能够准确迎合消费者的兴趣与品位，有针对地为消费者推荐其喜爱的作品，消费者也可以根据自己的喜好主动挑选作品。例如网络电视是媒体融合发展环境下信息自由传播的新发展，其奉行"受众中心"主义，用户可依自身需求自主选择信息，最大限度地吸引用户并满足用户需求。由此可见，新兴媒体自由传播更加适应消费者的个性化需求，让信息传播成为低成本的"量身定做"，以保护著作权为基础的媒体在市场中反而并不具有竞争优势。

最后，著作权的自然权利价值观受到免费使用理念的挑战。新兴媒体环境容易诱发各种"搭便车"的情况。不仅是消费者，即便是以营利为目的的新兴媒体，也不断让消费者滋生免费使用作品的习惯，侵权不耻的观念也得到蔓延。新兴媒体迅捷、廉价的传播方式，易使公众误信自己有权使用他人作品。霍华德·伯曼在演讲中称，"在 Tower 唱片商店中偷一张CD 与从 Morpheus 网站上下载受版权保护的歌曲的行为没有区别"，但是对消费者而言，这种区别就像没有买票溜进剧院听音乐会和在家里听从邻居那里飘进的其所演奏的钢琴曲一样巨大。当我们对这些歌曲信手可得时，迫使我们捂住耳朵，闭上眼睛和停止点击鼠标，是难以忍受的。❶ 由此可见，新兴媒体环境下，著作权的合理性受到免费传播方式的挑战，著作权在某些新兴媒体的眼中，甚至已成为乌托邦式的理想。

---

❶ 吴伟光. 数字技术环境下的版权法危机与对策 [M]. 北京：知识产权出版社，2008：27.

二、新兴媒体文化创作对著作权正当性的挑战

传统媒体环境下，经由媒体传播的文化创作是一项专业化、投资大、难度高的工作，加之社会公众获取知识与信息的渠道受限，个人创作的作品也只能经由媒介审核后才能在媒体上传播，只有少数人创作的作品才能在媒体上出版、发行和传播，大众传播渠道被少数出版社、期刊社、音像公司及广播电台、电视台等掌握，在这种意义上，著作权的保护成为激励文化创作的重要动力机制。随着新兴媒体的发展，文化创作主体多元化趋势愈发明显，社会公众主动参与文化创作的现象已蔚然成风。在这种背景下，全新的文化创作模式萌生——更多的合作与趣味，更少的个人主义与官僚层级，❶ 激励作品创作的机制也呈现更为多元化的趋向，著作权的合理性受到影响。

首先，新兴媒体环境下，作为重要参与者的网络文化消费者，能够直接、主动地参与作品创作和流通的全过程，其创作动因及过程都偏离了著作权正当性的理论预设。传统著作权理论框架认为，创作作品是创作者的天职，文化消费者不过是被动的文化产品接受者，在著作权法上并没有法律调整的必要。新兴媒体的出现改变了这种预设，消费者不满足于其被动的受众地位，倾向于在被消费作品的基础上进行再次创作，文化创作者与文化消费者之间的界限不再清晰。例如，胡戈先生以电影《无极》中的若干镜头和片段为外壳，❷ 创作了《一个馒头引发的血案》这一视频短片。胡戈既是作品《无极》的消费者，也是再创作者。这种自由创作的方式释放了作品的活力与经济价值，在新兴媒体时代备受推崇，有利于作品创作和文化繁荣。然而，这种主动参与的创作行为无疑不是版权法激励的目标。众所周知，著作权法赋予著作权人改编、修改、保护作品完整性等权利，未经授权利用作品进行再创作早已被著作权法所禁止。一旦文化消费者的创作热情面临著作权制度的限制，必将引起社会公众对著作权制度的

---

❶ 谢晓尧，吴楚敏. 转换的范式：反思知识产权理论［J］. 知识产权，2016（7）：18.

❷ 梅术文，周荣. 网络环境下版权保护理念的审视——由《馒头》VS.《无极》引发的思考［J］. 电子知识产权，2006（4）：57.

反感，同时也阻碍了文化创作，与激励文化创新的目标背道而驰。

其次，新兴媒体时代，经由媒介传播的文化创作朝向个体化、平民化发展，没有著作权的激励也不影响这些作品的创作。在传统媒体环境下，由于技术、设备和资金等因素的限制，创作往往需要专业化的团队进行。然而，随着新兴媒体的发展，文化创作已"飞入寻常百姓家"。过去创作一个视频影片需要购买昂贵的设备器材，即便选择租赁设备，也要支付不菲的价格。在智能手机普及的新兴媒体时代，只要下载一个视频软件便可完成视频的拍摄、剪辑和制作。由于创作的便捷性和成本的低廉性，人们的创作天性得到了最大限度的释放，作者创作作品的目的不再是单纯地获得物质报酬，更多的是源于分享信息与表达自我的热情。目前，"抖音""快手"等短视频平台让成千上万的表演爱好者能够录制自己的作品，并向全世界传播。在这种情况下，即便是没有进行过专业训练的普通社会公众也可以投入创作的过程中，史蒂夫·阿尔比尼（Steve Albini）将这种趋势概括为"业余爱好者的胜利"。新兴媒体时代，越来越多的作者乐意看到其作品被广泛复制、传播或者播放，似乎没有人在乎"神圣"的著作权问题，著作权法激励创新的功能也受到挑战。

最后，新兴媒体文化创作的价值实现方式发生了不同寻常的变化，很多情形下，著作权并不是创作者实现其作品价值的主要方式。斯密尔斯认为，抛弃版权不会影响大多数艺术家的创作，只会对所谓的明星和文化业巨头造成打击，而这种打击，恰恰是重建多元文化的开始。❶ 传统媒体环境下，作者通过控制作品的复制、传播从而获得满意的经济收入，实现文化创作的价值，本质上也就是实现传统媒体的经济价值。新兴媒体环境下，普通创作者的文化作品的价值更容易在广泛的传播中实现，而这种传播是否受著作权所控制则不属于其考量的范围，"圈粉"等新兴营利方式成为主流。相反，盗版侵权、非法转载等著作权法明令禁止的行为并不会对普通文化创作者作品的价值产生实质性的损害。在某些情况下，作品创作的价值实现有时更加"依赖"于非法转载，甚至盗版侵权。例如，非法转载作品的数量越多，点击量越多，作者的名气越大，文化创作的价值更

---

❶ 马瑞洁. 数字时代，抛弃版权？[J]. 编辑学刊，2012（2）：12.

容易实现。如果这样的情况普遍化，著作权所具有的文化市场经营功能将大受影响。

三、新兴媒体知识共享对著作权正当性的挑战

新兴媒体的崛起与发展正改变着人们的工作与生活方式，其所具备的便捷性、互动性、海量性等特征，满足了社会公众文化沟通、交流与分享的需求。在新兴媒体环境中，一股"知识共享"的浪潮逐渐涌现。所谓知识共享，是指在新媒体空间，人们不仅可以免费提供自己拥有的知识，还可以对他人的作品进行自由创作。以维基百科为例，维基百科的原理在于开放编辑和自由写作，用户可以修改系统中所有的知识信息并添加意见，系统则记录下所有的用户行为和修订的历史版本，这种模式更强调集体协作，知识更多的体现了众人的智慧，大量匿名的知识奉献者只被记录下他们的行为，不要求记录更多的内容。[1] 知识共享在新兴媒体时代受到文化创作者、消费者和新兴媒体的欢迎与追捧，这与知识享有"产权"的版权理念相抵牾。

首先，知识共享的兴起使著作权的正当性必须吸收更多的"包容性"价值，以打破传统范式中一味张扬"排他性价值"的理论基础。以信息传播和知识共享为主要功能和目标的网络，将推动著作权制度成为"一个主要为创造、发行、保存、共享以及确保获取知识的体系"。[2] 莱斯格指出，在美国至少有4300万人未经授权在互联网上下载内容，按照著作权法律规则，这4300万人犯下了严重的罪行。然而，倘若一部法律使大多数人成为违法者，其正当性应当受到质疑，著作权法不需要牺牲这么多人就能达到保护作者权益的目标。

其次，知识共享的兴起也促成著作权的正当性更加关注自由表达的合理性，在聚焦"商业性价值"的同时，也必须重视其"消费性价值"。例如在微博、微信转载他人作品，利用云媒体传送分享音乐、小说、电影等非竞争性的自由传播行为，虽然都落入著作权控制的范围之内，但在新兴

---

[1] 东鸟. 网络战争：互联网改变世界简史［M］. 北京：九州出版社，2009：27.
[2] 孙昊亮. 网络环境下著作权的边界问题研究［M］. 北京：法律出版社，2017：23.

媒体环境下，对这些行为进行著作权限制更符合自由沟通与分享的需求，有助于打破"反公地悲剧"，达到知识共享的目的。

从以上的分析可以看出，新兴媒体的出现与发展冲击了创作者、传播者和消费者对著作权合理性的理解，一些人基于新兴媒体自由传播的外在表现，甚至提出没有著作权，反而更有助于实现知识的创造、传播与分享。在此情势下，著作权正当性的传统范式能否有效解决这些挑战，就成为必须认真对待的理论问题，这关涉整个著作权制度的基础。

第二节　新兴媒体融合发展与著作权正当性的传统范式

著作权正当性的传统理论范式，一般包括以劳动理论为代表的自然权利理论，以激励理论和经济分析理论为代表的功利主义理论，以价值衡量为基础的利益平衡理论。新兴媒体融合发展环境下，这些传统的理论范式能否作为解释著作权正当性的基础，应对来自新兴媒体融合发展带来的著作权合法性挑战，需要结合其适应性及解释力的不足进行全面分析。

一、新兴媒体融合发展与著作权的劳动理论

（一）新兴媒体融合发展中劳动理论的适应力

"劳动论"认为，著作权制度的合理性在于著作权是因劳动而产生的自然权利。版税就是其智慧劳动的报酬。❶ 自然法学派代表人物洛克，沿袭了自格劳秀斯等人以来的自然法传统，将其运用于财产权的分析，由此创立了经典的财产权劳动理论，被学界视为"整个劳动理论的渊源"。

洛克认为，人出生即享有天赋权利，上帝将土地和其中的一切给予人类，是为了维持他们生存和舒适生活的。然而，既然这些是为人类所用的，就必然以某种拨归私用的方式，使作为个体的人从中受益。❷ 洛克表述了这种"共有"是如何转化为私有的方式。"每人对他自己的人身享有

---

❶　赖文智. 图书馆与著作权法 ［M］. 台北：益思科技法律事务所，2002：22.

❷　洛克. 政府论（下篇）［M］. 叶启芳，瞿菊农，译. 北京：商务印书馆，1964：19.

一种所有权，除他以外任何人都没有这种权利……只要他使任何东西脱离自然所提供的和那个东西所处的状态，他就已经掺进了他的劳动，在这上面参加他自己所有的某些东西，因而是它成为他的财产。"❶ 洛克以自然权利为前提，通过自然权利到身体所有权的转变，论证了劳动使人们获得私有财产的合理性。"我的劳动使他们脱离原来所处的共有状态，确定了我对它们的财产权。"❷

洛克的劳动理论为解释新兴媒体融合发展中的著作权正当性提供了自然权利理论的视角，具体表现在以下三点：第一，洛克从自然法中推导出财产权，进而对这一财产权利进行保护，有利于激发作者的创作热情。新兴媒体融合发展以传统媒体为基础，传统媒体的智力劳动得到肯定的基本方式是著作权保护，这也是激发传统媒体创作积极性的基本条件。第二，劳动理论为著作权作为一种私权的存在提供了合理性解释，智力劳动的价值定义了著作权的价值。对于各种新兴媒体中发生的各类"创作"而言，没有达到独创性标准的创作不能得到保护；反之，无论是传播体育节目赛事、网络游戏还是孤儿作品，只要这些作品具有劳动价值，就应该得到法律保护。第三，洛克要求一个人通过劳动取得财产时，应"保留足够的同样好的东西给其他人所共有"和"不得浪费和超越生活必要限度"，对取得财产权的条件与财产权的范围进行限制，避免了权利的滥用。就此而言，新兴媒体融合发展中既有著作权权能的扩张，也必然包括著作权限制和利用机制的发展，这符合劳动论的这一理论预设。

（二）新兴媒体融合发展中劳动理论解释力的不足

尽管劳动理论的价值已得到广泛认可，但在新兴媒体环境下，将劳动理论运用到解释著作权正当性时仍存在诸多问题。

首先，劳动理论无法解决新兴媒体时代"智力劳动"与"智力创造"之间的关系。按照著作权法的规定，唯有具备一定的创作高度的智力劳动成果，才可以受到保护。传统的媒介环境下，智力劳动接近于创造，媒体

❶ 洛克. 政府论（下篇）[M]. 叶启芳，瞿菊农，译. 北京：商务印书馆，1964：19.
❷ 洛克. 政府论（下篇）[M]. 叶启芳，瞿菊农，译. 北京：商务印书馆，1964：6.

成为把控智力劳动创造性程度的"守门员"。新兴媒体时代，智力劳动变得泛化，任何留下的数字印记都蕴含劳动。每个人的一言一行会被随时记录下来，上传的小段子、恶搞的图片、有趣的聊天记录、对一个生活细节不经意间的画龙点睛似的戏谑，都可以成为美妙绝伦的作品，被人广为传播与欣赏，而这种"漫不经心""不期而遇"甚至有些"无心插柳"的智力劳动，与传统意义上的"创造"并不相同，给这些必要的社会行为著作权保护并不妥当。正如学者所说，著作权根基于符合一定创造性（异质性）标准的对象，但劳动不强调这种异质性，❶ 新兴媒体时代劳动与创作的区别更加明显。新兴媒体融合发展中，互动式写作、网络围观等都犹如纪录片一样使我们每个人实际进入了身体写作的阶段。实际上，新兴媒体提供公众更多表达自我的机会，每个人在表达一个观点、说一句话的时候都要付出智力劳动，此时如果把人的每一个动作、每一句话都作为智力创造进行保护难免过于绝对。

其次，劳动理论无法解决新兴媒体时代作品再次创作的著作权问题。根据劳动论的观点，当主体将自身的劳动同处于共有状态的某物相结合时，则取得该物的所有权。❷ 新兴媒体时代，文化消费链条发生改变。由于网络文化传播便捷、交互性强，社会公众在进行文化消费的同时，还可以通过在原作品的基础上进行二次创作，成为内容的制作者。目前的"短视频"创作随着"抖音""西瓜视频"等新兴媒体而呈现井喷势头，恶搞、汇编、批注、增加新内容、混编等再次创作方式层出不穷。由于劳动是劳动者无可争议的所有物，那么对于这一有所增益的东西，除他以外就没有人能够享有权利。❸ 再次创作作品当然也付出了"劳动"，其知名度与受欢迎程度甚至超出了原作品的范围。如果按照劳动即产生财产权的情况，这种未经他人授权再次创作的行为符合"掺进他的劳动，成为他的财产"的要求，此时创作者对其付出劳动的智力成果享有当然的支配权，这种权利也理应受到保护。然而，此时在先作品权利人的修改权、

---

❶ 李琛. 著作权基本理论批判［M］. 北京：知识产权出版社，2013：9.

❷ 冯晓青. 知识产权法哲学［M］. 北京：中国人民公安大学出版社，2003：23.

❸ 洛克. 政府论（下篇）［M］. 叶启芳，瞿菊农，译. 北京：商务印书馆，1964：53.

保护作品完整权、演绎权等却无法得到有效保护。如果坚持"先授权、后创作"的原则，在后作品的劳动成果又不能纳入现有的法律框架。所以，劳动理论不能为新兴媒体时代大量存在的二次创作行为提供合理的理论基础。

最后，采用劳动论来解释新兴媒体环境下的著作权正当性，在有些情况下难以满足"保留足够的同样好的东西给其他人所共有"和"不得浪费和超越生活必要限度"的先决条件。"保留足够的同样好的东西给其他人所共有"意味着文化公共领域的广泛存在和文化消费渠道的畅通。但是，不少新兴媒体通过技术措施禁止其他媒体或者消费者接触、访问作品，一些权利人和媒体甚至将技术措施施加的对象扩展到已经属于公共领域的作品。如果法律禁止对这些技术措施的规避，无疑没有保护智力劳动成果，权利人也没有"保留足够的同样好的东西给其他人所共有"。"不得浪费和超越生活必要限度"意味着信息的自由获取，且文化产品未被垄断进而可为普通消费者所自由接触。若新兴媒体利用技术措施控制和垄断作品，便会使公共利益空间受到严重挤压，社会公众利用资源必然举步维艰。同时，权利人往往对接触其作品的使用人收取不同的授权价格，形成价格歧视，没有能力付费的消费者也要支付使用费，实质上是加剧而非减轻"数字鸿沟"。当新兴媒体向他人收取使用费并且通过独占许可等方式阻止其他媒体利用该作品时，社会公众获取信息的自由同样被切断。可见，新兴媒体广泛运用的独占许可模式和价格歧视策略也无法在劳动理论的框架下得到合理的解释。

二、新兴媒体融合发展与著作权的激励理论

（一）新兴媒体融合发展中激励理论的适应力

激励理论认为，著作权法通过对智力成果进行专有权保护，保证创作者获取适当的物质报酬，激励其投入新的创造活动。如果没有回收其投资和成本的合理预期，没有一个可以让其通过自己创造性劳动获得合理利润

的机制，任何人都不愿意进行这样的投资，这将造成文化资源的枯竭,❶最终不利于社会公共福祉的提升。

新兴媒体融合发展中，激励理论也具有相当的解释力：第一，传统媒体的发展离不开著作权的激励。在新兴媒体冲击之下，传统媒体所依赖的传统运营模式受到很大影响，原来所具有的信息垄断地位不复存在。在传统媒体经营向新兴媒体延伸过程中，不得不更依赖于"内容"而非"渠道"。著作权的存在是"内容"获得市场报酬的基础，可以激励新作品的创作和传播，即著作权法通过赋予作者或其他著作权人对被创作出来的作品的专有权，为作者提供市场经济上的回报，这将激励他们创作新的作品。❷"就市场而言，个人不会对创作进行投资，除非这样做的期望所得超过支出……要获利于作者的新构思或者新作品，创作者就必须能把它以一种价格卖掉，或将它用于某种使其获得市场竞争优势的用途。"❸ 由此可见，传统媒体在新的技术环境下保持创新创造动力，必须依赖著作权这一专有权利的激励。第二，通过媒体进行创作的职业群体离不开著作权的激励。激励理论将著作权的正当性诉诸个人创造价值和社会公众福利的统一。激励理论的核心在于通过经济利益激发人们的创造热情，增加公众对知识的获取能力，增强文化与艺术作品的创作与传播，从而实现社会福利的最大化。根据激励理论，新兴媒体融合发展中，著作权制度的目的仍在于尽可能为绝大多数社会公众带来利益，即"为最大多数人提供最大的益处"。如果没有著作权的保护，作品就不能源源不断地创作出来，新兴媒体所能够传播的文化资源将大幅缩减。因此，表面上看，没有著作权约束的新兴媒体可以自由传播的作品数量会增多，但是从长远观察，没有著作权的保护，新兴媒体上可供传播的高质量作品会出现递减。这种不符合"社会利益最大化"的制度安排不值得提倡。

---

❶ 曹新明，梅术文．民族民间传统文化保护的法哲学考察——以知识产权基本理论为研究范式［J］．法制与社会发展，2005（2）：19．

❷ 冯晓青．著作权法之激励理论研究——以经济学、社会福利理论与后现代主义为视角［J］．法律科学．西北政法学院学报，2006（6）：44．

❸ 罗伯特·P.墨杰斯，等．新技术时代的知识产权法［M］．齐筠，等译．北京：中国政法大学出版社，2003：11．

(二) 媒体融合发展中激励理论解释力的不足

一直以来，激励理论被认为是著作权正当性的经典范式而备受推崇，在新兴媒体环境下，以此解读著作权的正当性问题依然具有相当的说服力。但是，激励理论套用于新兴媒体融合发展之中，同样具有解释力不足的问题。

首先，著作权激励新兴媒体创造的工具论受到质疑。"被法学视为通说的'不得回报不创造'的假定，与哲学、心理学的观点并不吻合。诸多哲学和心理学的观点认为：创造是人的天性。"❶ 在传统媒体时代，囿于创作成本高、难度大，创作成果难以传播等不利因素，社会公众的创作天性受到禁锢，文艺创作更多为高阶层的知识分子所垄断，这一行为也随之被打上显著的阶层烙印。随着新兴媒体时代的到来，数字技术的发展使文艺创作变得简单而便捷，低廉的创作成本与广泛的传播渠道让文艺创作成为普通百姓的日常消遣，人类追求创造的天性和精神在各种新兴媒体中得到最大限度的释放。新兴媒体具备双向性和互动性的特点，新兴媒体环境下的消费者，同时具备受众和传播者的双重身份，创作者与消费者之间的界限不再明晰。很多情况下，创作作品的目的不在于获得财产上的回报，而是基于表达自我以及自由创作的精神本能。换言之，创作作品是为了满足个性化的需要进而释放创作的天性，传统的以物质回报作为创作动力的激励理论此时显得不再全面周延。

其次，在新兴媒体环境下，著作权并非唯一的创作和传播激励手段。新兴媒体时代，物质手段激励创作的功能逐渐弱化，甚至被一些其他方式所超越，著作权激励理论无法很好地解释权利人创作作品的行为。其中表现最为明显的是如雨后春笋般涌现的"网红自媒体"。对于某些网红主播而言，激励创作的动力在于其创作的音乐、视频等内容能够自由传播，被世界范围内的文化消费者广为欣赏，进而提高知名度与曝光度，随之享受万千粉丝的追捧与崇拜。这种情况下，激励作者创作的主要原因是个人名气、声望的建立，或者说个人影响力的提高进而掌握一定的话语权，满足

---

❶ 李琛. 著作权基本理论批判 [M]. 北京：知识产权出版社，2013：14.

自我价值实现才是其创作的直接动力。斯蒂格利茨（Stiglitz）教授谈道："对于大部分学者而言，写作不是为了挣钱，而是要影响人们的思想，改变某些智力讨论结果，如果人们选择盗窃我的知识产权而不是选择忽视我，我会更加高兴，更愿意去创作。"这种激励创作的动机并非物质回报，自我价值的实现也并非因专有权保护而获得。目前，不乏著作权人不追求经济报酬的情况，蓬勃发展的"创作共享"运动，就是以放弃获得物质报酬为基础而产生的。❶"知识共享"文化的兴起是民间对专有权合法性质疑的一种规模性的行动反应。❷ 由此可见，与新兴媒体所带来的新商业模式相比，传统的"专有权保护＋物质回报"的激励模式未免有些过时。

最后，新兴媒体的免费传播带来的社会福祉逐渐增多，经济上激励著作权人的必要性逐渐下降。换言之，著作权的目的绝不是给予作者回报，建立著作权制度的终极原因是刺激创作动机，提升相应成果的供给，从而保障社会公众能够获得充足的知识产品，促进社会公共利益的提高。事实上，作品的产生与创作属于一种社会福利，作品的自由传播与利用同样也是一种社会福利。在新兴媒体快速发展的当下，传播甚至免费传播的价值得到提升，在特定情况下不失为一种"实现福利最大化"的方法。在创作便捷、成本低廉的新兴媒体时代，对于普通文化创作者而言，免费传播并不会对其造成损失，而这种传播方式对于文化消费者而言意义重大。由于文化消费已成为大众的消费，从这个角度上来分析，自由传播已经关乎基本的民生，关系到社会公共利益的提升，著作权激励理论的说服力必然受到质疑。

三、新兴媒体融合发展与著作权的经济分析理论

（一）新兴媒体融合发展中经济分析理论的适应力

经济分析理论派生于功利主义理论，以芝加哥经济学派新古典经济学

---

❶　黄汇. 寻求著作权制度理论解放的力量——评李琛教授《著作权基本理论批判》之两题[J]. 知识产权，2013（12）：48.

❷　朱鸿军. 版权问题：制约媒介融合发展的瓶颈[J]. 出版发行研究，2016（10）：82.

思想为代表，主要运用经济学的概念、分析工具和核心理论来分析法律问题。经济分析理论以经济学上的效率为主要价值追求，注重"成本—效益"的分析是其主要特征。根据芝加哥学派的思想，在一个完美的市场经济中，财产权的归属或者个人所有是在个人之间解决资源配置的最有效方法。如果对于某一资源没有赋予私人权利或者赋予的私人权利不够合理，那么就会使得这些资源的所有人缺少有效地使用这些资源的动力。❶ 作品因其无形性，而成为一种不具备排他性与竞争性的公共资源，如果没有公共干预，这种公共资源将无法保持充分供给状态。为了防止其供给不足和消费过度，著作权法允许作者向公众提供这种资源而获得利益，使得对这种资源的私人生产成为可能，从而使社会获得最大利益。

新兴媒体融合发展时代，经济分析理论的解释力主要体现在两个方面。第一，经济分析理论为媒体的结构性转型提供基本的理论支撑。传统媒体在追求社会效益的同时，需要更加全面地回应新兴媒体的冲击，通过著作权的制度设计和运营，推动媒体产业健康发展，实现更为明确的效益目标。经济分析理论表明，著作权理论的合理性在于产业效益的最大化。无论是传统媒体还是新兴媒体，追求投资回报是推动著作权法变革的主要力量。第二，媒体融合中，著作权的财产权属性因经济分析理论而得到进一步的强化。由于著作权法是维护创作者与投资者经济上诱因的制度工具，虽然其客体具有不同于有体财产的无形性这一特性，但该特殊性仅体现在法律构造的具体设计上，而不能推翻法经济分析的基本预设。❷ 著作权法是法经济分析的天然领域，法经济分析中的事前分析与边际分析，以及对理性人假设与财产权功能的正确定位，都有助于使著作权更好地融入现有成熟的财产权制度中，而不是仅仅因客体的特殊性而主张将著作权与传统财产权分离。❸ 由此可见，建立在经济分析理论上的著作权制度要求新兴媒体既能发挥财产的最大效益，又能促进权利人通过交易来实现价值的增加。

---

❶ 吴伟光. 数字技术环境下的版权法危机与对策 [M]. 北京：知识产权出版社，2008：7.

❷ 熊琦. 著作权的法经济分析范式——兼评知识产权利益平衡理论 [J]. 法制与社会发展，2011，17（4）：37.

❸ 熊琦. 著作权的法经济分析范式——兼评知识产权利益平衡理论 [J]. 法制与社会发展，2011，17（4）：46.

（二）新兴媒体融合发展中经济分析理论解释力的不足

然而，在新兴媒体环境下，运用经济分析理论解释著作权合理性的时候，仍不免存在缺失。首先，经济分析理论过分强调著作权的专有化与产权化，这并不必然有助于信息的传播。新兴媒体时代，越来越多的权利人试图通过技术措施控制自己的作品免于被任意使用。尽管技术措施是防止他人侵权的正当手段，但技术措施阻碍了社会公众接触与获取信息，提高了接触信息的成本，如果放任为之，作品的传播将受到严重的阻碍，并打破原有的利益平衡。同时，追求效益最大化的财产制度破坏了信息这一智力成果的自由属性。由于信息兼备"原材料"与"制成品"的属性，信息的价值在流转过程中也能得到提升，因此只有将其置于开放的公共领域加以利用才能实现最大的收益。然而，在信息上设定财产权造成类似垄断的效果，必然会影响信息的传播与再利用，违背作品可以由大众分享的经济品性，势必阻碍知识的传播与创新。

其次，新兴媒体传播效率的价值实现，并不依赖于著作权保护。以新闻作品为例，在我国现行新闻体制下，新闻信息的生产受较严格的准入限制❶，相较于传统媒体，新兴媒体最大优势建立于强大的传播效率之上。在信息爆炸的背景下，消费者很难从互联网上的海量信息中筛选和定位有效的新闻信息。然而，新闻聚合平台能够利用传播范围广、交互性强的新技术，通过搜索与大数据的结合更精确地满足用户的偏好和需求，进而提升新闻传媒市场的运行效率与整体价值。此外，由于其拥有强大的产业话语权，不仅可以通过精准的广告投放来实现广告总收入的增加，而且能够通过降低用户获取信息的单位成本而提高信息消费规模，这均有利于实现著作权法所追求的效率与社会价值。❷ 然而，由于新闻聚合平台自身不生产作品，而是依赖技术对已有作品的收集和整合，如果以效率为价值目标，著作权就没有存在的合理性。

---

❶ 戴昕. 产权话语、新闻生产与创新竞争——评"今日头条"事件［J］. 科技与法律，2015（2）：423.

❷ 戴昕. 产权话语、新闻生产与创新竞争——评"今日头条"事件［J］. 科技与法律，2015（2）：424.

四、新兴媒体融合发展与著作权的利益平衡理论

(一) 新兴媒体融合发展中利益平衡理论的适应力

利益平衡是民法精神和社会公德的要求，也是人权思想和公共利益原则的反映。❶ 随着时代进步与科技发展，利益平衡理论逐步成为现代著作权法的基本精神，也是解释著作权正当性的传统范式之一，引导著作权制度的设计与变革。著作权法的利益平衡体现了著作权法的二元价值取向，即保护作者权益与促进文化事业发展与繁荣的目的和对作者专有权的保护与对这种专有权的限制并存。❷ 利益平衡理论在新兴媒体融合发展中也为解释著作权合理性提供了解决思路，成为协调和解决著作权人与社会公众之利益冲突的重要理论工具。

首先，利益平衡理论吸收了劳动论和激励理论的合理化元素，用更为抽象的"平衡"观来解释著作权的合理性，具有更强的开放性和包容性。利益平衡理论将保护作者权利作为著作权制度的出发点，同时将社会公共利益的实现以及社会文明进步作为著作权的价值目标。新兴媒体环境下，无论是"自由软件运动"还是"盗版党"，都背离了利益平衡的初衷，因而不具有坚实的理论正当性。同时，在维护著作权人利益的同时保护社会公众的文化消费需求，设置权利限制机制和"避风港"规则维护新兴媒体的发展，这种思路充分考虑各方参与者的正当利益诉求，非常符合利益平衡原则的开放性和包容性要求。

其次，利益平衡理论以"分配正义"作为主轴解释著作权的合理性，能够受到各方的认同，更具有适应性和时代感。新兴媒体技术无论如何发展，著作权利用和保护都是相辅相成的，没有广泛的著作权利用，也不会有符合各方利益诉求的法律保护。在利益平衡理念的指引下，任何创作行为都可以得到市场的回报，同时任何产业的发展也具有利益平衡分配的空

---

❶ 吴汉东. 知识产权的多元属性及研究范式 [J]. 中国社会科学，2011 (5)：42.

❷ 冯晓青. 著作权法的利益平衡理论研究 [J]. 湖南大学学报 (社会科学版)，2008，22 (6)：114.

间。尤其值得肯定的是，传统的著作权理论范式要么只重视过于玄幻的自然理性，要么只重视过于世俗的产业伦理，而利益平衡理论建立了以利益配置为中心的分配伦理，契合新兴媒体时代的要求。由此可见，著作权制度在新媒体时代需要不断调整，以满足各方利益平衡的时代需求。

（二）媒体融合发展下利益平衡理论解释力的不足

尽管利益平衡理论在解释著作权正当性方面有其优越性，然而在媒体融合发展环境下，该理论的解释力仍有欠缺，具体体现在以下两个方面。

第一，"利益平衡"固然是著作权正当性的重要表现，但它并没有指明平衡打破后恢复利益平衡的路径。媒体融合发展环境下，媒介的充足与便捷使作品的自由传播与传统著作权保护之间的矛盾日益加剧，新技术在丰富作品类型的同时，使著作权客体扩张与著作权限制范围的缩小之间的不平衡越发明显，各方利益主体间的均衡状态被打破，著作权制度的正当性受到质疑与挑战。利益平衡作为一种口号可以赢得赞誉，但作为具体可供操作的方式，在如何恢复这种平衡关系上却显示出对优势的利益阶层的让步，很可能沦落成为少数利益集团实现自身利益的工具。

第二，利益平衡理论作为著作权正当性的理论，更多描述的是权利人和社会公众的利益平衡，但是在新兴媒体融合发展时代，多元化的利益主体并不能实现利益平衡。二元主体的对应产生利益平衡点，这是利益平衡理论的关键，然而，新兴媒体环境下，与著作权有关的利益相关人更为复杂，包括著作权人、自媒体人、文化消费者、知识共享者、网络服务提供者、技术提供者等，如此复杂的利益主体，不可能出现利益平衡点。相反，著作权制度的合理性是为各种利益相关人设计分享利益的适当规则，多元利益分享的底线是不能因为自己的利益受到保护而造成对他人利益的伤害，从而在法律上坚决杜绝那些可能对他人造成无理伤害的行为。

综合以上分析可知，传统著作权正当性理论确实具有较强的范式解说力，在面对纷繁复杂的新兴媒体传播环境，依然表现出较强的理论弹性，代表性的传统范式在自然理性、产业发展和分配伦理等三个不同维度进行的深刻思辨为不断修正完善著作权正当性理论奠定了坚实基础。当然，新兴媒体带来的变革需求是如此之大，所以绝不可故步自封而无视当下出现的著作权信仰危机，而是应该针对新兴媒体带来的挑战，构建更有说服力的著作权正当性理论解说方式。

第三节　新兴媒体融合发展与著作权利益分享理论

从前文分析来看，无论是劳动理论、功利理论、经济分析理论还是利益平衡理论，都不能完全解释新兴媒体融合发展进程中的著作权正当性基础。面对现代信息技术的发展和产业需求，著作权仍然具有无可置疑的正当性。当然，理论上需要不断审视和反思传统著作权的正当性理论。为此，对于已经出现的各种质疑著作权正当性的理论，既应进行批判，同时也应该汲取其中的合理元素。在此基础上，构建著作权利益分享理论，通过更加包容的理论解说，容纳传统理论范式的精华，同时又以市场选择和政策选择为媒介，实现新兴媒体产业融合发展中，著作权人、传统媒体、新兴媒体以及文化消费者利益的最大化。

一、新兴媒体融合发展中著作权批判论的批判

新兴媒体融合发展中的著作权正当性问题，究其本质，就是著作权保护能够实现各种新兴媒体产业发展，同时又不影响传统媒体产业繁荣的正当性，也就是未来传媒创意产业发展的路径选择正当性。主流的观点认为，著作权是保护文化创意产业的制度基础，无论是传统媒体或新兴媒体都无法脱离著作权的保护，著作权在新的技术背景下仍具有理论正当性。但是也应看到，面对新兴媒体环境下的著作权正当性挑战，著作权正当性的传统范式解说力有限，批判著作权正当性的声量越来越强大。具体来说，主要包括以下三种代表性的理论。

第一种理论，通过建构全新的市场框架来重塑未来创意产业的发展。斯密尔斯等认为，未来文化创意时代应该抛弃版权，通过建立完全竞争的市场框架来发展文化产业。具体思路包括三个方面[1]：首先，应当修订市

---

[1] 约斯特·斯密尔斯，玛丽克·范·斯海恩德尔. 抛弃版权：文化产业的未来 [M]. 刘金海，译. 北京：知识产权出版社，2010：43 - 59.

场竞争法，引入多种不同的所有权规范条例，禁止跨行业所有制（cross ownership）。其次，对文化市场上任何可能存在的过度垄断企业进行彻底调查，市场上不应有任何一方操纵价格、质量、销售范围、就业条件、市场准入及其他任何环节，即市场必须允许多方参与，社会有责任制定参与条件。最后，为公共领域建立规范化市场，加强市场监管与支持，坚持文化所有权的多样性和文化内容的多元化。

第二种理论，通过构建免费使用机制开辟未来创意产业的发展道路。为了避免"想象自由"和"创作自由"的缺失，莱斯格提出了一种"保护一部分权利"的中间道路。❶ 所谓中间道路，就是在不大幅度改变现有著作权制度的基础上，通过减少对著作权的保护和管制，例如增加更多的程序性的规定、完善合理使用的情形、缩短著作权保护期等，从而发挥自由文化和自由市场的作用，促进作品的自由传播。除此之外，2002年，莱斯格成立了民间知识共享组织。知识共享组织致力于恢复对著作权完全控制的情景和无政府的混乱景象，力求达到合作与共享的目标。任何创作者和机构都可以自由和自愿申请加入创作共享协议，选择是否让自己的作品在非商业性使用的前提下进行共享，鼓励作品使用与保护作品相结合。❷

第三种理论，通过全新的合理补偿机制打造娱乐产业的未来。威廉·W. 费舍尔在其著述中提出建立合理补偿机制推动数字娱乐产业的发展。❸ 他认为，解决新技术与旧版权制度冲突的思路在于，用一种行政补偿的体制代替现存的版权制度：首先，建立一个集中式的注册系统，作者通过互联网注册其作品，并获得独一无二的注册号，该注册号将对歌曲和电影等作品使用进行追踪记录，并以此作为获酬的依据；其次，由于这种模式下的音乐出版公司和唱片公司会产生一定程度的损失，需要确定平均补偿水平，行政部门应尽力确保分配给创作者的金额能够保持娱乐文化的繁荣，并根据文化产业市场的景气情况对税率进行调整；再次，通过增加个人所

---

❶ 劳伦斯·莱斯格. 免费文化：创意产业的未来 [M]. 王师，译. 北京：中信出版社，2009：228.

❷ 金煜. 劳伦斯·莱斯格试图推动新版权系统 [N]. 新京报，2010 – 11 – 20 (1).

❸ 威廉·W. 费舍尔. 说话算数：技术、法律以及娱乐的未来 [M]. 李旭，译. 上海：上海三联书店，2008：185.

得税和对用于获取音乐和电影的商品或服务进行征税，例如数字作品的复制设备、复制件的存储媒介、在线点播服务以及 P2P 文件共享服务等；最后，确定税收分配方案，确保创作者所得份额与消费者从其作品中获得的价值成正比，统计消费次数，按歌曲和电影的长度进行调整。

上述三种理论有其片面之处，集中表现在以下三个方面。

首先，它们只是放大了新兴媒体环境下著作权制度的缺陷和不适应性，没有能力全面否定著作权合理性的传统范式。抛弃著作权制度将会挫伤创作者和传播者的积极性，不利于作品的传播与利用。在新兴媒体时代，虽然社会公众创作的动机发生了变化，但完全否定著作权制度将使创作成为无源之水，无本之木。著作权制度将智力成果作为专有权进行保护，对产权的含义与范围作出了明确的界定，从而降低交易过程中的不确定性与发生冲突的可能性，节省了交易成本。互联网环境下，作品的广泛传播带来的一个问题就是确权难，具体表现为作品来源的不确定性以及权利人身份难以确定，如果完全抛弃著作权制度，文化市场会随之陷入混乱，由此带来的是文化产业的创新活力缺失，也不能有效实现文化产品的交易和运营。

其次，知识共享固然是知识经济发展的条件之一，但知识的产权化也是知识经济繁荣的必要条件。知识共享并未给作者以及投资者构建适当的营利模式，缺乏一定的物质激励将使创作动力不足，最后将导致社会文化资源的枯竭。由于知识共享建立在自由和自愿的基础上，掌握强大资源和话语权的企业、协会和组织并不愿意将专有资源进行共享，这将影响知识共享的实效。此外，知识共享在一定程度上将形成抵制著作权的社会意识与商业模式。例如一些数据库平台，将大量数据库内容向公众免费开放。这些平台仅仅考虑了如何满足产业链下游用户的需求与体验，而忽略了创作者和生产者，忽视了传统媒体和内容产业的合法权益，这无疑是一种竭泽而渔的商业模式。尊重著作权是知识共享的前提，文化产业发展应建立在优质的著作权资源和良好的传播能力之上，一味强调知识共享而忽视著作权保护将影响文化产业的长期、持久发展。

最后，新兴的补偿体系与著作权的激励体系相比较而言，也并非更具优越性。相反，补偿机制的弊端也十分明显。具体理由为：（1）在这种体系下，受益者和纳税者可能并不完全一致，这将带来一定程度上的不公平，造成交叉补贴以及消费者行为歪曲现象。❶ 数字环境下，消费者的文化需求更为精细化，交叉补贴损害了消费者的个性化需求，不利于文化的多元化发展。(2) 权利人对作品的控制力降低，自由处分的权利弱化。新兴媒体环境下，文字作品被随意篡改、删减的情况数不胜数，影视作品被任意剽窃、歪曲的现象屡见不鲜。在现行著作权体系下，权利人可以禁止他人对作品的滥用行为，然而在行政补偿体系下，权利人对已发表作品的控制能力减弱，保护作品完整性的利益不复存在，作者必须忍受他人对作品的修改和重构，这将严重挫伤作者的创作热情与积极性，也不利于文化创意产业的健康、持续发展。(3) 这一制度将造成垄断和寻租 (rent-seeking) 问题。对于普通文化创作者而言，其获得报酬的机会和数额将受制于大型权利人的限制与压迫，各种强大的游说组织将垄断文化市场，这种情况不利于新兴媒体环境下文化的多样性与自由化发展。(4) 费舍尔提出的行政补偿体系是建立在良好的著作权集体管理制度基础之上，我国目前著作权集体管理制度饱受诟病，这表明至少在目前情况下行政补偿体系的适用十分困难。(5) "行政补偿体系"终究是商业模式的一种，它能否照顾到法律制定、政府政策、数字版权提供、科技创新、数字内容消费等方方面面，还需要实践的检验。❷ 不过遗憾的是，目前并没有这方面成功的商业实践。

需要指出的是，上述三种理论虽然有片面之处，但是却非常鲜明地表达了这样的立场：如果不发展现有的著作权理论范式，在新兴媒体融合趋势之下，未来文化创意产业的前景将并不必然依赖于著作权的保护，著作权的正当性会受到越来越普遍的质疑。同时，上述理论也具有不少值得借鉴的合理元素，在很多方面展现出难得的时代洞察力。具体来说，在新兴媒体融合发展中，著作权的正当性诠释应该更多地强调三种力量：(1) 市场的力量。市场推动下出现的多元营利模式，成为著作权正当性解读的全新实践场域。在新兴媒体融合发展过程中，出现了以众筹模式完成的电影

---

❶　吴伟光. 版权制度与新媒体技术之间的裂痕与弥补 [J]. 现代法学，2011, 33 (3)：69.

❷　杨吉. 数字娱乐的未来 [J]. 中国图书评论，2009 (1)：11.

上映、由自愿付费下载实现的巨大盈利、广告收入取代版权收入、随处可见的免费下载与上传等文化消费和文化创新现象，❶ 这种现象正是否定著作权的强有力现实依据。但是事实也并非完全如此。与单一的著作权授权获利的情况相反，在市场力量作用下，越来越多的新兴媒体将著作权与其他营利模式结合起来，这些模式表面上或者初期阶段好像损害著作权人利益，但是从实质上或从长远来看，不仅不会影响作者的经济收益，反而会带来意想不到的物质报酬。随着数字技术的发展，新兴媒体会不断拓展著作权利用模式，通过市场选择达致利益的分享，已经成为著作权人、文化消费者、传统媒体与新兴媒体的共同选择。（2）大众的力量。新兴媒体时代，互联网是社会公众文化消费的乐土，单方面剥夺其欣赏、研究和娱乐的自由将对民主交流造成危害。大众文化的盛行更使得版权保护下的文化产业进入"赢家通吃"的模式，本应属于全体艺术工作者的商业收益最终被其中的一小部分人攫取。新兴媒体环境下，数字技术的发展使文化创作朝"全民化"和"平民化"发展，利益分享必将成为信息传播的主要功能和目标，并在世界范围内风靡起来。例如，谷歌（Google）、脸书（Facebook）等网站，中国的互动百科、百度等网站，乃至多位世界著名的艺术家、作家等都已经开始采纳 CC 协议，这种以知识共享为价值理念的分享模式受到年轻人与自由创作者的追捧与支持，本质上其实也并不与版权保护相互冲突。（3）公共领域的力量。费舍尔的行政补偿机制使消费获取娱乐产品的边际成本为零，极大地节省了开支。另外，这一制度鼓励消费者对作品进行再加工和再传播，消费者可以自由修改、改编作品而不受法律的羁绊，符合新兴媒体环境下"大众创作"的发展趋势，有益于实现所谓的"符号民主"（Semiotic Democracy）。对于创作者而言，其能够根据作品受欢迎程度从政府处获得版税，进而获得可靠的经济收入，作品的创作也更加自由。这种模式改变了传统的著作权激励，让更多作品进入公共领域，同时在满足作者"创作天性"的基础上额外赋予一定的经济报酬，实现了一举两得的效果，创作行为也会更加蓬勃发展起来。新兴媒体时代，让更多的作品进入公共领域，社会公众可以便捷、自如地对其进行利用，

---

❶ 马瑞洁. 数字时代，抛弃版权？[J]. 编辑学刊，2012（2）：12.

避免将公众置于动辄侵权的境地，消除新兴媒体环境下普遍违法这一不正常的文化现象，进而创造一个利益分享的理想王国。可见，利益分享恰恰是这些质疑、否定著作权理论中最具有合理性的元素，换言之，只要著作权正当性理论中融入利益分享的元素，就能够实现传统范式解说力的提升与飞跃。

二、著作权利益分享理论的提出及其脉络

随着网络技术的发展，著作权战略在推进文化创意产业发展中的作用日益凸显，国际贸易竞争中的著作权博弈日益加剧，加强民族民间传统文化保护的呼声不断高涨，知识共享俨然成为一种思潮。上述背景之下，著作权利益分享理论顺势而生。该理论承继劳动论和激励论的合理元素，以利益平衡理论为基础进行改造调整，在该理论的观照下，著作权不仅是权利人智力劳动成果的保护，也不再仅仅是文化创新的激励和保障，也不限于成为维系相互对立主体利益的平衡器和调节器，而是在市场选择和政策选择的基础上，以战略的思维去调整各方利益关系，促进多元主体的利益共享与利益最大化。

具体来说，著作权利益分享理论将著作权的正当性归于该权利的配置能够实现各方利益的分享，分享利益的依据是市场的选择和战略的考量。曹新明教授在国内较早提出知识产权利益分享理论，他认为，充分保护知识产权所有人合法利益的同时，还要考虑公众利益、社会利益，有必要对知识产权加以适当限制，弱化知识产权所有人的禁止实施权的功能，让知识产权所有人之外的其他人能够有效地利用智慧创作物，然后通过利益分享形式使知识产权所有人的利益、智慧创作物使用者的利益和社会利益最大化。❶ 这一思路是利益分享理论构建的源头。不过，"权利弱化"只是利益分享的途径之一，除此之外，利益分享理论还涵盖了劳动理论、激励理论、经济分析理论和利益平衡理论的各种合理元素，利益分享最终体现为市场选择和政策选择的结果。

---

❶ 曹新明. 知识产权法哲学理论反思——以重构知识产权制度为视角［J］. 法制与社会发展, 2004（6）: 71.

　　利益分享理论是对利益平衡理论的继承和发展。在解释著作权正当性时，它与利益平衡理论一脉相承，遵循着三个方面的基本思路：首先，对劳动论、激励理论、经济分析理论以及公共领域理论、政策选择理论等采取包容开放的态度。也就是说，它既关注权利人利益保护的正当性，也未忽略文化消费者、社会公众利益的合理性。其次，将著作权的正当性与著作权的价值追求统一起来。为什么需要著作权与应该建立怎样的著作权制度，在本质上是统一的。最后，分析著作权正当性的出发点是利益冲突，协调利益冲突的方法包括内部制度设计和外部政策干预，基本手段是利益衡量，最终目标在于实现利益的均衡。

　　与利益平衡理论相比较，利益分享理论具有以下特点：（1）对著作权权利结构的全面审视。著作权的正当性不仅包括排他性要素的正当性，而且涵盖包容性因素的正当性。利益分享理论并不简单地指向著作权人增量利益和其他人利益的平衡，而是要挖掘著作权中的各种要素，甚至在某些情况下弱化著作权的禁止权属性，盘活著作权利益的存量，实现各方利益的共享。（2）对著作权价值目标的总体把控。利益平衡理论只注重著作权经济价值在不同利益主体之间的分配，利益分享理论则全面把控著作权的经济价值和文化价值。席勒指出，人的完美需要在文化中实现。著作权的正当性恰恰是对文化多样性和文化创新性的多元化追求，著作权所激励出来的文化创作、传播和消费都应该内化为人的完美实现之中。如果排除著作权的文化分享价值目标，单纯的激励与物质利益平衡只会造成异化的文化控制，进而制造文化鸿沟。（3）对著作权功能的战略审视。著作权利益分享理论在进行利益冲突协调时，不仅仅是大致各方所能接受认可的平衡状态，相反，利益分享的出发点是市场选择，终点站是政策选择。它克服了利益平衡理论平衡点求证的困境，也更为完整地指明了利益衡量的方向。质言之，著作权正当性考量中愈发关注多方利益主体博弈中的战略元素，由于利益主体多元，这些主体之间的利益冲突事实上既无平衡的可能，也无平衡的必要。此时应该运用市场的力量，推动利益主体之间的协商，实现著作权的有效运营和全方位利用。在发生利益冲突时，可以更多运用战略思维，通过政策选择的方式实现利益分享。从国家层面，就是要推动著作权战略的实施；从企业角度，就是要制定著作权的管理体系。

　　利益分享理论在解读著作权正当性时，有着更为广泛的包容性和影响力，尤其是针对新的技术环境和文化产业发展趋势，该理论更好地回答了要不要保护著作权、如何保护著作权以及保护什么样的著作权的问题。

　　首先，利益分享理论回答了新的时代背景下保护著作权具有正当性。如果没有著作权，著作权之上预设的各种利益将不复存在，利益分享也成为无源之水。从国家战略视野观察，无论是经济发展还是文化软实力的提升，都离不开著作权战略的推进。在著作权利益分享的宽容视野下，激励理论和劳动论、意志论等当然可以作为权利人利益的依据，同时公共领域理论、公地悲剧理论等也是文化消费者利益保护的基础。各种相关理论的合理一面不容否认，同时在最终的把控上注入市场选择和政策选择的双重力量，进而达到各方利益的分享。换言之，著作权的正当性不在于保护一方权利的正当性，而在于这种权利带来的各方参与者具有利益分享的合适路径。

　　其次，利益分享理论回答了如何保护著作权的问题。应该将各种类型的作品创作与传播都纳入著作权的分析框架。传统的著作权制度框架在新的技术条件下仍然具有不可替代的作用。与此同时，突出思考著作权的权利配置以实现其内部的利益分享，包括设定权利内容和权利限制规则，以及在著作权侵权规则中注重各方利益的诉求。在此基础上，建立市场选择和政策选择的干预机制。所谓市场选择，就是在版权产业的价值链中强化著作权的运营，通过利用机制实现不同利益主体之间的交流勾连以实现利益的分享，在产业链和价值链的融合中实现各方利益的最大化，进而推动整个版权产业的发展。所谓政策选择外部机制，就是在法律的制定、执行过程中，以战略的视野调整著作权保护的方式，立法上体现政策考量，执法中注重多元化的纠纷解决模式，在企业产业发展中建立著作权战略推进和评价标准，形成著作权正当性构建的整体观和战略观。

　　最后，利益分享理论回答了保护怎样的著作权的问题。著作权是经济激励机制。著作权推动版权产业的发展，也是传统文化产业转型升级的重要推动力。著作权还是文化的媒介。作品因受到著作权保护而使受众内化于心，成为文化交流的桥梁与文化软实力提升的通道。著作权必然表现为战略的选择，它不是单纯的垄断性权利，也不是阻碍自由交流的制度工具，它是为民众所乐见、为产业所接受、对国家发展有益处的权利形态。

三、新兴媒体融合发展中的著作权利益分享

按照著作权利益分享理论，新兴媒体融合发展中，著作权的正当性在于著作权能够推动形成著作权人、传统媒体产业、新兴媒体产业和文化消费者的各方利益分享与利益最大化。具体表现在以下四个方面。

（一）著作权人利益分享的正当性基础

媒体融合发展固然给各种利益主体带来冲击，但是作品作为创作者的智力劳动成果应该受到保护的理论基础依然牢不可破。著作权制度通过赋予权利人一定的专有权，弥补创作成本，帮助权利人取得满意的经济收入。新兴媒体千变万化，但其本质仍是一种传播媒介。新兴媒体的发展只是为作品的传播提供新的渠道，其实也是著作权人获得版税收入的一种新路径。2017 年，网络作家唐家三少以 1.1 亿元的版税收入位居作家富豪榜第一，[1]"阅读改变人生，写作致富光荣"的观念也在作家群体中得到广泛认可。事实上，如果著作权人基于其作品而产生的劳动成果及其收益得不到有效保障，也会违背基本的劳动价值观，实质上是对"寄生"行为的一种认可。换言之，在新兴媒体融合的背景下，倡导智力劳动光荣的理念并没有发生根本变化。

著作权在新兴媒体融合发展中仍具有激励创作和文化创新的功能。对于职业作家和以创作为主营的法人而言，策划、开发、运营一个受到著作权保护的项目，才会为权利人带来可期待的经济收入，也才会有企业愿意投入大量的时间和精力进行版权的创造、运营和保护。如果说对于非职业作家，版权也许并不必然是激励其创新的机制，但对于媒体融合发展中越来越多的以版权运营为业的网络写手和文化企业而言，离开版权就不会有文化产业的投入和文化作品的创新。由于独立创作和运营的成本高，新兴媒体侵犯著作权的成本又低，若放任新兴媒体在经济利益的驱使下肆无忌

---

[1]　祖薇．"版税王"唐家三少：96 个月不停更稿费收入世界前十 ［EB/OL］．［2019 - 07 - 24］．http：//media. people. com. cn/n1/2018/0127/c40606 - 29790251. html.

惮侵犯著作权人的利益，不仅会挫伤作者的创作积极性，还可能导致文化产业创作源头枯竭的不利后果。因此，著作权制度在新兴媒体融合发展进程中，仍不失为一种有效率的制度设计，提供了针对特定群体创作者的创新激励，尤其是肥沃了文化产业创新的土壤。

当然，我们也应该看到，新兴媒体环境下，文化创作的动机与价值实现方式发生了巨大变化，越来越多的自媒体人单纯是为了表现自我、展示个性、追求社会认可进行创作，❶ 他们倾向于较少的著作权保护，通过作品被公众广泛接触，进而便于名气和声誉的提高。有学者认为，通过无偿提供作品的内容与忠实的读者建立纽带联系，是文化传播甚至文化产业的基本原则。新兴媒体时代，至少在某些领域内，无须征得许可的作品自由流通，不但对作品的收益无害，甚至有益。❷ 这种认识完全符合利益分享理论。在该理论指引下，作者的著作权权利能够得到保障，但是又并非绝对排他性的权利，而是应该根据具体情况挖掘其中的包容性价值，通过制度内的权利限制机制和制度外的权利运营模式，推进作品的广泛传播，使作品的价值得到最大限度的释放。

（二）传统媒体利益分享的正当性基础

在利益分享理论的视域下，传统媒体也应该能够分享到属于自己的利益份额。传统媒体利益分享的基础包括三个方面：（1）作为著作权人的利益受到保护。在一些情况下，传统媒体依照法律规定或者约定成为著作权人，当然也可以根据著作权人利益保护的理论基础，受到法律的保护。（2）传统媒体可以成为邻接权人受到保护。在作者权体系下，为传播作品做出智力劳动但是又没有形成新作品的表演者、录音录像制作者和广播组织，可以享有邻接权。邻接权保护的理论基础与著作权相同。（3）传统媒体作为债权人的利益受到保护。特别是传统媒体享有的专有许可权，是传统媒体与著作权人意思表示一致的结果，也是捍卫邻接权人首发者利益的必然要求。

---

❶　张今. 数字环境下恢复著作权利益平衡的基本思路［J］. 科技与法律，2004（4）：56.

❷　孙昊亮. 网络著作权边界问题探析［J］. 知识产权，2017（3）：16.

从市场选择和政策选择的层面分析，传统媒体利益分享的理论基础包括三个层次：首先，传统媒体的著作权保护，有助于维护其内容方面的优势，进而实现投资者利益的保护。互联网技术的发展改写了传统媒体对信息与文化传播的垄断局面，由此带来的市场竞争优势也受到弱化。这个时候通过"著作权"强化"内容"优势，对于传统媒体的市场竞争具有更为重要的价值。美国艺术与娱乐电视网集团迪恩·波斯恩明斯基（Dean Possenniskie）认为，制作节目并开发版权是经营的核心。他认为，许多媒体一直专注于制作节目，但没有充分开发这些节目版权，也不善于提升这些节目版权的价值。❶质言之，著作权法在权利的主体、客体、内容和权利限制等方面的规定，目前仍然可以为传统媒体发展提供基本的制度保障，也是新兴媒体融合发展时必须遵循的基本规则。当新兴媒体与传统媒体、不同的新兴媒体之间在内容使用、传播等领域发生纠纷，或者需要利用其他媒体的相关信息时，必须遵循著作权法的相关规定，同时可以利用著作权制度解决著作权纠纷和矛盾。

其次，传统媒体的著作权利益分享是体现其产业战略地位的必然要求，是政策选择的结果。传统媒体产业在融合发展中处于引领地位，在建立整个媒体融合生态中发挥着领导者的力量，著作权制度为传统媒体产业发展提供制度保障，就是要运用著作权捍卫主流媒体的权益，避免"劣币驱逐良币"。倘若传统媒体产业的著作权利益无法实现，将极大地打击主流媒体的发展积极性，不利于激励传统媒体向社会公众提供更为优质的信息和产品，从长远角度来说，这危害了整个媒体行业的良性发展，当然也会阻碍新兴媒体产业的发展。以新闻聚合媒体端为例，目前部分新闻聚合媒体本身不生产新闻，而是通过隐蔽的技术手段转载其他媒体创作的新闻，以"新闻搬运工"的身份博取了大量文化消费者的眼球，赚取了丰厚的收入。如果传统媒体的投资和付出将得不到足够的尊重，传统媒体产业的发展会出现危机，长此以往可能导致主流媒体声音渐趋弱化，不利于媒体产业生态的良性发展。保障传统媒体的利益，也反映了著作权产业投资者的利益需求，说明著作权制度中权利配置向投资者倾斜，著作权法的设

---

❶　李宇. 传统电视与新兴媒体：博弈与融合 [M]. 北京：中国广播影视出版社，2015：200.

置目的更多的是保护文化创作与传播的投资。❶

最后，著作权是传统媒体开展产业化运营的基础。产业多元化运营建立在完整的产业链基础之上，著作权制度为文化产业链上游、中游以及下游的各方主体的运营提供制度保障。虽然传统媒体被新兴媒体挤压了生存空间，但传统媒体在创作海量的高品质作品方面具有无可比拟的优势。传统媒体利益的实现，也离不开与新兴媒体之间形成利益分享的机制。只有新兴媒体与传统媒体以著作权为媒介，加强多方面的协调合作，才能在互联网时代和人工智能时代构建良好的媒体产业生态，为新兴媒体产业的长远发展营造良好的法治氛围。对传统内容产业而言，实现"互联网 + 内容产业"的转型升级则意味着原有的行业格局将被彻底打破，产业链上的价值要进行重新分配，各个参与价值创造的个体及组织皆存在巨大的发展机遇。❷ 技术不断增长的复杂性意味着合作正在成为发展有价值思想所必需的因素。这意味着我们需要一个新的模式来分享知识产权。❸ 同时，著作权客体基本上均能够用数字化模式来表现，由此自由地在用户之间流动，这就要求采用新的商业模式来应对。在这种理念的指导下，传统媒体不应该一味强调著作权的排他性价值，而是应该更多顺应融合发展的时代趋势，建立更为便捷的运营途径，实现著作权的包容性价值。同时也意味着立法中政策干预的必要性，避免过于强势的著作权保护带来的利益固化弊端。依托社区关系构建黏性用户群的传统媒体企业，应该坚持构建以版权为核心的内容信息资源库，同时积极向新兴媒体经营领域进行产业延伸，以各种新媒体应用服务为核心竞争力，例如出版社转型为内容出版商、内容服务商，广播电视组织转型为视听媒体服务商、资讯内容提供商，打破传统的思维桎梏，通过著作权的创造、运用，激励内容的数字化生产和服务，走创新融合的智慧发展之路。

（三）新兴媒体利益分享的正当性基础

首先，著作权是新兴媒体可持续发展的重要保障。在媒体融合发展的

❶ 熊琦. 著作权法中投资者视为作者的制度安排［J］. 法学，2010（9）：84.
❷ 谢利明. 内容经济［M］. 北京：人民邮电出版社，2017：18 – 19.
❸ 罗斯·道森. 网络中生存［M］. 北京：清华大学出版社，2003：3 – 4.

时代背景下，新兴媒体被认为是著作权侵权的主体，其分享著作权利益的合理性却通常被忽视。实际上，在新兴媒体蓬勃发展的历程中，著作权也成为其发展的正能量，既可以激励新兴媒体的内容创新和文化传播，也有助于推动新兴媒体的可持续发展。通过许可、转让或者自主创作，不少新兴媒体累积了可观的版权资源，成为企业竞争力的核心资源。这些版权资源可能并非直接从消费者那里获得变现利益，但也是支撑其通过流量、广告等方式获得利润的基本前提。从这个角度讲，新兴媒体与传统媒体分享著作权利益的合理性并无不同。加强著作权管理可以让"内容"在新兴媒体产业发展中真正发挥作用，而且可以推动新兴媒体加大创作力度，形成自主知识产权，不断开拓新的营利模式和发展路径。著作权的介入规范了新兴媒体产业的行为，使新兴媒体不能擅自转载、发布他人原创作品。当侵权行为的代价高于原创行为所付出的成本时，新兴媒体企业开启了"原创"之路，也鼓励更多的新兴媒体通过合法的形式开展版权运营，从而为社会公众提供丰富的高质量作品，促进新兴媒体产业在更高的水平上融入媒体产业链，为满足人们的文化需求贡献更大的力量。

其次，新兴媒体有偿付费的商业模式离不开著作权。传统的"作者—商业传播者—读者"的文化传播模式被打破，作品传播向"作者—读者"这一模式转变。多年以来，新兴媒体在内容收费方面进行了诸多尝试，但由于版权保护机制不健全、盗版泛滥成灾等因素，内容付费长期无法取得实质性突破。❶ 国家对盗版打击力度的加大成为支撑网络视频产业付费模式发展的重要条件之一。❷ 新兴媒体分享著作权利益，能够实现媒体融合中的"帕累托最优"。

最后，发展新兴媒体产业也是版权产业战略考量的结果，在著作权利益分享的理论观照下为新兴媒体的发展留下足够的空间，也是推动媒体融合和新兴媒体产业发展的必然要求。现阶段，"互联网＋"掀起的产业转型升级给我国经济注入了巨大的生命力和发展活力，与下行压力巨大的传

---

❶ 谢利明. 内容经济 ［M］. 北京：人民邮电出版社，2017：260.
❷ 邢彦辉，黄洪珍. "互联网＋"视域下网络视频产业发展的六大模式 ［J］. 编辑之友，2017（8）：51.

统经济形成鲜明的对比。其中，以出版、动漫、影视、游戏为代表的互联网文化产业已经突破千亿元大关，❶ 围绕版权产业建立的融合诸多其他产业的内容产业生态也已经日趋成熟。❷ 新兴媒体是一个动态变迁的过程，体现了新兴传播技术的最新发展；新兴媒体企业往往是创新性的中小型企业，与传统媒体所代表的国家集中经营模式形成鲜明对比，如果在著作权保护过程中忽视这种政策考量，单凭市场选择以及传统著作权规则进行强势保护，势必会扼杀各种可能出现的媒介技术，也不利于整个媒体产业生态的建设。

新兴媒体著作权利益分享的具体路径包括：（1）权利配置的平等化。如果新兴媒体在作品的创作活动或传播过程中付出了智力劳动，也应该受到与传统媒体一样的著作权或者邻接权保护。（2）权利限制机制的适当调整。在某些情况下，新兴媒体使用传统媒体的作品并不会不合理损害著作权利益，也没有与传统媒体产生直接的市场竞争及其他影响，在这种情况下，应该顺应时代发展建立相应的权利限制规则。（3）构建有效而且便捷的权利利用方式。从制度规则上，不仅只是考虑传统媒体的授权许可，而且应该针对新闻出版产业、音乐产业等发展需求，设计有效的权利利用方式。对于比较成熟的新兴媒体著作权运营模式，应该通过法律规则的方式进行肯定和引导。（4）著作权保护中的政策干预和有效引导。无论是新兴媒体侵权行为的类型化设计，还是法律义务的体系化建构，以及损害赔偿额度的计算等，都应该体现出均衡保护的理念，在为传统媒体提供利益支持的时候，不要简单打压新兴媒体的发展，而是应该为新兴媒体留下足够的利益分享空间。

（四）文化消费者利益分享的正当性基础

文化消费是指消费者基于满足精神生活的需要，采取多种方式消费文化消费品的过程。随着数字技术的发展，文化产业的发达程度成为衡量国

---

❶ 张钦坤，田小军."互联网＋内容产业"的时代解读与展望［J］. 中国版权，2015（3）：42.

❷ 谢利明. 内容经济［M］. 北京：人民邮电出版社，2017：1.

家竞争力的重要标志。❶ 相应地，保护文化消费者利益也是文化产业发展的应有之义，而在著作权法律制度设计中重视文化消费者利益的需求随之增加。媒体产业是重要的文化产业形态，针对媒体产品的文化消费是每个公民的基本文化权益。在新兴媒体融合进程中，著作权法保护文化消费者利益具有正当性。

随着社会经济的快速发展，公众对文化的需求越来越难得到满足。新兴媒体融合发展在为社会公众提供海量信息资源，丰富公众文化生活的同时，越发明显的侵权行为使著作权人和传统媒体的利益得不到保障。此时，满足公众利益的共享权和保护著作权人私权的专有权之间产生了矛盾，这就需要著作权法律制度的全面介入和不断完善，将专有权利范围与共享权利范围进行合理分配，划定著作权的边界，既要保障新兴媒体的发展，又不能纵容各种违法行为，从而兼顾著作权人专有权和社会公众信息共享权的目的。诚如学者所述，"著作权制度其实是一种作品传播商业利益的分享权……著作权被赋予私权的目的不是它应该被创作者所私有，而是一种为了实现其商业利益分享权而选择的最佳方式"。❷ 利益分享理论肯定了创作者的权利，同时又使其权利向更具有效益性的方向运营和转化，使著作权人利益、使用者利益和社会的总体利益都得到最大限度的增加。❸ 运用利益分享理论解释新兴媒体融合发展中的著作权正当性，是目前最为可行的一种解说模式。

利益分享理论将抽象化的利益平衡化为具体的市场选择和政策选择，切实保护创作者、使用者和传播者的利益，有利于保护传统媒体产业利益，也不会阻碍新兴媒体产业的发展。在利益分享理论的指引下，新兴媒体融合发展中应该在权利配置、权利限制、权利利用和权利保护等四个环节同时体现对传统媒体、新兴媒体和文化消费者利益的共同维护，这也是后文研究的基本内容。总体来看，新兴媒体融合发展中的著作权制度应对和变革的基本原则可以概括为"权利配置合理、权利限制适当、权利利用

---

❶ 范玉刚.论文化产业发展的国家战略意识［J］.学习与探索，2012（12）：103.
❷ 孙昊亮.网络著作权边界问题探析［J］.知识产权，2017（3）：15.
❸ 曹新明.知识产权法哲学理论反思——以重构知识产权制度为视角［J］.法制与社会发展，2004（6）：71.

有效、权利保护均衡"。亦即,对于新兴媒体传播中的新型客体,要在传统框架之下认定所保护对象的客体性质,合理配置各种权利,现有框架明显存在不足的,应有针对性地进行权利设计和完善;针对新兴媒体发展中的新情势,适当拓展著作权限制规则,将著作权合理使用、法定许可以及默示许可、强制许可、"链接说"等规则结合起来,精准化地实现各方利益的均衡;在市场推动下,建立更为有效的新兴媒体著作权获取途径,实现著作权权利的有效利用和多元化运营;在判定著作权侵权和追究新兴媒体的法律责任时,既要为著作权人和传统媒体设置强有力的保护规范,也要留有余地,进行适当的政策干预,为传统媒体、新兴媒体和文化消费者分享著作权利益留有足够的空间。

第三章

新兴媒体融合发展中的著作权权利配置

新兴媒体融合发展的主要优势在于其代表着最新的传播技术，能够开拓作品、表演、录音制品等信息的传播渠道，进而具有吸引文化消费的强大能力。在推动著作权法律制度发展的诸多因素当中，新兴媒体的作用显著。传播技术是传媒产业的重要驱动力，同时也塑造着现代著作权法律制度。❶ 新兴媒体利用新的传播技术进行作品传播，既会对传统媒体享有著作权的作品进行利用，也会出现一些新的作品形态，对于这些作品能否保护、如何保护，本质上就是在利益分享的理念下进行的权利配置。本章从作品形态和权利配置的一般原理出发，着重探讨新兴媒体传播人工智能创作物、体育赛事节目、网络游戏画面等问题。

第一节　新兴媒体融合发展中的作品形态及其权利控制

传统媒体与新兴媒体的融合发展是当下媒体产业发展的基本趋势，也是媒体发展进程中具有革命意义的关键环节。融合发展解放了媒体生产力，改变了现有的版权利益格局，也需要著作权法律制度进行应对和调整。❷ 换言之，媒体融合作为著作权法律制度演进的重要影响因素，将引

---

❶ 刘海虹. 媒体融合背景下新闻聚合的著作权法规制——以网络商业模式的创新为视角 [J]. 新闻大学，2015（2）：7.

❷ 王国柱. 著作权法律制度发展的"媒体融合"之维 [J]. 出版发行研究，2016（10）：83.

发作品形态的扩展，进而带来著作权和邻接权等权利配置的改变。

一、新兴媒体融合发展中的作品形态

新兴媒体传播的对象包括作品、表演、录音录像制品、广播电视节目等受到著作权法保护的对象，以及其他各种不受著作权法保护的信息。在媒体融合的视角下，新兴媒体与传统媒体在利益博弈中聚焦于各种受到著作权保护的作品形态。现行《著作权法》对作品的概念和范围进行了修订，将作品界定为文学、艺术和科学等领域内具有独创性并能以一定形式表现的智力成果。对于作品定义的修改，是著作权法修改中最具根基的源头问题。此次修法采用概括式概念描述，明确构成作品的基本要件，以开放式条款规定作品种类，增加"符合作品特征的其他智力成果"作为作品类型的兜底条款，这有助于解决新兴媒体融合发展中的新型作品著作权保护问题。

但是，针对新型的智力创作成果形式，法律调整上主要面对两个方面的问题：一方面，这些智力创作形态是否属于作品，还是应该判定为构成邻接权保护的对象，甚至属于公共领域的资源而放任其自由传播；另一方面，即便肯认其作品属性，学者们又会陷入关于作品种类的争论之中，而不同类型的作品是否应该设定不同的保护标准，也存在各异的学术观点。

从总的判定原则上看，无论新兴媒体技术如何变迁，也不管创作手段和传播方式如何变化，都应该将具备作品构成要件的智力创作成果纳入著作权框架，同时将作品传播中形成的智力成果纳入邻接权框架，这是维系媒体融合发展的必要条件，也是实现著作权利益分享的基本要求。根据著作权法的相关规定，❶ 受到著作权法保护的作品要件有三：一是具有独创性，二是可表现性，三是属于文学、艺术和科学领域的智力创作成果。新兴媒体创作和传播的各种智力创作成果，是否应该受到著作权的私法审查，都应该首先运用这三个构成要件检视该智力成果的属性。当然，在新兴媒体高速发展的背景下，快速发展的自媒体带来传播对象创作性的高度

---

❶ 《中华人民共和国著作权法》第3条：著作权法所称作品，是指文学、艺术和科学等领域内具有独创性并能以一定形式表现的智力成果。

下降，也给作品形态判定带来一定的难度。结合人工智能创作物、体育节目赛事、短视频等新类型作品形态，媒体融合背景下判断作品的要件，应该在以下方面进行适度调整：（1）可固定标准的采用。现行《著作权法》将原来要求的作品具有可复制性修改为可表现性，但不要求其必须能够被某种形式固定。新兴媒体技术下的作品传播渠道日新月异，作品传播形式具有更强的无形性，在各种自媒体传播技术的冲击下，如果不经过固定，作品的判断将很难进行。现有法律针对视听作品和计算机软件确立了可固定标准，未来这一要求可释放到所有作品，尤其是在网络环境下，没有固定的口头作品不应该进行保护。因此，针对新兴媒体创作和传播的作品，必须经过固定后才可以主张相应的权利保护。（2）一定创作高度的标准调整。由于各种自媒体创作的智力成果大量涌现，对这些短视频、评论性文字、自娱自乐式的绘画美术作品其实都没有保护的必要，强行保护也只会阻碍作品的传播，本质上违背知识共享和消费性使用的要求，所以在判断新兴媒体传播的对象是否构成作品时，可以对独创性提出更高的创造性要求。（3）创作行为中主观标准的淡化。在新兴媒体融合发展的过程中，作品的创作不再是职业创作者基于主观意愿进行有意识创作的活动，创作意图在创作共享的语境下已经变得无关紧要，很多时候创作只是自我表现的结果，甚至是无意识的活动。只要属于文学、艺术和科学领域具有独创性的智力成果，并以一定形式表现出来，就可以认定为作品。人工智能技术出现后，人工智能创作更是可能超越人类的主观意愿。由此可以推断，作品并非必然是人类将"胸中之竹"转化为"画中之竹"的过程。实际上，只要在客观上产生了具有独创性的外在表达并且被固定下来，都应该得到一体化的保护。

至于作品的类别之界分，新兴媒体的发展的确引发了一些新问题。一般而言，新兴媒体传播的作品类别主要包括三种：新闻作品、娱乐作品和实用作品。上述作品与我国现行著作权法体系中的分类之间并不存在一一对应的关系，这增加了实践中进行类型化界分的难度。

现有法律中没有新闻作品这一概念，它涵盖了文字、图片以及视频音频等多种表现形式。绝大多数新闻作品表现为一个集合，形式上而言，它是记者或相关新闻从业人员对新近发生事实的报道，实质上而言，它是报刊、广播、电视、网络等媒体刊登、播放的消息、通讯、特写的统称。[1] 在著作权法领域，新闻作品由"新闻"和"作品"两部分构成，前者是对后者在范围上的限制。[2] 受到著作权法保护的新闻作品既需要满足"作品"所具有的独创性要件，又需要满足真实性、时效性的新闻价值追求。新闻作品的真实性与独创性并不矛盾。从客观事实到新闻作品的发表、刊播，只要凝结着记者、编辑的创造性智力劳动，就应该可以认定具有独创性。比如，程式化的会议报道可能会因记者对细节的重视，选取报道角度的新颖，最后呈现出不拘一格的新闻报道。《袁院士，请您坐中间》[3] 就是一个典型案例，记者通过对特定细节的捕捉，使其在大量枯燥乏味的会议报道中脱颖而出，将真实性与独创性完美结合。相比其他诸多媒体围绕"50 万元奖励袁隆平"的报道主题，这篇报道充满了新鲜感和表现力。原本程式化风格浓厚的会议新闻经过作者独创性的表达反而具有很强的可读性。同样的道理，时效性也不会导致新闻作品缺乏独创性。当然，如果是硬新闻，由于关系到受众的切身利益，涉及国际国内时局动向、经济社会市场行情、工作生活的方方面面，所以报道必须迅速、准确才能为人们当下的生活提供决策依据，这时可以自由发挥的空间较少，但是只要并非有限或者唯一的表达，同样可以具有独创性。至于软新闻，内容以娱乐性、趣味性为主，多会展示出作者个性化的表达，旨在满足受众的精神需求，所以满足独创性条件并无疑问。最后，新闻作品的独创性意味着其表达必须具有可选择性。可选择性是指同样的新闻事实是否存在多种表达方式可供选择。第一个发现新闻事件并报道的记者，因没有可参照的比对对象，可以率先做出"选择"，拥有新闻作品的版权。如若其他媒体没有更多的表达方式，则该报道不具有独创性而无法获得版权保护，当然此时也可以授予其一定时间的独家报道优先权。

　　新闻作品不同于时事新闻。现行《著作权法》已将时事新闻修改为单纯事实消息，这种表达更为准确。当然时事新闻作为新闻学中常常使用到

---

[1] 李良荣. 新闻学概论［M］. 上海：复旦大学出版社，2018：28.

[2] 卢海君. 著作权法中不受保护的"时事新闻"［J］. 政法论坛，2014，32（6）：51.

[3] 《袁院士，请您坐中间》是一篇关于湖南省人民政府庆祝袁隆平院士获得世界粮食奖的会议报道，记者抓住"省长让座"这一细节，既反映了会议主题，又表现了省长对人才的尊重。

的名词，也需要与法律上的单纯事实消息区分开来。一般来说，单纯事实消息囿于表达方式的有限性，按照"合并原则"不具有独创性。我国的著作权法明确将单纯事实消息确定为不受著作权保护的对象。一般而言，文字形式表现的时事新闻构成单纯事实消息比较常见，至于摄影类新闻作品，大多数情况下体现摄影记者独立的构思，从确定拍摄主题、设计画面、调整角度到捕捉拍摄时机等均包含了拍摄者一系列创作活动，❶ 所以通常情况下不至于落入"合并原则"之中，应该认定具有独创性，不属于单纯事实消息。

娱乐作品也是颇受新兴媒体欢迎的作品形态。实践中，网络文学作品、音乐作品、电影作品等都是典型的娱乐作品，也在新兴媒体中得到广泛的传播。新兴媒体给娱乐作品带来的最大变化，是可以运用数字技术将各种作品形态娱乐化，并且借助混创、恶搞等多种模式表现出来。在娱乐作品的创作中，多媒体形式得到广泛应用。随着 5G 技术的应用，娱乐产品将更加动态化、综合化和视频化。在这种背景下，现行《著作权法》将"电影作品"和"类电作品"修改为"视听作品"更具有合理性，主要表现在两个方面：其一，新兴媒体传播的娱乐作品并不需要摄制在一定的媒介上，其创作方式与"类似摄制电影的方法"显然不同，"视听作品"的界定上则可以不考虑这种创作手法上的同一性；其二，很多短视频、自拍视频以及将体育赛事、网络游戏等进行娱乐化的视频并不是电影类作品，但却具有视听作品的一般特征。因此，采用视听作品的表述更准确地反映了这类作品的本质特征。

新兴媒体传播的另一种比较常见的作品形态是实用作品。随着移动媒体技术和 3D 打印技术的发展，软件、CAD 模型等都可以成为新兴媒体传播的对象。我国著作权法中所述及的"工程设计图等图形作品和模型作品""计算机软件"等作品类别的涵盖力就不再清晰完整。例如，在移动互联网的应用商店中，新兴媒体所提供的其实是计算机程序的下载，并不包括所谓的文档；很多新兴媒体提供下载的 CAD 文件或者利用虚拟现实技

---

❶ 肖艳，游中川. 报道时事新闻时擅自使用他人图片不构成合理使用 [J]. 人民司法，2015（10）：71.

术创作的作品都是一种虚拟的立体作品。3D 打印的过程可视为对"实用艺术作品"的复制,如果这种复制未经作者授权,便可能被视为侵权。❶因此,有必要根据新兴媒体技术发展的实际情况,扩大"图形作品""模型作品"的保护范围,使之涵盖各类数字形态的立体作品,以顺应新兴媒体作品传播的实际需要。

二、新兴媒体融合发展与传播权整合❷

著作权的权利内容包括著作人身权和著作财产权,是著作权法律制度的核心范畴。❸新兴媒体融合发展过程中的权利配置直接影响著作权制度的构建,在这个问题上有两个基本的判断:相较于著作人身权,著作财产权与利益配置的关系更为紧密;相较于复制权和演绎权,传播权对于新兴媒体的融合发展产生更为重大的影响。其理由在于:第一,数字化使作品的"无形"传播变为现实,建立在"有形"传播基础上的发行权并不适用于数字传播。❹第二,媒体形态呈现多元化趋势,传统的广播权已经无法覆盖电磁波信号以外的无线、有线传播方式,不少新的类似于广播的播放形态可能成为法外之地。第三,传统媒体依托信息网络的硬件设施传播作品已成为常态,然而,我国信息网络传播权所控制的行为仅指"交互式"网络传播行为,无法控制在网络上直播作品或者在特定时间播出特定作品等非交互式传播行为。第四,虽然新兴媒体融合发展必然牵涉著作人的复制权、演绎权等财产权利和精神权利,但是这些权利的调整目前还可以在传统框架下通过法解释学的方法进行规制,因而并没有带来根本性的制度变革。因此,新兴媒体融合发展之核心任务,是重新审视并完成对传播权的整合。

我国《著作权法》第 10 条以传播技术特征和作品类型为依据,细分了多项著作财产权,此种权利构造方式被称为"分散式"立法。它能够及时根据信息技术的发展,在不改变传统体系的情形下完成新权能设计,实

---

❶　杨延超. 3D 打印挑战法律秩序 [N]. 检察日报,2013 - 08 - 16(005).

❷　相关内容作为阶段性成果已经发表。梅术文. 论作为著作财产权的传播权 [J]. 楚天法学,2015(6):57.

❸❹　王国柱. 著作权法律制度发展的"媒体融合"之维 [J]. 出版发行研究,2016(10):83.

现新生事物调整，不易遭到传统势力的阻挡。❶ 但其也不可避免地存在一些缺陷。以游戏直播为例，侵权判断的关键要素之一就在于权利人享有何种专有权利控制网络直播行为。《著作权法》修改之前，网络游戏直播行为不属于放映权、广播权和信息网络传播权调整的范围。但是，开发者对网络游戏的创作付出了劳动，如果不保护其对作品进行许可或不许可传播的排他性权利，不利于对开发者形成权利激励，有违著作权法的立法宗旨。在"梦幻西游 2 案"中，一审法院在判决书中否定了放映权、广播权和信息网络传播权的适用，转而认定网易公司对涉案作品享有《著作权法》第 10 条第 1 款第 17 项的"其他权利"。这种情况在其他新兴媒体传播中还大量存在。❷ 用"其他权"虽然属于无奈之举，但却可能产生不良后果。如果在脱离著作权本质的前提下，将其权能范畴可以随时解读到"其他权"，无疑会任意扩大著作权的边界，不仅侵占公共利益，还会肆意造成不同地域法官适法的差异。在司法实践中也的确出现了这样的情况。例如，在蔡迪某等画家诉湖北晴川饭店案中，❸ 在一审判决原告败诉后，上诉人的上诉理由之一就是在于：原审未充分说明晴川公司毁损画作的行为不在《著作权法》第 46 条规定的"其他的侵犯著作权益行为"之列的理由。可见，采用所谓的"其他权"裁决案件，不仅可能导致人为扩大著作权的保护范围，损害公共利益，还会损害作者利益，不利于激励作品的创作。

因此，有必要将传播权作为整体的著作财产权类别进行理论研究和立法规制。首先，它有助于认识著作财产权的本质。如果将著作财产权类型化归纳为复制类权、传播权和演绎权三种，那么，提取这三种财产权的公因式，就是著作财产权的本质。由于有形再现作品的行为为复制类权所控制，无形再现作品的行为为传播权所控制，再利用再现作品的行为为演绎

---

❶　梅术文. 我国著作权法上的传播权整合 [J]. 法学，2010 (9)：69.

❷　例如，在"安乐影片有限公司诉北京时越、北京悠忽侵犯著作权纠纷案"中，法院认为被告在其经营的网站向公众提供涉案影片《霍元甲》的定时在线播放服务和定时录制服务，侵犯了原告对该影片"通过有线和无线方式按照事先安排之时间向公众传播、提供作品的定时在线播放、下载、传播的权利"，侵犯了原告依照著作权法享有的"其他权"。参见北京市第二中级人民法院 (2008) 二中民初字第 10396 号民事判决书。

❸　武汉市中级人民法院 (2002) 武知初字第 72 号民事判决书。

权所控制，所以著作财产权的本质是一种"再现权"。对此，学者们也有过精彩的论述。郑成思教授认为，"再现权"可以涵盖版权中的全部经济权利。"因为，除一成不易的复制这种形式的'再现'外，翻译、改编、广播、录制等，都可理解为是改换了原作载体或表现方式的'再现'。"❶王迁教授认为，"于有形物质载体之上再现作品，是复制行为与包括表演、放映等在内的其他再现作品行为最根本的区别"。❷也正因如此，著作财产权也可以被称为是著作权人对任何主体再现作品而可获得经济利益的权利。如此一来，不仅凝练了著作财产权的本质和权能，也实现了其内部法律构造的逻辑化（见图 3 – 1）。

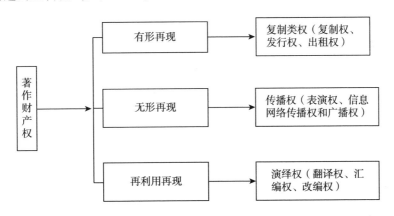

图 3 – 1　著作财产权权利构造

其次，它有助于在规定传播权控制行为和限制规则的基础上促成传播权的利用。著作权人的权能包含复制类权、传播权和演绎权，因此权利人在利用其权利时可以根据再现作品的方式进行概括授权。传播权的概括授权建立在传播权控制行为的确定性之上。与复制类权、演绎权不同，传播权控制无形利用作品的行为。具言之，不论何种传播媒介和传播手段，也不论接收者在何种时间和何种地点获得作品等信息，只要在作品利用中没有出现有形载体的移转，或者作品价值的实现不依赖于有形载体的转移，但是却出现了对作品等信息的无形再现，就可以由传播权控制。当然，如

❶　郑成思. 版权法［M］. 北京：中国人民大学出版社，2009：181.

❷　王迁. 网络版权法［M］. 北京：中国人民大学出版社，2008：8.

果协议双方需要细化权利类型，也可以在概括授权之后进行细化说明，从而实现双方合作利益的最大化。一旦发生纠纷，还可以根据约定做出裁决，以保护双方之间的缔约意志。也就是说，将传播权作为整体性的财产权类型进行认识和规范，在"总分式"模式之下，并不会影响到传播权范畴内各"子权利"的利用。实际上，从理论研究和具体立法的角度看，更为重要的是如何整合传播权范畴内的各个"子权利"，以保证它们之间存在相对明确的逻辑分界。

设置统一的传播权，同样有助于普通公众依据权利限制的规定合理利用传播权。第一，传播权控制的行为都具有"公开性"。公开传播有三种情形：（1）在公共场合进行的传播；（2）在非公共场合向不特定多数人进行的传播；（3）在非公共场合向超出家庭及其正常社交范围之多数人进行的传播。也就是说，在非公共场合向家庭及其正常社交范围之多数人传播作品，无须取得权利人的许可，也不需要向其支付报酬。第二，传播权的合理使用规则也具有一定的共性成分。1948 年，在《伯尔尼公约》布鲁塞尔修订会议上，专家小组认为，可以允许在"非营利性"表演和朗诵中，根据"法律不过问琐细"原则检验，若某一利用行为具有较小重要性，可以享受豁免。❶ 该一般限制规则被称为"小保留条款"，适用于非营利性表演分散且对权利人利益影响较小的情形。上述规定虽然逐渐被"三步测试法"所替代，❷ 但是，对于某些琐细传播允许合理使用，仍然是当今各国的通行做法。

最后，它有助于在司法实践中根据该权利类型合情、合理、合法地裁决案件。由于传播权是一种概括性程度较高的权利类型，它能够保护权利人公开无形再现作品的所有行为。不管科学技术如何变化，不管传播媒介如何发展，权利人均可借助传播权范畴实现对作品无形利用的控制，并由此获得相应的利益。从法院裁决的角度看，法官在新的传播环境下也不用

---

❶　1948 年布鲁塞尔外交会议记录，第 163 页，中文译文参见米哈依·菲彻尔. 版权法与因特网（上）[M]. 郭寿康，等译. 北京：中国大百科全书出版社，2009.

❷　WCT 第 10 条第 1 款规定，缔约各方在某些不与作品的正常利用相抵触，也不无理地损害作者合法利益的特殊情况下，可在其国内立法中对依本条约授予文学和艺术作品作者的权利规定限制或例外。

采取"其他权"判决，而是基于对传播权本质的认知，直接判决未经授权的无形再现已经构成对传播权的侵害即可。从判决对社会公众利益的影响层面来看，以"传播权"为基础的护权模式是建立在著作财产权和传播权的本质之上的，在根本上依然遵循着严格的法律标准，所以也不会对公共利益造成肆意侵害。

例如，权利人发现某从事宽带视频点播业务（机顶盒业务）的媒体，未经其授权而向用户提供自己的电影作品，遂引起诉争。现行《著作权法》界定的"广播权"认为，广播权是以有线或者无线方式公开传播或者转播作品，以及通过扩音器或者其他传送符号、声音、图像的类似工具向公众传播广播的作品的权利，但不包括信息网络传播权规定的内容。此时，司法适用中还必须先判断这种传播是否为"信息网络传播权"。然而，信息网络传播权的判定中，何为"提供"，何为"选定的时间和地点获得"等要件的判定，一直以来存在多种不同的主张。所以，即使立法修改了广播权的含义，实际操作和司法适用中依然会存在灰色地带，难以准确判定"广播权"和"信息网络传播权"的边界。倘若立法中已经规定了类型化的"传播权"，当可减轻司法压力。因为这一行为本质上属于无形利用作品的行为，无疑属于传播权控制范围。可见，一旦存在整体上的传播权，对于某些经济利益较少、实践运用不多的传播权类型，立法即使未将其类型化，也不会影响法院做出正确有效的判决。

鉴于以上分析，将传播权作为著作财产权类型之一种进行整体研究和立法规范，具有重要的法律意义。未来我国《著作权法》修订中，应明确传播权的法律地位，并以此为基础对著作财产权的法律构造进行体系化整理。在传播权的整合完成后，进一步将其类型化为三种权利❶：（1）播放权，使之能够涵摄"异地同时"的有线或者无线传播方式，当然也应该包括"网络广播"；（2）表演权，使之能够控制所有类型作品的"同时同地"进行的"公开表演行为"，取消放映权和展览权的规定；（3）信息网络传播权，由其控制"异地异时"的交互式传播行为。

---

❶　梅术文.我国著作权法上的传播权整合［J］.法学，2010（9）：78.

三、新兴媒体融合发展与模型制作者权❶

3D 打印❷以星火燎原之势走进社会公众的日常生活，甚至已有成功商用模式。3D 打印制作过程一般是通过 3D 设计文件（CAD）或其他计算机软件绘制出产品的 3D 数字模型，然后通过 3D 打印机打印出产品。可见，3D 打印是现代制造技术的重大突破。

数字模型是 3D 打印的根本，一旦物品可通过数字文件进行描述，对其进行复制和传播将变得轻而易举。也就是说，新兴媒体完全有可能轻松地将一双鞋甚至其他物品的设计方案进行传播。2010 年，美国发生了首例要求存储空间服务提供商删除 3D 设计文件（CAD）的通知，备受争议的瑞典文件共享网站"海盗湾"在 2013 年宣布着手共享 3D 印刷设计。❸权利人们已开始担忧，CAD 是否会像音乐、视频文件一样成为下一轮网络共享的中心。

实践中，有三种途径生成 3D 打印的数字模型：一是直接通过扫描方式生成；二是将二维平面图形或图案通过软件转化；三是通过相关建模软件设置数字参数建成。在这一过程中，模型制作者居于何种地位成为制度设计的关键。质言之，直接扫描或者经过软件转化形成 CAD 文件，以及模型制作者自己设置参数形成 CAD 文件的行为，究竟应该被认定为是作品的创作过程，还是复制过程，抑或是其他的行为？在数字网络技术刚刚兴起的 20 世纪 90 年代，围绕着数字化复制是构成复制还是演绎创作，曾有过广泛的讨论。国家版权局 1999 年《关于制作数字化制品的著作权规定》指出，将已有作品制成数字化制品，不论已有作品以何种形式表现和固

---

❶　相关内容作为阶段性成果已经发表。梅术文. 基于 3D 打印技术的网络知识产权制度变革 [J]. 科技进步与对策，2017，34（7）：105 – 108.

❷　3D 打印技术是快速成型的一种，即以数字模型文件为基础，运用粉末状金属或塑料等可黏合材料，通过逐层打印的方式来构造物体的技术。这种技术无须大型加工设备或其他模具，通过数字图形文件和一台 3D 打印机就可以制造出任何物品，从而大大缩短产品的研制周期，提高生产率和降低生产成本。目前，人们已经利用这项技术成功制造了玩具、珠宝、手机等日常用品，甚至是人造骨骼、手枪和房屋等也可以通过 3D 打印技术实现。

❸　Brian Rideout. Printing the Impossible Triangle：the Copyright Implication of Three-Dimension Printing [J]. Bus. Entrepreneurship & L. Rev，2011（5）：161 – 177.

定，都属于复制。这否定了数字化复制者所可能独立具有的智力创作者地位，进行大规模数字复制的投资者，只能通过承揽者的地位获得相应的利益，而不能主张独立的著作权主体资格。

但是，3D 扫描或者软件转化的过程与通常的数字化复制存在很大的差异，模型制作者通过扫描或者软件转化三维数字模型的行为不是新的创作行为，也不是一种数字化复制，而是一种传播信息的行为，应该赋予其邻接权的法律地位。理由在于：首先，在这一转化过程中，需要借助技术的判断。换言之，并不是任何普通民众均可以进行这种数字化的扫描或者转化。民众的 DIY 行为必须经过专业化的矫正后才可以产生 3D 打印的效果。其次，3D 扫描或者软件转化并不是终极目标，三维数字模型必须能够被 3D 打印机识别。在这个过程中，也只有专业化的智力操作才可以产生配套效应。所以，目前的技术环境下，离开智力传播活动，三维数字模型就不可能产生。但是这种智力活动又的确没有达到创作的程度，因为它并没有最终形成作品，它只是对原有作品的传播。这就好比是演员的演唱、录音制作者的录音一样，所起到的作用是传播作品的效果。不同的三维数字模型会带来不同的打印效果，这也证明了模型制作者已经付出了智力劳动。

通过软件设置参数建成三维数字模型，这一过程又应该如何定性呢？根据参数建模十分复杂和专业，需要大量创造性的投入方能完成，因此，它被界定为智力劳动过程并无疑问。存疑的是，由此生成的智力成果应判定为何种客体？笔者认为，即便是独立设计完成 CAD 文件的模型制作者，也属于邻接权人。独立设计 CAD 文件参数的复杂性在于，这种智力成果形式借助于相关的技术手段，一般人看起来均可为之，但是只有技术熟练的人才能有效完成，它不同于通常的作品创作行为。CAD 文件也不是图形作品，因为某个物体在网络上的虚拟再现并不具有独创性，而且事实上也没有评判其独创性的必要标准。它不是真正可以转化为实物的设计图，而是需要由 3D 打印机最终实现的虚拟构图。质言之，即便这种参数或者系数很有独创性，但是 3D 打印机生成的物品却可能没有任何独创性。所以，CAD 文件的设计本身具有某种程度上的随意性，它可能是传播一件作品，也可能只是传播一件制品。这也表明此时的 CAD 文件并不是平面或者立体图形作品，它能否最终生成具有独创性并能以某种有形形式复制的智力创造成果，完全取决于打印后的效果。从这个意义上看，即便是模型制作者自己建成三维数字模型，也只能享有模型制作者权。

基于以上分析可知，设定模型制作者权这一新型的邻接权具有必要性。具体来说，模型制作者权是 CAD 模型制作者对于其首次制作的 CAD 模型、文件、参数依法享有的权利。该种邻接权的基本特征是：（1）依法享有权利的主体是首次制作 CAD 模型的自然人、法人或其他组织。相反，对 CAD 文件的修改和再次传播，并不产生相应的权利。（2）受到保护的权利对象是经过智力劳动形成的 CAD 模型、文件及其参数。这类客体可能是在他人作品基础上进行演绎而成的，此时模型制作者应该尊重著作权人的利益；如果该类客体由制作者根据现实中的物品设计而成，或者通过设定参数借助软件建模形成，只要是其首次制作完成，也可以获得邻接权保护，但是却不能被认定为模型作品或图形作品。（3）模型制作者有权禁止未经许可对 CAD 文件的复制、发行、出租或者借助网络向公众提供。

当然，在承认模型制作者权的同时，也不能忽视 CAD 文件中可能包含作品元素，仍然会受到著作权人的控制。换言之，如果 CAD 文件的制作过程是建立在对作品的数字化复制基础之上的，是将现实作品转化为虚拟 3D 模型，那么模型制作者就是作品的传播者。基于作者的著作权和传播者的模型制作者权，任何第三人对于 3D 模型的复制和传播，除应征得模型制作者同意外，还必须征得著作权人的授权许可。当然，按照邻接权的一般法理，在此种情况下，模型制作者也必须在著作权人同意后方可进行作品的模型制作和传播。

四、新兴媒体融合发展与网播组织者权

网播组织是典型的新兴媒体。一般来说，网播组织主要有以下两种：一种是提供网络转播的网播组织，即网络转播传统意义上的广播节目的网络组织，如中央电视台在官网上实时转播其正在直播的节目；另一种是独立的网播组织，即自己制作节目并网络播放，如 PPTV、PPS 影音等，其先独立制作多样的综艺、体育节目，并提前将播放时间划分为不同的时间

段，形成播放计划表后于计划时段内播放之前制作完成的节目。❶ 网播组织不同于广播电视台，主要表现两个方面的差异：第一，广播电视台的技术传播手段以节目信号为依托，通过控制节目信号能够实现对其利益的追踪和保护；网播组织的播放渠道是数字化基础设施，任何数字媒体都可以自由截取数字信息进行传输。对于传统广播组织而言，其信号被转播丧失的是信号利益，而网播组织被盗播后丧失的是数字流量。第二，广播电视台一般带有公益性，即便是在西方资本主义国家，也存在区分公共广播电台和营利性广播电台的需要，所以给予广播电台特殊利益保护，符合公共文化消费和服务的实际需求。网播组织则无此社会责任，普遍是基于私有利益而进行的传播，即便是公共广播电台在网络上举办的广播组织，也与其他网播组织具有同等的营利属性。

不过也应该看到，网播组织者的利益必须得到保护。理由在于：第一，传统媒体更多地借助于网络形式进行融合发展，融媒体形态下，如果不建立网播组织的权利保护机制，传统的广播组织权所欲实现的利益也形同虚设。第二，网播组织之间的转播更多的是一种商业行为，必须建立相应的利益分享渠道。传统的广播电视台与推送节目的电视台之间可以基于公共利益考量而进行转播或者录制后重播，例如对新闻联播的转播等，但是在网播组织之间基本上不存在这种情况，授权许可理应成为基本的运营模式。第三，网播组织与传统的广播之间虽然存在传播技术上的差异，但是其对作品进行传播进而形成的智力劳动投入在本质上具有一致性，网播组织和广播组织都为节目的传播付出了大量创造性劳动，提供了人力、物力的投入，不赋予网播组织相应的权利，不符合"劳动论"和"激励论"的著作权正当性理论预设，也与利益分享的价值理念背道而驰。

基于以上分析，在立法上建构单独的网播组织权制度体系具有必要性。网播组织权就是网络播放组织对于其播放的作品产生的数字流量所享有的权利。该种邻接权的基本特征是：（1）依法享有权利的主体是网络播放组织。也就是说，只要这种组织在传播作品中以吸引数字流量为目的，而且为作品的数字化传播进行了创造性的劳动和投入，就可以认定为网播

---

❶ 戴哲，张芸芝. 网播组织的著作权法保护问题研究［J］. 编辑之友，2017（8）：82.

组织。（2）受到保护的权利对象是作品传播过程中带来的数字流量。这也区分于网播组织作为创作者和录像制作者而可能享有的权利。（3）网播组织权的基本内容是禁止盗播行为。也就是说，其他媒体利用网播组织传播的作品进行同步播放，必须征得网播组织的同意。

总而言之，面对新兴媒体融合发展带来的新作品传播问题，作品形态认定和权利配置的基本思路不外有三：解释论、整合论与建构论。一般而言，技术带来的新问题如果可以通过传统制度框架进行调整，最好的方法就是采取解释论的方式，将相应的传统标准运用至新兴媒体的传播语境，用以维护法律的稳定性和可预期性。不过也应看到，媒体技术总是在不断地突破创新，如果在作品种类和权利配置上过于照应技术特征，一旦新技术出现，势必带来法律调整的灰色地带，所以在立法技术上应该有更多不带技术偏见的整合路径，例如，在法律规则上整合出视听作品、传播权等更为中性化的表述，则可以带来更广泛的法律控制力和覆盖面。当然，新兴媒体的冲击有时是立法者完全不可预知。按照利益分享的理念，新兴媒体也应该能够分享技术进步带来的著作权权益，不应该被预设为永恒的、被动的使用者或侵权者，此时，运用建构论的方法，适时建立模型制作者权和网播组织权等新的法律规则，同样具有合理性。

第二节　新兴媒体传播人工智能创作物的权利配置

人工智能本质上即为智能人工，也就是具有人的基本特质的高端智能机器人。随着人工智能技术的发展，机器人也能推出智能创作物。新兴媒体传播智能创作物并由此引发的纠纷开始出现。[1] 2019 年 4 月，北京互联网法院审理了一起引起广泛关注的案件，被业界称为人工智能第一案（以下简称"人工智能第一案"[2]）。该案中，被告作为新兴媒体传播了原告享有著作权的涉案文章《影视娱乐行业司法大数据分析报告——电影卷·北

---

[1] 袁博. 机器人可以成为新闻作品的作者吗 [EB/OL]. [2018 - 07 - 06]. http://www.ncac.gov.cn/chinacopyright/contents/555/382051.html.

[2] 北京互联网法院（2018）京 0491 民初 239 号民事判决书。

京篇》，并在应诉中认为该作品是由分析软件自动生成的，因此涉案文章不是由原告通过自己的智力劳动创造获得，不属于著作权法的保护范围。法院指出，涉计算机软件智能生成内容不是作品，因为人工智能不是作者；但是这种智慧创作物又凝结了软件研发者和软件使用者的投入，具备传播价值，应当赋予投入者一定的权益保护。最终认定被告侵犯了原告享有的信息网络传播权。可见，该案的判决虽有可取之处，但是囿于现有的制度框架，也有不少矛盾的论述。

　　"人工智能第一案"引发的著作权争论，主要包括该创作物的作品属性不明确、人工智能的权利主体资格与传统理论不兼容，以及由此产生的利益在权利归属上不清晰三个方面。通常情况下，作品是自然人创作的具有独创性的智力表达，只有创作作品的自然人才能成为作者，随着人工智能技术的不断发展，人工智能可以创作出人类不能预先通过固有程序设置的"作品"，这种人工智能创作物关涉新兴媒体的传播内容变革。人工智能第一案的审理集中反映出人工智能创作物保护的紧迫性，由此带来的著作权法律困境颇值得思考。

一、人工智能创作物的作品属性

　　人工智能第一案中，法院认为分析报告系使用者利用输入的关键词与算法、规则和模板结合形成的，某种意义上讲可认定威科先行库"创作"了该分析报告。由于分析报告不是自然人创作的，因此，即使威科先行库"创作"的分析报告具有独创性，该分析报告仍不是著作权法意义上的作品。❶ 关于人工智能创作物是否属于作品，学术界也有两种截然相反的观点。一种观点认为，人工智能创作物只要具备独创性且体现了思想的表达，即可以认定为作品，应受《著作权法》保护。❷ 另一种观点认为人工智能创作物不属于作品，不受《著作权法》保护。❸ 这种观点主要认为人

❶ 北京互联网法院（2018）京 0491 民初 239 号民事判决书。
❷ 易继明. 人工智能创作物是作品吗？［J］. 法律科学（西北政法大学学报），2017，35（5）：146.
❸ 王迁. 论人工智能生成的内容在著作权法中的定性［J］. 法律科学（西北政法大学报），2017，35（5）：150.

工智能创作物是应用算法、规律和程序的结果，不是脱离预先设计之外的创作。《著作权法》所保护的作品具有独创性，是作者认知、情感、意识的表达。因此，人工智能仅仅依赖人类提前设计好的程序与算法形成的创作物，不属于思想表达的范畴，不属于《著作权法》所保护的作品。以与人类创作类似的"机器人作曲"为例，计算机程序之所以能"作曲"，是应用了统计学中的马尔可夫链（一种未来状态的概率只取决于当前状态的数学模型）选择音调，与体现个性化的智力创作存在根本区别。除此之外，持此观点的学者质疑机器学习的实质，认为这种"学习"行为与人类学习行为明显不同，人工智能的学习仅仅是寻找最优路径总结规律的过程。

上述观点中，第一种观点更值得赞同，人工智能创作物具有可版权性。人工智能创作物作为人工智能创作出来的思想情感的表达形式，一旦具有独创性和可表现性，又可以被人类所感知，完全可以被认定为作品，理由在于以下三个方面。

首先，人工智能创作物具有独创性是判断作品的根本标准。人工智能通过神经网络深度学习，可以在短时间内创作出大量与人类创作物无差别的作品。如果不是简单地进行数据加工或者形成有限表达，该创作物一旦具有创作高度，可以被认定为构成作品。例如，2017 年 5 月 19 日，智能机器人"微软小冰"出版的诗集中包含"香花织成一朵浮云""你是微云天梢上的孤清月亮""一只烛光，忽变为寂寞之乡"等富有诗意的语句。这些表达形式与一般作品并无任何不同，且能够为人类所感知，但它显然不是设计者创作的，因为设计者只提供了程序；它也不是使用者创作的，因为使用者并没有对这些语句的形成发挥创造性的贡献。人工智能创作物是人工智能创作完成的，其创作建立在对大量信息、素材的积累与反复分析之上，到达一定程度后受某个灵感"激发"进行创作，凝结了一般的智力劳动，满足了独立创作和一定创作高度两个要素，自然符合独创性的要求。如果不将人工智能创作物认定为作品，不提供相应的著作权保护，新兴媒体和其他使用者在利用这些智慧创作物时，还需要区分哪些是人工智能创作，哪些属于人类创作，其辨别成本太过高昂，也增加了法律保护的难度，因此这种区分在理论上没有必要，实践中也毫无实益。

其次，人工智能一旦具备独立意志，人工智能创作物也是思想的表达。人工智能生成物和人工智能创作物是两个不同的范畴，必须区别开来。实际上，真正意义上的人工智能创作物，应该是人工智能意志的自由展现。只有具备"心性"和"灵性"的高端的人工智能，才彻底脱离机器和工具的范畴，才能被称为真正意义上的人工智能，才能产生所谓真正意义上的人工智能创作物。当然，现阶段很多学者探讨的人工智能生成物，本质上仍为人类创作，人工智能只是进行拣选、分类和整理，这还不能认定为人工智能创作物。从发展趋势上看，人工智能创作物必然会绕开预先的人类思想设定，在人工智能的自主学习中，体现出不一样的思想表达形态。具体表现在两个方面：（1）人工智能会具有越来越多的情感感知能力与表达技巧。以人工智能"索菲亚"为例，"索菲亚"的"大脑"中的计算机算法能够识别面部，与人进行眼神交流，并以自然方式回应人类的面部表情。此外，她还可以通过计算引擎来进行情感识别和表达，判断人类所展现的情绪以及情绪的表现程度，恰如人类的思维与情感。同时，随着索菲亚与人类接触逐渐增多，她可以采集海量表情、语调、动作等情感信息，进而创造出属于自己的情感认知和表达。（2）人工智能日趋复杂的学习能力是其思想意志形成的源泉。以谷歌智能机器人作画为例，智能机器人能够运用深度学习功能，有效提取参照图片中的信息，并在自身程序中进行整理，进而创作出具有艺术美感的图片。现实中，人工智能可以自主利用网络上的歌曲，或者输入其他独立来源的歌曲作为其音乐创作的起点，而这一独立的输入不依赖原程序中的任何注释、序列或片断。❶ 这种创作成果体现的是人工智能的思想，超越了对人为设定程序进行的被动选择，是具有排除人类干预的思想表达形式。

最后，越来越多的学者意识到，人工智能技术越发达，其智慧创作物受到著作权法保护显得越迫切。谷歌软件工程师雷·库兹韦尔（Ray Kurzwail）认为，超级智能将会在 2045 年前被开发出来，这将导致技术和智力爆炸，人工智能将能够协调、重建、修复、修改自己，并在没有人类

---

❶ Colin R. Davies. An evolutionary step in intellectual property rights-Artificial intelligence and intellectual property [J]. Computer Law & Security Review, 2011 (27)：609.

干涉的情况下开发新的人工智能系统。❶ 美国计算机科学教授斯图尔特·罗素（Stuart Russel）认为思维方式和系统行为是人工智能发展的两个方向，人工智能的智力技能、理解能力、学习能力以及自主决策的能力都与开发人员或用户的意愿无关，它们能够自主（autonomously）创作而不是自动（automatically）创作。❷ 国外学者明确区分了计算机辅助生成物（works that are created through the assistance of a computer）和计算机生成物（works that are computer-generated），并认为计算机生成物（works that are computer-generated）是在没有人类参与的情况下创作，独立于编程者和使用者的意志。❸ 人工智能模拟人类神经网络的结构能够评估信息、产生新的想法并创造新的作品，这个过程通常都是独立于人类干预的（independent from human intervention）。❹ 就像人脑一样，人工智能能够生成新的信息模式，而不是简单地将模式联系起来，不需要额外的人工输入适应新的场景。❺ "一般地说，权利的基础是精神，它的确定的地位和出发点是意志。"❻ 随着人工智能技术的持续发展，人工智能的意志必然会越来越多地融入其创作物之中，运用著作权法保护这类作品的需求会越来越强烈。事实上，从著作权法的原理出发，作品体现为思想的表达，其所要求的思想，并不是说必须是人类的思想，而是能够为人类所感知的思想。就此而言，一旦超级人工智能具备自己的思想，而这种思想又可以被人类所感知，由此形成的表达，自然不应该被排除在著作权法意义上的作品之外。

❶❷　Paulius Cerka, Jurgita Grigiene, Gintare Sirbikyte. Is it possible to grant legal personality to artificial intelligence software systems [J]. Computer law & Security Review, 2017 (33)：686 - 690.

❸　Mark Perry, Thomas Margon. From music tracks to Google maps：Who owns computer - generated workss [J]. Computer law & Security Review, 2010 (26)：621 - 623.

❹　Kalin Hristov. Artificial Intelligence and the Copyright Dilemma [J]. Social Science Electronic Publishing, 2017 (57)：434.

❺　Ryan Abbott. I Think, Therefore I Invent：Creative Computers and the Future of Patent Law [J]. Boston College Law Review, 2016 (57)：1082 - 1085.

❻　黑格尔. 法哲学原理 [M]. 邓安庆，译. 北京：人民出版社，2016：34.

二、人工智能"视为作者"的必要性和可行性

(一) 必要性

人工智能第一案中，法院认为，具备独创性并非构成文字作品的充分条件，根据现行法律规定，文字作品应由自然人创作完成。虽然随着科学技术的发展，计算机软件智能生成的此类"作品"在内容、形态甚至表达方式上日趋接近自然人，但根据现实的科技及产业发展水平，若在现行法律的权利保护体系内可以对此类软件的智力、经济投入予以充分保护，则不宜对民法主体的基本规范予以突破。❶ 学者也认为，人工智能不可能成为权利主体和初始著作权人，肯定机器人与人一样成为权利主体，完全是对现行私法原理的颠覆。❷ 这表明，实务界和理论界均认识到，人工智能开发者和使用者既然不是人工智能创作物的作者，那么在现有的法律框架下，人工智能也不能认定为作者，没有作者，何来作品呢？现有制度的困境不言而喻。

但是，一旦将人工智能视为作者并成为创作主体，上述困境便可自然化解。按照现有作品的认定模式，人工智能创作物之所以不是作品，还因为这种表达形式不是人类所创作。由于作者（自然人）是创作作品的唯一主体，人工智能不是自然人，不能成为作者，所以也就不能将人工智能创作物认定为作品。然而，索菲亚机器人被授予公民资格后，这个问题看来也就不再是问题。❸ 实际上，即便不是所有国家都会立刻授予机器人以自然人或者公民身份，但是在立法上也并非完全没有办法。换言之，对于这一认知困惑的最有效解决办法，就是将人工智能视为作者。人工智能虽然不是人，但可以获得与人一样的主体资格。❹ "视为作者"的著作权法律机制正是将那些与自然人具有同等地位的主体进行创作者身份认同的基本方

---

❶　北京互联网法院（2018）京 0491 民初 239 号民事判决书。

❷　熊琦. 人工智能生成内容的著作权认定 [J]. 知识产权，2017（3）：7.

❸　据媒体报道，2017 年 10 月 26 日，沙特阿拉伯授予美国 Hanson Robotics 公司生产的机器人索菲亚公民身份。

❹　张玉洁. 论人工智能时代的机器人权利及其风险规制 [J]. 东方法学，2017（6）：66.

法。《伯尔尼公约》所保护的作品，其作者固然应该是自然人，但是它并没有否定一个国家将法人、其他组织视为作者，只要这些法人、组织主持作品的创作过程并且作品体现了单位的意志。因此，人工智能创作物体现人工智能的意志，人工智能当然也可视为作者。

进言之，作者可以创作出作品，视为作者的人工智能也同样可以创作出作品。人工智能视为作者后，自然具有创作主体的身份，也在某种意义上赋予其民事主体的资格。著作权的客体是作品，但不能将自然人作者的存在作为判定作品的唯一前提。在判断作品时，不宜将体现自然人的思想和情感作为判断要素，而是应该回归到作品的本质属性"独创性"要素。无论是自然人还是法人，抑或是人工智能，只要其能够根据自己的意志创作出具有独创性的表达，而这种表达又是一定思想情感的体现，就可以认定为"作品"。实际上，代表性立法从未要求作品必须只能由"自然人"创作。例如，根据我国《著作权法实施条例》第2条规定，著作权法的目的是保护"智力表达"本身，并不局限于保护由人类产生的"智力表达"，不论这种"智力表达"是否来源于人类，不影响其获得著作权保护。因此，那种认为只有自然人才能创作作品的认知，具有诠释学上的局限性。

（二）可行性

首先，并非所有的物或者自然人以外的对象都是客体。在西方哲学的早期，古罗马法学家认为"法的主体不限于人，自然法是指自然教导所有动物的东西，这不是特定对人类的法，而是所有生灵共有的法，不论其生活在空中、陆地、或海里"。❶ 当代环境权的勃兴再次表明，并非自然人以外的对象都是客体。美国学者克里斯托弗（Christopher D. Stone）在论文《树林应有诉讼资格：自然体的法律权利》中，阐述了自然或无生命体的法律权利和无生命体诉讼资格的主张。❷ 美国人罗德里克·纳什在《大自

---

❶ 优士丁尼. 法学阶梯 [M]. 徐国栋，译. 北京：中国政法大学出版社，2005：13.
❷ 江山. 法律革命：从传统到超现代——兼谈环境资源法的法理问题 [J]. 比较法研究，2000（1）：31.

然的权利》一书中指出："在哲学和法律的特定意义上，大自然或其中的一部分具有人类应予以尊重的内在价值。"❶《德国民法典》第 90 条 a 规定："动物不是物。它们受特别法的保护。"实践中也不断有立法明确规定，并非只有自然人可以成为主体，其他的都是客体。2014 年新西兰东北部的尤瑞瓦拉（Te Urewera）地区的新西兰国家公园被宣布具有法律人格；2017 年新西兰宣布其第三长河旺加努伊河（the Whanganui river）拥有法律人格，和一般公民一样受到保护。❷ 这表明，民事主体产生的根源是社会利益和权利保护的需要，法律建立的主体结构具有时代的特殊性。❸ 时代变迁中，传统的以人作为唯一民事法律主体的观点受到质疑与挑战。

其次，民事法律主体正在经历由人向"拟制主体"的扩张。法人制度本身就是对法律概念上的"人"提出的挑战，但法人制度从未影响人的主体地位，反而被认为是贡献超过蒸汽机和电的伟大制度发明，成为促进社会进步的力量。❹ 从逻辑上讲，并非不能将法律人格赋予动物、群体、公共机构、基金会、协会、偶像等其他实体。❺ 在当代大多数国家的法律话语中，国家、公司、大学等都可以具有法律资格。追溯这一制度设计的本质，就在于这些机构、组织虽然直观上不能说话、没有意识，但实质上却可以产生自己的意志，承担相应的法律责任。这种观念在不少国家的著作权法中也得到体现，进而出现所谓的"单位作者"。按照我国现行《著作权法》第 11 条第 3 款的规定，法人或非法人组织可以被视为作者。可见，民事主体只涵盖自然人进而将其他一切纳入客体的做法已经被证明并不可取。

最后，国外立法一直在探索赋予人工智能的权利主体身份。欧盟正在尝试认可人工智能的"电子人"身份，赋予其法律上的拟制人格，为智能

❶　罗德里克·纳什. 大自然的权利 [M]. 杨通进，译. 青岛：青岛出版社，1999：49.

❷　Abigail Hutchison. The Whanganui River as a Legal Person [J]. Alternative Law Journal, 2014 (39)：179 – 182.

❸　胡玉鸿. 法律主体概念及其特性 [J]. 法学研究，2008（3）：4 – 5.

❹　易继明. 人工智能创作物是作品吗？ [J]. 法律科学（西北政法大学学报），2017，35 (5)：140.

❺　戴维·M. 沃克. 牛津法律大辞典 [M]. 北京社会与科技发展研究所，译，北京：光明日报出版社，1988：688.

机器人的行为作出限制并明确侵权责任，这种立法思路具有前瞻性，值得引起重视。2015 年 1 月，欧盟议会法律事务委员会（JURI）设置工作小组，负责研究与机器人和人工智能发展相关的法律问题。2016 年 5 月，欧盟法律事务委员会发布《就机器人民事法律规则向欧盟委员会提出立法建议的报告草案》。❶ 欧盟委员会法律事务委员会还向欧盟委员会提交动议，要求将最先进的自动化机器人的身份定位为"电子人"（electronic persons），除赋予其"特定的权利和义务"外，还建议为智能自动化机器人进行登记，以便为其创建纳税、缴费、领取养老金的资金账号。与上述人工智能民事权利立法保持一致，2016 年 10 月，欧盟发布研究成果《欧盟机器人民事法律规则》，拟认可机器人的作者身份。❷

可见，人工智能创作物能否授予著作权，关键在于人工智能创作物是否构成作品，其前提条件是将人工智能视为作者，而不是拘泥于自然人才能作为权利主体创作出作品的框架。也就是说，从自然人才能创作作品反向推论人工智能创作物不属于作品，这样的思路值得商榷。更为准确的表述是，作品并非必然由自然人主体创作，人工智能视为作者后，也可以成为创作作品的权利主体。

三、人工智能创作物的著作权权利归属

（一）区分权利主体与权利归属

人工智能第一案中，法院虽然认定分析报告不构成作品，但却也不得不指出，这些智慧创作物不意味着其进入公有领域，可以被公众自由使用。因为分析报告的产生既凝结了软件研发者（所有者）的投入，也凝结了软件使用者的投入，具备传播价值。如果不赋予投入者一定的权益保护，将不利于对投入成果（分析报告）的传播，无法发挥其效用。❸ 这也

---

❶　司晓，曹建峰. 论人工智能的民事责任：以自动驾驶汽车和智能机器人为切入点 [J]. 法律科学（西北政法大学学报），2017，35（5）：171.

❷　吴汉东. 人工智能时代的制度安排与法律规制 [J]. 法律科学（西北政法大学报），2017，35（5）：131.

❸　北京互联网法院（2018）京 0491 民初 239 号民事判决书。

表明，即便法院认为人工智能创作物不是作品，但是也承认其本身所具有的法律上的利益应该得到保护。当然，法院在说理的过程中，由于混淆了权利主体和权利归属这两个概念，因此并不能自圆其说地给出人工智能创作物上法律利益进行保护的基本途径。

人工智能创作物受到著作权保护，并不等于说由此带来的利益归属于人工智能。就目前的技术环境来看，人工智能的利益世界不可能独立于人的利益世界而存在。具言之，人工智能创作物属于作品，人工智能视为作者成为创作主体，但人工智能并不能获得由此带来的相关著作权利益。著作权是激励人类文化创新的制度安排，将人工智能视为作者并非意味着人工智能可以享有相关智慧创作物带来的法律利益。人工智能创作物的利益关联方包括设计者和使用者。根据意思自治的考量，设计者和使用者可以根据协议约定著作权的归属。通过合同的约定，有利于设计者或者使用者快速收回成本并进行新一轮投资，使作品的经济活力得到最大的释放，同时推动文化产业、人工智能产业和其他应用人工智能的战略性新兴产业的发展。

著作权归属制度旨在解决利益分配的问题。根据著作权归属制度，尽管人工智能可以自主创作出作品，并被视为作者，但是并非意味着其可以获得作品所带来的所有法律上的利益。有人担心将人工智能视为创作作品的权利主体后，会由此分享人类利益，这种观点正是误解了著作权权利主体和权利归属的关系。事实上，作者的认定重在解决权利能力问题，是"主体—客体"二分法在著作权法领域的应用，其核心是能否成为作者（创作主体）的事实判断；权利归属则重在确认利益的分配，是实现著作权法激励功能的制度设计，其主旨是促进产业发展的价值判断。也就是说，即便将人工智能视为作者，法律也可以将由此带来的法律利益归属给其他主体。例如，我国《著作权法》就明确肯认了职务作品、电影作品、委托作品等出现的创作主体和利益归属之间的分离规则。

（二）人工智能创作物著作权归属的基本规则

如果设计者和使用者没有通过合同约定权利归属，此时如何确认人工智能创作物的权利归属，的确存在难度，本质上应该是在综合考虑各种影响要素之后进行的市场选择和政策选择。结合以下三个方面的理由，人工智能创作物在没有合同约定时，其著作权应该归属于使用者。

　　首先，使用者是最接近人工智能创作活动的，由使用者享有其著作权利益，可以降低人工智能创作的生产成本、登记成本和管理成本，惠及更多的社会公众。使用者具有最大的动力防止人工智能创作物进入公共领域，同时将其与自身的产业发展需要结合起来，针对消费者的反应也最为敏感和有效，这是实现最大多数人最大福利的政策方案，能够将投资者与社会公众利益最大化，又能够激励人工智能在文化产业等传统产业中不断得到应用。

　　其次，从产业发展看，不同的使用者代表不同的产业，将人工智能创作物的著作权归属于不同的产业主体，有助于实现"人工智能＋产业"的战略发展思路。如果将人工智能创作物的著作权归属于使用者，大量的使用者其实就表现为应用人工智能的战略性新兴产业，让使用者获益的归属模式将推动"人工智能＋现代新兴产业"的发展。如果将人工智能创作物的著作权归属于设计者，其背后所保护的只有人工智能开发产业。由于人工智能开发技术的革新完全可以通过专利权进行激励，所以两相权衡，通过著作权保护"人工智能＋产业"，这更符合政策选择的实际需要。

　　最后，人工智能创作物著作权归属于使用者，能够带来隐性的"人—机"竞争，更符合著作权激励文化创新的制度要求。由于人工智能可以创作作品并且由使用者享有著作权，这带来了文学艺术创作方式的巨大变革。根据博弈论的原理，使用者会借助这一新兴创作方式，将人类创作者与人工智能共同推向创作博弈之中，在相互对抗的过程中优化作品的创作模式，有利于形成"人—机"竞争的产业格局，从而生产出更优质、更好满足消费者需求的作品。例如，新兴媒体作为使用者，完全可以调动记者和人工智能两个方面的创作积极性，发挥各自的作用与能力，进而为消费者提供更好的新闻报道。

　　至于署名权的保护，也应该体现出约定优先的原则。如果设计者和使用者就人工智能创作物的署名方式达成一致，应该按照双方约定的方式进行署名。在没有任何约定的情况下，使用者有权决定署名方式。人工智能若被视为作者，则可享有民事权利资格，因此如果在人工智能创作物上署名为某人工智能创作，例如腾讯公司使用人工智能创作的体育赛事报道，即署名为腾讯机器人 Dreamwriter，这种署名方式应该得到尊重，其他媒体在使用时也应该做出相同的署名。但是，无论采取何种方式署名，使用者都有权行使署名权。

四、结　　语

综合以上分析，人工智能创作物可以在著作权法的框架下进行相应的制度设计。由人工智能自主创作，体现人工智能意志创作完成的作品，人工智能可被视为作者；人工智能创作物若具有独创性和可复制性，则可被认定为作品。新兴媒体利用人工智能创作出来的作品，其权利归属应该由人工智能的设计者和作为使用者的新兴媒体通过合同约定，没有约定的，著作权归属于使用者。使用者可以根据实际情况在作品上署名，并有权行使署名权。在这一全新制度框架下，对人工智能第一案可以作出以下判定：（1）涉案文章一旦具有独创性，可以直接认定为属于作品；（2）涉案文章不是使用者和开发者创作，人工智能创作者身份应该得到认可，也就是在法律上将人工智能视为作者；（3）在软件开发者和使用者未作约定时，涉案作品的著作权权利归属于使用者，即原告享有该作品的著作财产权，被告通过新兴媒体平台传播该作品构成侵权；（4）涉案文章的署名方式可以由使用者决定，不管署名方式如何，该案原告作为使用者有权行使署名权。鉴于被告提供的被诉侵权文章中，删除了其署名，且出现了"点金圣手"的字样，足以导致相关公众误认为"点金圣手"系作者，因此侵犯了署名权。

第三节　新兴媒体传播体育赛事节目的权利配置

近年来，国家大力支持体育产业发展，更多的新兴媒体加入体育赛事的现场直播或转播活动中。新兴媒体进行现场转播具有传播范围广、双向互动性、服务个性化以及接收便捷性等特点，能够最大限度满足观众及时收看体育赛事的需求。在这个过程中，广播电视台、互联网等传播媒体获得赛事组织者授权，通过转播体育赛事，获得了极高的收视率或点击流量，并带来了较为丰厚的广告收益。出于巨额利润的刺激，盗播体育赛事的行为屡禁不止。由于体育节目赛事著作权保护的复杂性，该领域的法律纠纷屡见不鲜，法院所做出的判决也各不相同。体育赛事节目旨在呈现真实完整的比赛过程，镜头切换应当满足观众稳定的心理预期，摄像角度应当符合一定的画面摄制规律，其独创性受到质疑。同时，大多数的体育赛事节目直播画面（以下简称"体育节目画面"）只能被认定为"录像制品"，但录像制作者并不享有禁止其他媒体在网络上定时播放录像制品的权利；同样的道理，体育赛事节目直播信号（以下简称"体育节目信号"）的网络转播也不能由广播电视组织控制，通过邻接权禁止新兴媒体未经许可转播体育节目赛事也面临窘境。如何在法律制度设计上进行适度调整，值得深入探讨。

一、体育赛事直播中的智力成果类型

新兴媒体在进行体育赛事直播时，需要面对四种不同类型的智力成果：第一种类型的智力成果是体育赛事组织者在整个体育赛事组织活动中付出的智力劳动。这种智力劳动涵盖了运动员的协调、比赛组织安排等。这些投资和组织虽然有一定的创造性，但并不构成著作权保护的对象。在当前的体育赛事组织者章程和一些西方国家的法律中，赛事组织者享有控制直播者进入其场地进行商业化播出的"场地准入权"❶。我国法律对此虽然没有明确规定，但是赛事组织者都会在赛事主办时明确约定，而且也会与获得授权的直播者签订协议，所以在新兴媒体发达的今天，未经许可擅自进行公开直播，同样会面临侵犯民事权益的指控。第二种类型的智力成果是运动员的表演。不过由于这种表演不具有可复制性，也并非思想的表达，而是取决于各种配合、技巧甚至运气，所以大多数国家并没有提供表演者权的保护。第三种类型的智力成果是获得授权进入场地进行比赛直播并向观众提供的比赛画面，也就是体育节目画面。第四种类型的智力成果是这些直播者在传播比赛画面时形成的信号以及数字符号，这种信号或者符号同样构成一种智力成果，可简称为体育节目信号。第三种和第四种情

---

❶ 袁博. 泛娱乐与著作权的那些事［M］. 北京：知识产权出版社，2018：103.

况的智力成果，是本节讨论的重点。

体育节目画面是指通过有线、无线以及互联网等现代传播方式对体育比赛的实况进行实时直播所形成的视频材料。❶ 体育节目画面不同于体育节目。体育节目涵盖面比较广，它是体育赛事的统称，至少包括体育节目画面和体育节目信号等智力成果形态。在"新浪诉凤凰网中超赛事转播案"中，原告起诉被告侵犯其涉案体育赛事节目的著作权，而该案主审法官在判决书中使用的是"体育赛事转播画面"一词。实践中，"画面"和"节目"经常混用，很多情况下无实质性差别。但"广播电视节目不是著作权意义上的概念，这个概念搅乱了人们的思维逻辑"。❷ 上述说法颇值认同。体育赛事只有经过制作者形成"有伴音或者无伴音的连续画面"后，才具有判断作品的基础。观众收看体育节目获取的是体育赛事的连续画面，使用"体育节目画面"一词更准确地反映了这类智力成果的本质。

体育节目画面与体育节目信号是两种不同的智力成果形态。体育节目画面包括活动的画面和声音，由专业人员将其合成为信号传输出去。❸ 体育节目信号作为传输画面的载体能够被其他媒体接收、录制或加工，进而在消费者终端上予以呈现。❹ 可见，体育节目画面属于制作过程中产生的智力成果，而体育节目信号则属于作品传播过程中形成的智力成果。这样一来，对于体育节目进行转播，涉及体育节目画面制作者和体育节目信号传播者两个方面的权益。"在著作权法框架下，区分两者的意义在于，前者作为画面内容制作者，对满足著作权要件的画面内容享有著作权，而后者作为节目信号播放者，则对节目信号享有广播组织权。"❺ 当然，不容否

---

❶ 王迁. 著作权法 [M]. 北京：中国人民大学出版社，2015：72.

❷ 王自强. 体育赛事节目著作权保护问题探讨 [J]. 知识产权，2015（11）：36.

❸ 林子英. 体育赛事网络转播画面的知识产权保护 [N]. 中国知识产权报，2015 - 07 - 24（010）.

❹ 以奥运会的现场直播为例：首先，分布在各赛场电视制作区的电视信号制作队伍通过摄像机和话筒记录比赛的精彩场面；其次，导演对镜头进行切换，加入慢动作和字幕，组装成电视信号成品；再次，制作区的技术控制中心将组装好的信号成品传送到国际广播中心的信号收集、分配和传输中心；又次，该中心按事先约定将信号传输给各国电视机构；最后，各国电视机构根据自己的需求对接收到的信号再次加工，呈现给观众最终的体育比赛的电视画面。程志明. 浅谈奥运会电视国际公用信号制作理念和标准 [J]. 现代电视技术，2006（10）：16.

❺ 戴哲. 直播节目网络同步盗播的版权规制困境与应对 [J]. 编辑之友，2015（10）：84.

认的是，体育节目信号制作常常融合在赛事画面的转播过程中，制作画面的过程与传输画面的过程紧密关联，主体之间高度重合的情况亦时有发生。但这并不意味着二者的区分没有价值，实践中尤其不应该将画面的保护和信号的保护混为一谈。

二、体育节目画面的属性及其权利配置

（一）体育节目画面的属性

关于体育节目画面的属性，相关的争议集中表现在三个方面。第一种观点认为体育赛事直播或转播中形成的节目画面构成著作权法意义上的"作品"。例如，在新浪网诉凤凰网案中，法院经审理认定涉案体育赛事现场直播形成的画面构成作品，被告在其经营的凤凰网上未经许可对中超赛事进行转播，侵犯了原告对涉案赛事画面作品享有的著作权。❶ 第二种观点认为，体育节目画面独创性程度较低，因此构成"录像制品"。例如在央视网诉华夏公司案中，法院认为，涉案体育赛事直播节目尚未达到著作权法所规定的类电作品的高度，不属于作品，而应属于录像制品。在央视网诉世纪龙公司❷、央视网诉暴风公司❸等案件中，法院也坚持认为，体育节目画面不构成作品，但可以认定为录像制品。第三种观点认为，体育节目画面既不是作品，也不是录像制品。例如在央视网诉悦体公司案❹中，拍摄体育赛事节目的独创性，不足以达到著作权法规定的类电作品的程度，无法构成作品。对体育赛事的录制或拍摄，因体育赛事本身不是作品，故不能成为录像制品。

独创性的判断标准是解决这一争议的前提和核心。我国著作权法虽然没有明确独创性的判断标准，但由于坚持"著作权—邻接权"二元体系，因此在保护标准上较为严格。新兴媒体融合发展中，应该坚持较高的创造性判断标准，进而将那些不具有创造性要求的智力成果排除出作品的保

❶ 北京市朝阳区人民法院（2014）朝民（知）初字第 40334 号民事判决书。
❷ 广州市中级人民法院（2010）穗中法民三初字第 196 号民事判决书。
❸ 北京知识产权法院（2015）京知民终字第 1055 号民事判决书。
❹ 上海市闵行区人民法院（2015）闵民三（知）初字第 1057 号民事判决书。

护，促进信息的自由流通。换言之，独创性必须反映作者的个性或独特的思想感情，因此要求一定的创作高度是其应有之义，唯有高于一般人平均水平的创作活动才能成为作品，享有著作权。

按照上述理解，体育节目画面在理论上包括三种情况：自动拍摄、选择性拍摄和综合性的拍摄。从实践获得拍摄授权的商业属性以及取得体育赛事直播的竞争格局来看，自动拍摄体育节目赛事的情况非常少见，而选择性拍摄和综合性的拍摄形成的体育节目画面因体现"选者的眼光"和"综合编排的高度"，应该被认定为具有独创性，受到著作权的保护。

首先，体育节目画面的独创性体现为"选者眼光"。对于体育赛事现场直播画面而言，其独创性体现在对机位的设置和对多台摄像机所拍画面的取舍与编排。司法实践中，大量涉案比赛节目的制作，是通过多台不同位置的活动录制设备拍摄，编导通过对镜头进行选择、编排，最终形成观众看到的画面，包括现场画面、特写镜头、场外画面，并配有点评解说。❶"导播在切换体育赛事现场直播画面时往往会做出个性化选择，该直播画面最鲜明的特征就是现场性和即时性，其前期转播与后期制作同时进行，其所需要付出的创造性劳动相比电影作品更甚，且在此过程中同样凸显了创作者的个性思想与观念。"❷ 对于同一场体育赛事，如果由不同的摄制团队进行现场拍摄或是由不同的导播进行现场切换，最终呈现给观众的体育赛事直播画面必然存在差异。根据德国独创性的要求来讲，赛事直播画面反映了直播者或者导播者的个性且具有创造性。但对于这种体育赛事直播画面是否达到一定的创作高度，是该种画面构成作品还是录像制品的关键。

美国 1968 年的 Time Incorporated v. Bernard Geis Associates 一案中法院认为，"由人拍摄出来的录影必然会受到个性的影响，这段录影中体现出的拍摄者对摄录机的选择（摄像机而非照相机）、对录像带的选择（彩色而非黑白）、对镜头的选择（远距广角镜头而非近距镜头）、对拍摄区域的

---

❶ 袁博. 体育比赛直播类案件的审判难题及解决途径 ［N］. 人民法院报，2019 - 04 - 25（007）.

❷ 卢海君. 论体育赛事节目的著作权法地位 ［J］. 社会科学，2015（2）：102.

选择、对时机的选择，以及对放置摄像机位置的选择等使录影具有了充分的独创性"。❶ 1976 年美国国会关于版权法的报告指出，"即时制作和录制"的内容可以获得版权并归入电影作品的行列。该报告中尤其提到了足球赛这一具有代表性的体育赛事，认为摄像师用四台摄像机全方位拍摄一场足球赛，导演对该四台摄像机的活动进行指导、对摄像机拍摄的电子图像进行选择、对呈现给观众的顺序进行排列时，其所从事的工作具有"可版权性"。

2019 年世界知识产权日的主题确定为"奋力夺金：知识产权和体育"。这表明体育已经成为一个价值庞大的全球产业，而我国的体育赛事直播亦成长为一个巨大的新兴产业。其中影响电视台、直播平台等组织购买体育赛事转播权的一个重要因素是导播对直播画面的掌控水平，只有直播画面足够的精彩才能够激发更好的竞价。这也是一名熟练的导播比一名新手导播更容易获得电视台青睐的原因，因为经由前者的"选者眼光"，可以产生具有更高创作高度的作品，能为传播者带来更多的经济利益。

其次，尽管单个的体育节目画面可能不具有独创性，然而对于体育节目画面的汇编往往具有独创性。"汇编作品可以由受版权法保护的作品及片段构成，也可以由不受版权法保护的数据或者其他材料组成。"❷ 虽然体育赛事不属于受著作权法保护的客体，但体育赛事的现场直播画面具有独创性，需要对不同或者相同的比赛画面进行剪辑和编排设计。这种设计明显属于汇编手段，因此其属于汇编作品。观众在收看体育赛事直播时，对于正在进行的比赛有稳定的心理预期，单个的体育画面的摄像机镜头、如何选择设置角度等均有一定的规律可循。例如，在篮球比赛直播中，在运球与对抗时，绝大多数观众期望镜头追随持球队员，而在进球后，观众则希望从不同角度慢镜头回放进球的瞬间特写以更好地感受竞技体育的魅力。但是，整个的体育赛事直播形成的却是体育节目画面的汇编，不仅包括真实完整的比赛过程，而且涵盖对比赛中参赛人员的精彩时刻进行回放，例如，团队成员之间的相互配合、高难度的技术得分动作、最终得分

---

❶ Time Inc. v. Bernard Geis Assocs. , 293 F. Supp. 130（S. D. N. Y. 1968）.

❷ 丛立先. 体育赛事直播节目的版权问题析论［J］. 中国版权，2015（4）：10.

的关键动作等。因此，体育节目画面的编排属于节目编导精心挑选规划的结果，这种编排的独创性程度较高，以至于可以对体育节目的售卖产生影响。

最后，体育直播画面在很多时候超越了体育赛事本身，而是摄影师、解说员以及剪辑人员即兴创作形成的综合性的作品，带有视听作品的类型化特色。如果赛事直播时现场赛事暂时停顿或者暂时中断，或者是发生其他观众无法预料的事情时，摄像师对非正常竞赛的场面无法按照原有顺序和角度进行摄制。这时，留给导播和摄像师自主转换赛事现场画面以及切换镜头的空间大大增加。例如，在 2006 年德国世界杯 1/4 决赛中，德国队与阿根廷队在常规比赛时长内打成平手后，随后双方进入点球阶段。因为此时并不处于比赛期，导播可以自由切换镜头。其先播放德国著名球员莱曼和卡恩英雄相惜的画面，再特写主教练克林斯曼为之动容的神情，最后切换成主场德国球迷热泪盈眶的画面。这段足球比赛中的现场直播画面是为了赋予残酷的淘汰赛以温情，烘托紧张的气氛和渲染积极的情绪。因为这段连续的画面不是采用体育赛事常规的摄制方法完成的，且超出了观众的稳定预期，导播者发挥了较大的创造力，所以此连续画面的独创性可以说达到作品独创性的创作高度。

需要说明的第一个问题是，一些法院将体育节目画面认定为录像制品，这样的性质判定看似公允，实际上却存在明显的弊端。德国法院在司法实践中确实有实例将体育节目画面认定为录像制品。应该看到，受到固有法律传统的影响，德国对作品独创性标准要求较高，一贯存在运用创作高度判断录像制品和电影类作品之差异的传统。在我国，虽然也仿效大陆法系规定了录像制品，但在实践中区分录像制品和类电作品的标准不一，甚至出现"同案不同判"的情况。因为根据《著作权法》第 44 条和第 53 条的规定，录像制作者所享有的信息网络传播权仅能控制交互式网络传播行为，而排除了网络实时播放等非交互式网络传播行为。也就是说，如果新兴媒体是将体育节目画面经过数字化处理后上传到服务器，公众可以在选定的时间和地点获得该体育节目录像，则这时可认定侵犯录像制作者权；但是如果是通过网络定时播放的方式，同步转播来自广播电台、电视台的体育节目赛事，就不能认定为侵权行为。同样的播放行为，却因为传播技术上的差异产生不同的处置结果，这无疑无法让人信服。可见，体育节目画面要么具有独创性，构成作品；要么不具有独创性，而被排除在著作权的保护范围之外。通过邻接权的方式保护只会增加法院判决说理的难度，在最终的权利认定时也会产生混乱。

需要说明的第二个问题是，体育节目画面的独创性空间有限，并不意味着具有唯一性或者带来表达方式的有限性而按照"合并原则"落入事实的范畴。应该看到，为了满足观众在观看体育赛事时的心理预期，体育节目画面的制作本身存在一定的技术性规范，因此，对于体育节目画面而言，其自由创作的空间是有限的。但是，作品的创作空间有限并不等同于表达方式有限。有限表达规则是指假如一个智力创造成果在表达形式上具有唯一性，作者的思想创作空间极其狭窄，即使表达具有创作高度，而且也因为该表达的唯一而不能得到保护。如果将这种思想的表达以权利的形式赋予少数作者所有，不但违反了著作权法不保护思想的基本原则，而且会造成显失公平的垄断，给社会公众造成极大的不利益。❶ 然而，体育节目画面中所谓的"心理预期"是一个主观概念，不同的导播、摄影师、解说员的理解并不相同。所以，即便是存在所谓的操作流程，这种流程也只不过是一种技术规范而已，并不能对导播、摄影师、解说员的创作方式产生根本性的限定。也就是说，不同摄制者拍摄画面的方式不同，不同导播切换镜头的顺序也存在差异，再加上场内时有发生的突发情况，均表明体育节目画面的表达方式并不唯一。

（二）新兴媒体实时转播体育节目画面的权利控制

现代重大体育赛事的直播一般被传统媒体所控制。随着数字技术的发展，一些实力较为强大的新兴媒体也会获得赛事转播权，这时，对于新兴媒体授予网播组织者权具有必要性。不过，在大多数情况下，新兴媒体通过网络实时转播体育赛事较为普遍。例如，网站将电视台正在直播的比赛

---

❶ 袁博. 答题卡的设计会产生著作权吗？［N］. 中国新闻出版广电报，2016－07－21（008）.

的电视信号通过信息网络同步向公众进行转播。❶ 对于网络上的盗播行为的性质，法院在认定时存在五种不同见解：（1）在作品认定的基础上，认为网络实时播放构成信息网络传播权控制的行为；（2）在作品认定的基础上，确定由"其他权利"控制这种定时传播行为；（3）在录像制品认定的基础上，认为应该由录像制作者的信息网络传播权控制；（4）在录像制品认定的基础上，认定录像制作者不能控制非交互式的网络播放行为，所以只能认定构成不正当竞争；（5）在否定其作品和录像制品性质的前提下，直接认定构成不正当竞争。

根据前文的分析，体育节目画面一般都应该认定为作品，享有著作权。按照现行《著作权法》的规定，针对新兴媒体通过互联网定时播放体育节目画面的情况，如果该体育节目画面先经过无线传播后再经过有线进行"同时异地"播放，或者未经任何前置的无线播放（含网络播放），都可认定为落入广播权的控制范围；如果这种"定时播放"在技术上实际已经具有回放功能，观众可在选定时间和地点获得该作品，则可以认定落入信息网络传播权的控制范围。

至于反不正当竞争法的适用应该有一定的限度。对于知识产权与反不正当竞争的关系以及反不正当竞争法扩展保护的范围和限度，我国知识产权司法政策基本上是明确的，对于其未作特别规定的竞争行为，只有按照公认的商业标准和普遍认识能够认定违反原则规定时，才可以认定构成不正当竞争行为，防止因不适当地扩大不正当竞争范围而妨碍自由、公平竞争。❷ 换言之，反不正当竞争法与侵犯著作权的适用可以并行不悖，然而在侵犯著作权成立的情形下，智力创作成果中的智力型利益和反不正当竞争法所保护的竞争型利益出现竞合，智力型利益吸收了竞争性的利益，此时应该按照侵犯著作权处理。所以对于体育节目画面的保护而言，一旦认定体育节目画面属于作品，就无须再认定新兴媒体构成不正当竞争。在体育节目画面不构成作品时，如果按照反不正当竞争法提起诉讼，在认定时

---

❶ 戎朝. 互联网时代下的体育赛事转播保护兼评"新浪诉凤凰网中超联赛著作权侵权及不正当竞争纠纷案"［J］. 电子知识产权，2015（9）：16.

❷ 《最高人民法院关于当前经济形势下知识产权审判服务大局若干问题的意见》（法发〔2009〕23 号）.

应该坚持更为严格的标准。如果某家媒体获得垄断性的转播权，却未有任何独创性的创作，显然利用自己的垄断地位获得额外的市场利益，此时又没有更自由的市场竞争空间，其他媒体的网络定时播放即便带来该媒体利益的损失，也不应该认定为存在不正当竞争关系。总之，反不正当竞争法的扩展保护是有限度的，"在错综复杂的和具有内生机制的市场竞争面前，法官对于不正当竞争的判断应有足够的谦卑和谦抑"。[1]

总之，体育节目画面如果具有独创性，就应该被认定为作品，受到著作权法的保护；如果不具有独创性，则不宜认定为录像制品，不应该受到著作权法保护，在适用反不正当竞争法时固然无所不可，但是必须根据是否存在竞争关系以及是否借助垄断获得不当利益等慎重处理。定性的不同将会导致权利主体所享有的权利范围及对侵权行为的控制范围不同，从而为具体案件的裁判结果带来不同的影响。[2] 在坚持一定的创作高度基础上，将体育节目画面认定为作品具有可行性和必要性。具体的权利配置上，现行法律有完善的空间。如果能够建立传播权体系，并以之控制播放、信息网络传播和表演等公开传播行为，则无论是定时播放还是信息网络传播，都可以较为科学地纳入传播权的调整系统。

三、体育节目信号的权利配置

实践中，最容易被盗播的赛事传播者即电视台和网站。在传播者为该两种传播媒体时，广播组织权为规制网络转播行为提供了另一种思路。学界通说认为，广播组织权的客体是广播组织发射的信号。因此，无论体育赛事现场直播画面的著作权属性为何，承载该节目内容的信号都是受到广播组织权中的"转播权"保护。[3] 另外，从各国的立法实践来看，广播组织权的起源与体育赛事经常被盗播有关，其立法目的是规制非法转播体育比赛的行为。

[1] 孔祥俊. 论反不正当竞争的基本范式 [J]. 法学家, 2018 (1): 67.
[2] 祝建军. 体育赛事节目的性质及保护方法 [J]. 知识产权, 2015 (11): 29.
[3] 董聪. 体育赛事直播节目转播权的法律性质与保护方式 [J]. 人民司法, 2017 (16): 94.

但是，随着新兴媒体的发展，网络播放组织在现有的法律制度框架下不能制止针对其节目信号的转播行为。因为根据《著作权法》第47条规定，广播组织仅包括广播电台、电视台，网站进行的网络直播不受广播组织权保护。然而，随着互联网产业的迅猛发展，网络媒体斥巨资向体育赛事主办方购买赛事转播权的情形司空见惯。事实上，网络播放组织与传统广播组织之间最大的区别在于播放的技术手段不同，刻意区分其二者对播放信号所享有的权利实在并无必要。只要规定了网播组织者权，授予其相应的邻接权，就可以解决上述问题。

此外，实践中出现的与体育赛事转播相关的著作权纠纷中，被告实施的侵权行为主要是通过截取电视台或者其他媒体播放体育赛事的直播信号，再利用被告运营的网络平台向公众传播体育比赛画面，对节目信号享有权利的广播组织起诉的目的正在于阻止这种侵权行为。为解决上述问题，现行《著作权法》明确规定广播电台、电视台享有信息网络传播权、网络播放权。现行《著作权法》第47条规定，广播电台、电视台有权禁止未经其许可的下列行为：（1）将其播放的广播、电视以有线或者无线方式转播……（3）将其播放的广播、电视通过信息网络向公众传播。这实质上赋予广播组织对网络定时播放和交互式传播均享有控制权，有利于广播电台、电视台打击通过盗取信号实施的网络实时转播和网络传播行为。现行《著作权法》扩张广播组织转播权至互联网领域具有合理性，理由如下。

首先，在互联网技术高速发达的今天，网络盗播现象屡禁不止，广播组织权仍然仅规制传统媒体的非法转播行为显然不合理。达到这一目的的最佳策略是将广播组织权中的转播权扩张适用于互联网环境。亦即将广播组织权中"转播权"的权利范围拓展至以有线或无线方式进行的转播，力求控制包括网络转播在内的任何方式的转播。

其次，我国著作权法中广播权的定义来源于《伯尔尼公约》，而《伯尔尼公约》诞生的年代较早，囿于当时的技术条件，其未曾采用技术中立的立法方法。在数字技术和信息技术高速发展的背景下，"广播组织权中的转播权在适用范围上的局限性越发凸显"❶，广播组织的投资利益在互联网环境下难以受到良好的保护。"法律在界定一项行为时，不能仅仅依据实施该行为的技术手段，而应该审视行为目的和行为结果。"❷ 同利用无线电波、有线电缆等传统方式对作品进行转播的行为比较而言，利用互联网对作品进行实时转播与前者的差异仅在于技术手段，行为人的目的均是向公众传播作品，行为的后果均是分流了原播放平台的观众。因此，立法上区别对待这两种转播行为明显缺乏合理性与正当性。

因此，将广播组织权中"转播权"的权利范围延伸至互联网转播，可以更好地规制互联网盗播行为，这符合新兴媒体和传统媒体融合发展的需要，也是促进媒体利益共享的必要举措。

综合以上分析，新兴媒体传播体育赛事节目面临着两个不同性质的重要智力成果的权利配置问题：体育节目画面和体育节目信号。虽然体育节目画面的制作者和传播者也会存在重合的情形，但是在具体的权利配置上，还是有必要在网络盗播过程中区分不同的权利客体和主体，进而由权利人选择最为有利的保护模式。

第四节 新兴媒体网络游戏直播的权利配置

近年来，网络游戏产业方兴未艾，宽带网络、智能手机等硬件设备也不断升级，我国网络游戏直播显示出迅猛的发展势头与巨大的市场潜力，业已成为新兴媒体的主要业务之一。根据易观数据平台的测算，中国游戏市场的直播所得收入在 2016 年接近 26 亿元，2017 年增长到 37 亿元，2018 年预计高达 45 亿元。整体游戏直播市场的发展前景良好，精细化运营与优质的内容越发成为关键。❸ 游戏直播市场通过控制直播过程中产生的著作

❶ 胡开忠. 网络环境下广播组织权利内容立法的反思与重构——以"修正的信号说"为基础 [J]. 法律科学 (西北政法大学学报), 2019, 37 (2)：47.
❷ 王迁. 论广播组织转播权的扩张——兼评《著作权法修订草案 (送审稿)》第 42 条 [J]. 法商研究, 2016, 33 (1)：177.
❸ 中国游戏直播市场专题报告 2016 [EB/OL]. [2018 - 07 - 07]. https：//www. analysys. cn/article/analysis/detail/1000204；中国游戏直播市场年度综合分析 2017 [EB/OL]. [2018 - 07 - 07]. https：//www. analysys. cn/article/analysis/detail/1000753.

权来获得利润，即只有成为游戏直播画面的著作权主体，才可以获得来自游戏直播市场的收益。可是冲突在于，游戏开发商需要直播平台为其带来巨大流量，但是新兴媒体作为直播平台未获授权转播的情形时有发生。围绕游戏直播画面的著作权配置问题，游戏开发商、游戏直播平台以及大型游戏赛事组织者等相关主体进行利益博弈的情况并不罕见，关于权利归属与收益分配方面的纠纷时有发生。在著作权侵权案件中，游戏直播画面是否具有作品属性必将成为双方当事人的争议焦点，因为该问题决定了法院可否适用著作权法。如果认定其为作品，那么可以适用著作权法对其进行保护，否则，排除著作权法的适用。通过分析可知，网络游戏直播画面的定性问题对于权利人的重要性不言而喻，决定了权利人可否控制以及通过哪种方式控制直播市场。然而遗憾的是，我国法学理论界和司法实务界目前并未完全厘清该问题。网络游戏直播属于新兴媒体的重要业务，发生在该领域内的著作权权利配置问题值得进一步反思。

一、网络游戏直播画面的法律界定

网络游戏直播画面，是指游戏的计算机程序根据玩家的操作指令，调用游戏资源库中的元素，并展现于玩家的计算机终端界面上，将游戏玩家操作游戏的画面通过网络同步、实时地传送给公众时所形成的画面。[1] 分析可知，这个概念主要涉及两个关键词——"网络游戏"和"直播"。但是，上述关键词与"网络游戏画面""网络游戏直播画面""体育赛事直播画面"等概念并不处于同一逻辑层次，有必要予以区分。

（一）网络游戏直播画面和网络游戏整体、网络游戏要素

网络游戏直播画面，是一个复杂的概念，既区别于游戏整体，又有异于组成游戏的单个要素。网络游戏整体既包括计算机程序，也包括以代码形式存在、可被代码化指令序列调用的其他类型作品；而网络游戏的单个要素则是将游戏整体进行分割后出现的游戏界面、游戏音乐、游戏人物形象等具体组成部分。在网络游戏直播中，在玩家的操作下持续展现的游戏

---

[1]　祝建军．网络游戏直播的著作权问题研究［J］．知识产权，2017（1）：27.

动态画面，通常不只是涉及计算机程序和游戏的单个组成要素。

按照学界通说，在著作权法上，网络游戏整体可以定位于作品，通常应整体主张为计算机软件，包括游戏软件和游戏资源库。构成网络游戏的单个要素只要不是作品的思想，同时又是具有独创性的表达，自然也可以单独成为受著作权保护的作品。一般情况下，可以将网络游戏分解为不同类别的元素，然后将其分别对应到著作权法中合适的作品类型，进而实现法律调整的目的。[1] 例如，在"卧龙传说案"中，法院就将原告请求保护的 14 个游戏界面分拆为美术作品进行认定。[2] 这种分解式的权利配置模式，可以用于比对两款不同游戏间是否涉嫌抄袭的情况，但这种静态的游戏元素与动态的游戏直播不同，因而无法简单移植到网络游戏直播的权利配置。

（二）网络游戏直播画面和网络游戏画面

网络游戏画面，是指游戏资源库中的既有素材由系统引擎根据某些规则进行调用，并通过玩家的操作行为显示在游戏屏幕上的画面。与之不同，网络游戏直播画面，通常被认为是将玩家玩游戏的画面通过互联网的形式实时传送给公众所形成的连续动态画面。分析表明，游戏画面是游戏直播画面最主要且最为实质性的组成部分，但游戏直播画面远不止于此，它既可能是仅针对游戏画面直播所形成的画面，也可以是针对"游戏画面＋某些元素"直播所形成的画面，甚至可以是经过大型电子竞技赛事组织者的精心策划而形成的具有专业水准的电竞直播画面。[3] 在著作权法方面，辨析游戏直播画面和游戏画面具有深刻的理论意义，理由在于：一方面，游戏直播画面以游戏画面为基础形成，游戏画面是否具有作品属性是前提性问题。在"耀宇诉斗鱼案"[4] 中，法院将"赛事画面"（游戏画面）

---

[1] 曹丽萍. 网络游戏著作权案件审理中的四大难题 [N]. 中国知识产权报，2015 - 06 - 05 (009).

[2] 暴雪娱乐有限公司诉上海游易网络科技有限公司著作权纠纷案，参见上海市第一中级人民法院 (2014) 沪一中民五 (知) 初字第 23 号民事判决书。

[3] 焦和平. 网络游戏在线直播画面的作品属性再研究 [J]. 当代法学，2018，32 (5)：79.

[4] 上海市浦东新区人民法院 (2015) 浦民三 (知) 初字第 191 号民事判决书。

和"多种元素组成的一种音像视频节目"（直播画面）区分开来，分别对其各自的组成要素和典型特征进行分析，在此基础上否定前者的作品属性，肯定后者具有作品属性的可能性。另一方面，游戏直播画面在构成要素、形成过程以及表现方式等众多方面均不同于游戏画面。前者更为关注游戏画面以外的要素，如解说词的内容、镜头的切换以及观众的互动等，而后者仅仅关注游戏运行后呈现的整体画面。❶ 综上可知，对于网络游戏直播画面而言，创作过程更为复杂，判断独创性的视角也更为多元。

（三）网络游戏直播画面和体育赛事直播画面

电子竞技游戏是网络游戏的一种类型，同时，我国也将其确定为一种体育项目，因此电竞比赛属于体育赛事的一种。不可否认，电子竞技网络游戏同样具备对抗性的特点，玩家通过电脑终端设备玩游戏的行为，与足球运动员在赛场上进行比赛不存在本质差别。❷ 体育比赛画面通过摄制、制作的方式形成，以视听的形式给人以视觉感应效果。电子竞技比赛不存在预先设计的脚本，比赛画面是由参赛选手根据赛事规则进行游戏操作所形成的一系列客观动态的画面，比赛过程随机且不可复制，比赛结果无法确定。❸ 但是，电子竞技画面与普通体育赛事画面存在本质差别。对于诸如篮球和足球比赛之类的普通体育赛事，比赛画面是诸多参赛的运动员遵循赛事规则并运用肢体动作所形成的动态画面，这直接反映了赛况。❹ 电子竞技比赛是在预先由游戏软件设定的场景中进行的，角色、武器、声音效果等均由游戏开发人员预先编程。即使电竞选手的技能再精湛，也无法超出游戏开发者既已设定的要素范围。❺ 不过，游戏比赛形成的画面在理论上仍具有无限多种可能性，其最终展现的画面根据玩家的技术而定，不同水准的玩家所展现的人物角色、道具、场景可能存在很大的不同，因而

---

❶　焦和平．网络游戏在线直播画面的作品属性再研究 [J]．当代法学，2018，32（5）：80.

❷❺　王丽娜．网络游戏直播画面是否构成作品之辨析——兼评耀宇诉斗鱼案一审判决 [J]．中国版权，2016（2）：48.

❸　北京市朝阳区人民法院（2014）朝民（知）初字第 40334 号民事判决书。

❹　王丽娜．网络游戏直播画面是否构成作品之辨析——兼评耀宇诉斗鱼案一审判决 [J]．中国版权，2016（2）：47.

是游戏设计者和游戏玩家共同形成的智力成果。

此外，电竞游戏直播只是游戏直播的一种类型。按照游戏的竞技性和非竞技性进行区分，网络游戏可以分为两类——电子竞技类游戏和剧情类游戏。在对剧情类游戏进行直播时，人物、事件和情节均会呈现在直播画面中，公众欣赏其动态直播画面的观感类似于观看动漫电影，❶ 而非欣赏体育比赛。当然，类似于体育赛事直播画面，在线网络游戏比赛是随机的、不可复制的，并且结果不确定，但这无法从著作权法意义上否定游戏直播画面作为作品的固定性和可复制性。❷ 其原因在于，基于现有技术手段，将玩游戏的动态过程通过直播形式予以固定的方法具有可行性，由此可以形成游戏直播视频，并实现无限制的复制。

综上，网络游戏直播中的权利配置，针对的是网络游戏直播画面，而非网络游戏本身，也不仅是网络游戏画面。针对这种智力成果进行著作权调整，虽然与体育赛事直播有相同之处，但是差异也较为明显。因此如何进行制度因应，是否需要创设新的规则，都需要再次进行深入分析。

二、网络游戏画面的独创性

关于网络游戏画面的作品属性，存在两种不同的看法：（1）一种观点认为，网络游戏画面具有独创性，构成作品。就网络游戏画面而言，当玩家实施游戏操作行为时，屏幕终端会显示包含文本、图片以及声音等组合内容的动态画面。上述画面具备独创性内容，且完全可以通过有形方式进行复制，属于我国著作权法意义上的作品。❸ 在网络游戏直播侵权案件中，法院倾向于从表现形式入手对该网络游戏画面进行性质认定。（2）另一种观点认为，网络游戏画面不能体现独创性，无法定性为作品。根据该种观点，玩家遵循游戏开发者的预置程序和规则进行操作而自然呈现的连续动态画面具备独创性，❹ 玩家操作形成的游戏画面不应受到著作权法保护。

---

❶❷ 冯晓青. 网络游戏直播画面的作品属性及其相关著作权问题研究［J］. 知识产权，2017（1）：8.

❸ 上海浦东新区法院（2015）浦民三（知）初字第 529 号民事判决书。

❹ 冯晓青. 网络游戏直播画面的作品属性及其相关著作权问题研究［J］. 知识产权，2017（1）：5.

即便是要进行法律保护，也应该是保护游戏软件或者游戏的各个要素。前述"斗鱼案"中，法院即否认了比赛画面的可版权性，[●] 转而认可原告关于不正当竞争行为的主张，使该侵权行为落入反不正当竞争法的规制范畴。不过，这样的判决结果着重阐述的是玩家在游戏直播时无法创造出新作品的观点，而非否定游戏画面的作品属性。

事实上，游戏类型会影响游戏画面的作品定性。目前，虽然常见的游戏类型分类标准不是官方或正式标准，但对于著作权法理论研究和司法适用而言，仍具有一定的参考价值。具言之，网络游戏主要包括休闲网络游戏（如卡牌、棋类等）、网络对战类游戏（如 CS、魔兽争霸等）、角色扮演类大型网上游戏（如大话西游、传奇）以及功能性网游（如光荣使命、清廉战士等）四大类。四种类型网络游戏画面的独创性与下列因素有着直接关联：（1）不同类型的网络游戏，其情节的有无或复杂程度不同。有着复杂背景和剧情的网络游戏，如梦幻西游 2、阴阳师等，往往在人物、配乐、台词、地点等方面具有丰富的表达，其游戏画面更加类似于一部卡通动漫或者剧情电影的场景，玩家玩游戏时需要进行一定的思考与技巧。而不具有人物、事件、地点等故事情节的游戏，如俄罗斯方块等，往往只需要玩家进行简单的操作，如不停地点击屏幕、左右滑动等。这样的游戏画面不具有独创性。（2）不同类型的网络游戏，其呈现在屏幕上的连续画面的有无不同。能够前后连续活动的游戏画面因为具有连贯性，往往前后画面之间存在一定的内在逻辑联系，为了满足游戏玩家的审美需求，游戏画面的创作往往需要投入更多，更容易满足独创性要求。而消消乐、贪吃蛇等一直停留在同一画面或者画面类似 PPT 播放的游戏，则很难将其游戏画面与独创性相联系。（3）不同类型的网络游戏为玩家预留的创作空间不尽相同。预留给玩家较大创作空间的游戏，如皇后成长计划等角色扮演类的游戏，系统内往往设定了几十种乃至上百种游戏结局，最终的结局取决于玩家在每阶段或者是每个操作步骤所做出的选择，玩家在游戏中的创作空

● "比赛画面是由参加比赛的双方多位选手按照游戏规则、通过各自操作所形成的动态画面，系进行中的比赛情况的一种客观、直观的表现形式，比赛过程具有随机性和不可复制性，比赛结果具有不确定性，故比赛画面并不属于著作权法规定的作品。"上海市浦东新区人民法院（2015）浦民三（知）初字第 191 号民事判决书。

间较大。而那些玩家毫无创作空间的游戏，如 2048 等，玩家在玩游戏时仅仅需要遵循固定的运算规则，这种游戏画面形成的独创性空间有限且表达方式有限。

司法实践中，法院在对游戏画面的作品属性进行界定的时候，往往会将上述关联因素纳入网络游戏画面的独创性考量，具有情节且情节复杂程度越高、越在屏幕上呈现连续画面、预留给玩家充分创作空间的网络游戏，其游戏画面更容易被认为是作品。

因此，在特定类型的网络游戏直播过程中，游戏画面是直播平台付出资金、技术后形成的智力成果。特别是针对角色扮演类网络游戏，游戏玩家的专业性程度较高，往往会在比赛中突破普通玩家的创作空间，并不是完全遵循游戏开发者所预设的表达形式，这种情况下玩家操作生成的游戏画面具备独创性，可以被认定为具备作品属性，进而受到著作权法的保护。

三、网络游戏直播画面的法律性质

网络游戏直播画面能否构成作品，这是基于网络游戏画面独创性的进一步判断。游戏画面的独创性一定程度上影响对直播画面独创性的判断。网络游戏直播画面在直播过程中具有动态性，并且被连续呈现给观众，完全可以定性为"视听作品"。尽管网络游戏直播画面的制作技术、载体、双向交互不同于传统电影，著作权法中的类电影作品却并不限定于单向创作的画面，网络直播游戏画面的互动创作属性并未被排除在外。因此，游戏中一系列连续的画面类似于电影作品的表达形式，其创作过程类似于电影拍摄的方法。法院认为，"类电作品独创性表现形式在于连续活动画面，网络游戏中不同的连续活动画面其实质是因操作而产生的不同选择"。❶ 因此，涉案游戏的整体画面可以作为类电作品获得著作权法的保护。相似的判决结果还体现在"梦幻西游 2 案"❷"炉石传说案"❸ 等案件中。当然，

---

❶ （2016）沪 73 民终 190 号民事判决书。
❷ 广州知识产权法院（2015）粤知法著民初字第 16 号民事判决书。
❸ （2014）沪一中民五（知）初字第 23 号民事判决书。

由于网络游戏直播画面不是预先在某种介质中"摄制"，而是由玩家通过系统程序调用既有的网络游戏素材才得以呈现在终端屏幕。❶ 现行《著作权法》将"电影作品和其他类似电影制作方法创作的作品"改为"视听作品"，网络游戏直播视频归类为"视听作品"自无问题。

网络游戏画面缺乏独创性，并不必然意味着网络游戏直播画面不具备独创性。按照网络游戏画面的不同形式直播，可能会出现不同的独创性认定结果。具体来说有以下情形：（1）仅针对游戏画面所进行的网络游戏直播。有学者将该种类型的游戏直播称为"裸播"，因为在这种情况下，直播画面的内容基本等同于游戏画面的内容。例如，电竞赛场观众席中的普通观众使用自己的手机直接实时播放现场直播屏幕中的内容，或者普通玩家通过网络游戏自带的直播菜单将其游戏操作过程向公众实时播放。这种游戏直播是最简单的，属于游戏画面的客观记录，没有任何附加的解说、弹幕等新元素。游戏直播画面实质上就是游戏画面的复制和再现，因此没有创作出新的表达形式，难以构成著作权法意义上的作品。而此时游戏直播的录制不需要任何投入，也不会产生著作权法意义上的录像制品。（2）以游戏画面为基础并添加某些简单元素的直播。通常情况下，这种类型的游戏直播由游戏玩家或者游戏主播进行，除了单纯的游戏画面，还存在一些简单元素。例如，游戏主播在直播期间仅用小窗口呈现其个人图像，简单介绍游戏规则和游戏过程，时不时地与观众互动。游戏直播画面主要是在游戏画面的基础上添加了一些个人解说和观众互动弹幕文字。❷ 这些添加的内容往往过于简单，通常为日常打招呼、感谢、惊叹等日常交际用语，这些内容不具备独创性，该种游戏直播画面不能认定为作品。（3）通过专业直播平台进行的直播。这种类型游戏直播的实施主体通常是网络游戏开发商、授权运营商、专业的电子竞技游戏比赛组织者或者其他专业直播平台。除了游戏画面，直播画面还增加了对阵选手简介、战斗状况、主播评论、现场观众举止以及镜头切换等丰富的内容，有时还会配有字幕和音

---

❶　冯晓青. 网络游戏直播画面的作品属性及其相关著作权问题研究［J］. 知识产权，2017（1）：8.

❷　李扬. 网络游戏直播中的著作权问题［J］. 知识产权，2017（1）：15.

乐，并且还会慢动作回放一些精彩的环节。在这种情况下，可以认定网络游戏直播画面具有独创性的内容，将其定位于作品。原因在于：以游戏画面为基础，添加的评论员的解说词、现场演员的串场表演、字幕和音乐是经过组织者精心设计和安排的，达到了独创性的程度；对游戏画面有选择地截取和编排是导播者根据解说词的内容、现场互动环节进行编排的。❶该类直播的游戏主要为电竞游戏，非常类似于体育赛事的直播，针对这种特殊网络游戏作品性质的分析，可以借鉴前文关于体育赛事直播画面的论述。

综上可见，在网络游戏画面具备独创性的情况下，网络游戏直播画面一般也就具有独创性。在网络游戏画面不具有独创性的情形下，网络游戏直播画面的独创性应该根据传播过程中的具体情况进行分析。就游戏直播画面而言，有三种典型类型：第一种类型直播画面完全等同于游戏画面。第二种类型虽然在游戏画面基础上额外增添了某些内容，但增添的内容显然过于简单，不具有独创性。一旦游戏画面本身缺乏独创性，则游戏直播画面当然也就不具有独创性，不能认定为作品。第三种类型由赛事的组织者现场直播大型电子竞技游戏，其直播画面类似于电影画面，符合类电作品的构成要件。

四、网络游戏直播的权利控制

网络游戏直播涉及的权利主体主要包括两类，即网络游戏著作权人和游戏直播节目制作者。涉及的具体权利内容是：当网络游戏直播方进行直播时，是否需要征得游戏著作权人的同意，后续的合法转播者是否还需向权利人支付报酬，以及网络游戏直播方能不能制止后续的转播行为，能否从后续的其他媒体转播中获得收益。

（一）游戏著作权人与游戏直播有关的权利

按照学界主流观点，开发并运营网络游戏的目的在于获得市场经济利益，且游戏开发者和运营商在游戏的开发运营过程中投入大量时间和资

---

❶　孙磊．电子游戏竞技网络直播中的 IP 保护 [J]．电子知识产权，2016（11）：82．

金，基于此，游戏开发者和运营商是网络游戏的著作权人，享有许可他人使用网络游戏的权利，这种使用方式当然包括将网络游戏比赛画面进行直播。如前文所述，现有法律规定下，网络游戏著作权人许可他人进行网络游戏直播主要存在广播权授权、信息网络传播权授权以及其他权利授权三种情形。现行《著作权法》将广播权拓展到可以控制各种有线、无线途径的定时播放行为，则由广播权而非其他权利控制。

需要讨论的问题在于，网络游戏直播是否必须得到权利人的明示授权，还是从网络游戏进入市场或者经由使用者合法取得后，就意味着默示许可进行网络游戏的直播？事实上，默示许可的基础在于立法的规定和行业的惯例，就现有立法来看，并无针对游戏直播的默示许可条款，因此审视相应的行业惯例就非常必要。网络游戏开发者允许使用者作为普通玩家操作游戏，虽然形成游戏画面，但是这种使用并不属于著作权控制范围，没有明示授权的空间；即使玩家在某些特殊情况下，可能构成对该游戏进行的公开表演或者与其他玩家进行的分享，也可以被认定为合理使用。但是，针对在线直播平台使用游戏进行公开再现的行为，已经或者正在成为很多游戏开发公司的实际市场或者潜在市场，如果允许默示许可，虽然可能对游戏知名度的传播产生积极的影响，但是不可否认其同时具有冲击游戏开发者的游戏直播市场利益、挫伤其开发游戏的积极性的负面效应。❶从游戏开发者的行业利益出发，也不可能允许这种默示许可制度的存在。所以，在游戏开发者提供游戏给使用者时，除非明确约定允许游戏使用者进行游戏直播，否则，各家网络游戏平台不能够以默示许可为由径行组织玩家进行游戏展示并直播该游戏画面。

（二）网络游戏画面权利人与游戏直播有关的权利

从前文的分析可知，不同的网络游戏画面具备的独创性并不相同。网络游戏直播中的一个首要元素是对游戏画面的使用，如果认可网络游戏画面的独创性，那么这时任何后续的直播、转播理所当然都要征得著作权人的同意。不过，在实践中，游戏画面的权利人一般就是游戏直播节目的制

---

❶ 李扬. 网络游戏直播中的著作权问题 [J]. 知识产权，2017（1）：19.

作者，所以，直播者使用自己创作并享有权利的作品进行直播，并不需要再另行授权。

网络游戏画面的形成同游戏玩家的操作相关，如果承认网络游戏画面的作品属性，那么玩家是否可以成为作者或者表演者，就成为权利配置时的重要问题。根据前文的分析，在大多数情况下，玩家根据游戏设计者预先设定的规则和可能的结果调用游戏设计元素和场景，并将它们呈现在一个动态的画面中。因此，玩家玩游戏的过程不属于著作权法意义上的创作作品的过程，不能成为游戏画面的作者。❶ 然而，在特殊类型的竞技类游戏直播中，游戏画面整体上被认定为作品，玩家在这类作品中的创作空间较为广泛，包括预定节奏下的自我发挥以及按照比赛组织者要求进行的娱乐观赏性质的表演，然后再由游戏直播者通过剪辑、解说等形式动态展现，这时的玩家具有创作者或者表演者的法律地位。

但是，即便在这种情况下，玩家在实践中往往不能够主张表演者权利。首先，由于玩家在注册时受到网络游戏开发者格式合同的制约，其不能主张相关的著作权或者邻接权。网络游戏尤其是电子竞技类游戏直播过程中，网游公司和直播平台为网络游戏付出了巨大成本代价，玩家在参与表演时都会与网游公司签订权利放弃或者不主张权利的声明，这实际上是放弃或者转让相关权利。其次，在网络游戏直播画面被认定为视听作品的情况下，玩家的权利也已经被视听作品著作权人的权利所吸收，此时由玩家主张任何权利，都不利于作品的传播。所以，在没有签订合同的情况下，法律也应明确规定，在玩家参与游戏直播过程中，在没有明确约定的情况下，推定其放弃相应的著作权。最后，在玩家与直播平台之间构成雇佣关系时，即玩家为平台的签约主播，玩家玩游戏并进行直播的行为更类似于一种职务行为，由直播平台付给玩家佣金，此时玩家往往会根据其雇佣合同而放弃相关权利。

---

❶ 冯晓青. 网络游戏直播画面的作品属性及其相关著作权问题研究［J］. 知识产权，2017 (1)：9.

（三）网络游戏直播节目制作者与游戏直播有关的权利

实践中，网络游戏直播节目的制作者通常同网络游戏画面的著作权人相重合。但是，由于客体差异，二者在是否享有著作权的可能性以及享有何种著作权方面有所差异，有必要分别进行阐述。制作者同时提供网络游戏直播画面和直播信号，针对这两种不同的客体享有不同的权利。

关于网络游戏直播节目制作者对游戏直播画面所享有的权利。根据前文对网络游戏直播画面作品属性的分析，存在两种不同的情形：（1）网络游戏直播画面没有独创性，不属于作品，也不属于录像制品，不能得到保护。后续转播者可以不经游戏直播节目制作者的同意，即可自由进行转播。（2）网络游戏直播画面具有独创性，可以被认定为作品，其他直播平台将其他网站上的游戏画面提取到自己网站的服务器上进行现场转播或者信息网络传播，都应该获得权利人的授权。即使此时该平台自行组织主播解说，添加了背景音乐和观众评论，可以形成全新且具有独创性的直播画面，该画面也会因为侵权使用在先而被认定为侵权作品。

关于网络游戏直播节目制作者对游戏直播信号所享有的权利。与前文体育赛事直播信号的权利控制论述思路相同，在网播组织日益蓬勃发展的背景下，通过互联网侵犯著作权的成本低而收益大，电视台等传统游戏直播节目制作者的利益越发受到盗播行为的冲击。在本章第三节中所提出的相关分析同样适用于游戏节目网络转播的情况，此处不再赘述。

结合以上分析可知，在新兴媒体传播网络游戏的过程中，通常需要判断网络游戏直播画面的作品属性以及控制直播行为的权利类型，目的是确定新兴媒体的后续使用和传播过程是否受到相关权利人的制约。如果网络游戏直播画面构成作品，则任何新兴媒体转播该游戏画面，不仅需要游戏开发者的同意，还需要直播平台的授权许可。由于网络游戏画面或者游戏元素本身也可能受到著作权保护，所以任何直播平台组织主播或者玩家进行网络竞技游戏活动，也应该慎重行事，防范其中可能存在的著作权风险。

第四章

新兴媒体融合发展中的著作权限制

　　新兴媒体融合发展的前提是能够具备获取和传播作品的能力，传统媒体融合发展的基础是著作权的保护和强化。这种融合发展的悖论体现在，网络技术越发展，网络著作权保护就越困难；网络著作权保护越严密，网络技术发展就越受到限制。^❶ 根据利益分享的基本理论，传统媒体固然有保护著作权的内在合理性，新兴媒体也必然需要分享著作权的有效机制。著作权限制制度的目的在于防止著作权人权利过分膨胀，在保障新兴媒体发展和保护著作权人利益间寻求平衡，确保文化消费者能够借助更新的技术传播手段接触和利用产品，以促进社会整体文化福祉的增长。

第一节　新兴媒体融合发展中著作权限制的应对机理

　　新兴媒体的出现变革了作品的传播和获取方式，对于促进文化艺术的发展具有划时代的意义。然而，随着数字技术的发展，著作权人的权利不断膨胀，而为社会公众设立的著作权限制规则却停滞不前，在技术创新和网络传播时代，社会公众的利益受到的损害更加严重。^❷ 现实生活中，新兴媒体在网络环境空间的生存和发展受到著作权的私人审查越来越普遍，传统媒体针对新兴媒体侵犯著作权的指责越来越严厉，如果不从制度层面

---

❶ 孙昊亮. 网络环境下著作权的边界问题研究［M］. 北京：法律出版社，2017：36.
❷ 梅术文. 著作权保护中的消费者运动与制度创新［M］. 北京：知识产权出版社，2015：16.

设立更为有效的限制规则，新兴媒体的融合发展必将受到阻滞。

一、新兴媒体融合发展中著作权限制制度的调整原则

新兴媒体融合发展中的利益分享理论认为，新兴媒体有权利也有必要参与网络作品著作权制度的体系构建，在保障传统媒体著作权权益的同时，应该为新兴媒体的融合发展预留相应的制度空间，进而与传统媒体一道分享由网络技术进步而带来的传播成果。传统媒体也在不断向新兴传播技术领域延伸，形成全媒体、融媒体这样的新兴媒体，因而对著作权进行限制也有利于传统媒体向网络新兴媒体领域的渗透。在利益分享理论的指引下，有必要调整著作权限制制度，更好发挥新兴媒体的便捷性、互动性、共享性和全球传播性等优势。具体来说，著作权限制制度调整应该坚持三个方面的原则。

首先，传统制度框架应对与因应时代需求进行创新相结合的原则。传统框架下的合理使用、法定许可和权利穷竭等法律规则应该被检视，通过著作权限制的一般规则和具体条款，判定在网络空间是否有进一步适用的余地。例如，在微博、微信上上传作品供粉丝欣赏，是否可以归于合理使用，完全可以根据现有法律的规定，将其认定为侵犯信息网络传播权的行为而不能归于合理使用的范畴。与此同时，如果著作权的权利在扩张，也应该根据时代的发展，探索设定新的著作权限制规则的可能性。例如，微信公众号传播作品的目的和类型是否影响到合理使用的判定？❶ 有人认为，微信转载行为的目的有营利目的和非营利目的两种，个人或经营性的公司利用微信公众号从事营利性的商业推广行为，一般不能认定为合理使用；对于学校、政府机构、公益性图书馆等设置的微信公众号，以及私人建立的个人微信账户，因为不具有营利目的，所以可以认定为构成合理使用或者法定许可。这种主张并没有现行法的依据，如果要将其合法化，就必须在制度上进行创新，通过法律规定，非营利性自媒体的非竞争性传播行为可被归入合理使用的范围。当然，这样的制度创新存在很大的难度。诚如

---

❶ 有关微信公众号侵犯著作权的部分研究内容作为阶段性成果已经在网络发表。梅术文. 微信公众号侵犯著作权的案件综述［EB/OL］.［2019 - 05 - 01］. https：//wenku. baidu. com/.

学者所述，著作权限制的范围没有随着权利的扩张得到相应的扩张，这在一定程度上损害了公共利益和信息传播的自由，影响了个人使用、公共信息服务和教育事业的发展。● 所以应该结合时代的发展，建立更为合理、多元和有效的著作权限制规则体系。

其次，"因素主义"立法体例和"规则主义"立法体例相结合的原则。"因素主义"立法体例以美国的"合理使用"为代表，是指法律对是否构成著作权合理使用只作原则性的规定，把合理使用的构成概括为若干要素，如使用的目的、性质等，符合了要素规定的条件就构成合理使用。● "规则主义"立法体例在大陆法系国家得到采用，它建立在对合法行为具体规则的详尽列举基础上。在现代信息技术的冲击和著作权保护国际化的双重影响下，两种立法体例正走向融合，其基本的趋势就是在列举合理使用的具体规则同时以因素条款进行兜底。"因素主义"立法体例和"规则主义"立法体例的融合还从合理使用延伸到法定许可、强制许可等限制规则之中，在"补偿金""谷歌税"等新兴著作权限制模式中都存在应用的趋势。新兴媒体融合发展环境下，传统著作权限制制度产生了前所未有的挑战，难以囊括新的作品类型、使用方式等，著作权限制制度滞后性愈发明显，"规则主义"立法无法穷尽所有的新兴媒体使用作品的情况，这时候必然需要规定著作权限制的判定因素，建立具有指导性、准则性的著作权限制考量因素，以应对新兴媒体融合发展的需要。

现行《著作权法》第 24 条在列举具体情形时增加"其他情形"，同时增加"以前款规定的方式使用作品，不得影响作品的正常使用，也不得不合理地损害著作权人的合法利益"的"三步测试法"，就体现了"因素主义"的立法思想。关于"三步测试法"的属性问题，学界存在不同的主张。第一种观点认为，"三步测试法"是对合理使用进行限制的标准，是权利限制的限制。● 第二种观点认为，"三步测试法"是合理使用标准的另

● 刘志刚. 电子版权的合理使用 [M]. 北京：社会科学文献出版社，2007：46.
● 于玉. 著作权合理使用制度研究 [M]. 北京：知识产权出版社，2012：78.
● 王迁. 著作权法学 [M]. 北京：北京大学出版社，2007：204.

一种表达方式。❶ 也就是说，当合理使用的具体情形付之阙如时，可考虑运用"三步测试法"建立新的权利限制规则。第三种观点认为，"三步测试法"既是限定传统上所承认的合理使用范围的解释工具，也是发展新例外的解释工具。各成员的立法机构可以根据自己的政策目标，在符合"三步测试法"的条件下规定适合自身的著作权保护的例外与限制，从而达到激励创作和维护公共利益之间的平衡。❷ 上述争议所带来的困惑显而易见。直接运用"三步测试法"发展新的合理使用规则，始终存在障碍。从法律规则的语句表述上看，它调整的前提是"使用可以不经著作权人许可的已经发表的作品"，显然并不是为了权利限制设定一般准则，而是对权利限制进行限制。如果"三步测试法"具有限制权利限制和建构权利限制范围的双重能力，就很难避免出现循环测试。❸ 所以，将"三步测试法"作为"权利限制的限制"一般条款，用以检测立法列举的著作权限制具体情形，这种解释更符合立法本意。

因此，我们需要研究借鉴美国的"四要素判定法"。❹ 在美国的司法实践中，当法官无法从版权法的具体条款中找寻到权利限制的具体条款时，可以径行援引《美国版权法》中规定的四个要素综合判定是否构成合理使用。事实上，美国所采用的合理使用"四要素"标准已为国际上大多数国家所借鉴。我国《著作权法》虽采用"规则主义"，但是"四要素法"也仍是学界所共认的判定合理使用的有效方法。在法律明文规定四要素尚有欠缺，而且有声音担心司法者会滥用"四要素"的建设性模糊进行枉法裁判，此种情形下，建议在立法上尽量对合理使用的具体情形进行列举，同时规定"合理使用的其他情形"作为兜底条款，以"三步测试法"作为对

---

❶ 张今. 版权法中私人复制问题研究：从印刷机到互联网 [M]. 北京：中国政法大学出版社，2009：119.

❷ 朱理. 后 TRIPS 时代版权限制和例外的国际标准 [J]. 云南大学学报（法学版），2006（1）：74–80.

❸ 本节的部分内容作为阶段性成果已经发表。梅术文. 从消费性使用视角看"微博转发"中的著作权限制 [J]. 法学，2015（12）：115–125.

❹ 1976 年《美国版权法》第 107 条规定的合理使用要素包括：（1）使用的目的和性质。（2）使用的版权作品性质。（3）使用者所使用的部分占版权作品的比例和实质性。（4）使用的效果和市场影响。

"其他合理情形"进行限制的一般条款。现行《著作权法》虽规定"其他情形",但用"法律、行政法规规定的其他情形"进行限定,导致"三步测试法"无法在扩大合理使用范围时发挥一般条款的裁判功能。如果出现疑难问题,"四要素法"仍需在司法实践中作为"法理"或"司法政策"❶进行援引。

最后,局部规则调整和整体制度审视相结合的原则。著作权限制制度的设计不能仅限制规则本身,还应该着眼于整个著作权制度的目的,从而推动著作权各种制度规则的协调配合。新兴媒体环境下,如果著作权的扩张挤压了公有领域的范围,对著作权人权利的过度保护就会妨碍新兴媒体获取和传播信息资源的途径;反之,如果著作权保护太弱,权利人丧失创作和投资的积极性,即便拥有宽松的传播环境和更好的技术渠道优势,新兴媒体的融合发展也会成为无源之水。所以,应该从整体上思考著作权限制制度规则的调整,这种限制是在强化著作权保护和推动著作权运营基础上的规则调整。同时,新兴媒体融合发展确实面临着作品创作方面的一些天生障碍,包括采访权限、营利模式等,这导致新兴媒体在很大程度上依赖于传统媒体的信息供给。如果将作品完全视为私有财产而不进行相应的权利限制,就会违背新兴媒体时代知识产品快速传播和流通的趋势,也会损害互联网技术的发展和社会公众获取知识信息的公共利益。所以,在媒体融合的环境下,为激发新兴媒体的发展潜力,也有必要适当调整著作权限制的范围。由此可见,媒体融合之中,著作权限制制度的建构难在"适度",既不可失之过宽,也不能失之于软。

二、新兴媒体融合发展中著作权限制制度的回应与创新

新兴媒体融合发展中著作权限制制度是回应和变革的结合体。三网融合技术、移动互联网技术、大数据技术等新一代信息技术的广泛应用扩大

---

❶ 《最高人民法院关于充分发挥知识产权审判职能作用推动社会主义文化大发展大繁荣和促进经济自主协调发展若干问题的意见》第8条规定:"在促进技术创新和商业发展确有必要的特殊情形下,考虑作品使用行为的性质和目的、被使用作品的性质、被使用部分的数量和质量、使用对作品潜在市场或价值的影响等因素,如果该使用行为既不与作品的正常使用相冲突,也不至于不合理地损害作者的正当利益,可以认定为合理使用。"

了作品的使用方式和途径，公众获取信息更为便捷。信息传递中的媒介垄断被打破，人人皆可以传播信息，人人也可以直接借助网络获取信息。另外，由于数字化技术所带来的信息复制的简便性，不可避免地导致了侵权的简便性、价格的低廉性和侵权后果的严重性。新兴媒体的融合发展改变了人们的消费习惯，公众获取信息免费化趋势明显，著作权限制的界限受到侵犯。❶ 由此带来的首要问题是重申著作权限制的基本边界，无论是免费使用还是其他特殊营利模式支撑下的使用，只要不符合现有法律确认的著作权限制规则，就应该遵循"先授权、后使用"的基本规则，甚至应该实行更为严格著作权保护机制，打击未经授权的各种使用行为，对以合理使用等作为借口进行侵权使用的新兴媒体追究法律责任。由此可见，坚守已有的制度框架并坚守著作权限制的基本条件，这是新兴媒体融合发展的基础和底线，任何新兴媒体均不得以任何方式进行规避。

　　当然，为推动新兴媒体的融合发展，也不能忽视新的技术发展和媒介传播方式带来的变化，一味坚守原有的制度体系只会造成保守落后的媒体传播格局。新兴媒体融合发展也会推动产生一些新的著作权限制规则，具体体现在四个方面的创新。

　　第一，对于传统模式下的著作权限制情形及其条件进行反思，形成若干新的适用要件。例如，新兴媒体传播时事性文章的情况非常普遍，有必要建立更为规范的时事性文章判定条件，并将时事新闻、新闻作品和时事性文章进行有效区分，为新兴媒体传播新闻作品创造较为明确的边界。在新兴媒体提供数字化作品的时候，不再依赖于有形载体的一次性转让，由此带来发行权权利穷竭原则在适用范围上的调整。这些内容都需要结合具体案件进行探讨，更多地是在"解释论"的基础上，尽量不改变既有规则，对相应的概念进行扩大解释、体系解释等实现法律的自洽。在总结既有的案例并达成共识之下，可以通过立法或者司法解释等方式实现著作权限制规则向新兴媒体的拓展。

　　第二，构建全新的权利限制类型。一般而言，著作权限制的类型包括

---

❶　梅术文. 网络知识产权法：制度体系与原理规范 ［M］. 北京：知识产权出版社，2016：87 - 88.

合理使用、法定许可、强制许可和权利穷竭四种基本类型。从全球各国应对新兴媒体发展趋势看,大多数国家对于新技术带来的权利限制情形持相对保守的立场,权利扩张趋势明显,但权利限制的类型创新却较为谨慎。但这并不是说完全没有相应的尝试,如"补偿金"和"链接税"等制度就是比较典型的著作权限制制度创新。"补偿金"和"链接税"的共同特性是绕开了每个具体的使用行为设定限制规则。由于每一次的授权许可不经济,而且也会造成文化消费的负担,所以立法创设针对这种设备和工具的著作权限制规则,不需要每一次的授权许可,但是必须支付一定的"版税",用于弥补权利人存在的一揽子损失。随着新兴媒体力量的崛起,新兴媒体和传统媒体之间的制度博弈会更加剧烈,创设新型的著作权限制规则的概率也必将提升。

第三,将著作权限制制度与著作权利用结合起来实现的制度创新。诚如前文所述,著作权限制制度的设立必须有整体化的视野。权利限制本质上也是一种著作权的利用方式,所以,设计与著作权利用规则相互结合的限制机制,既有助于推动著作权的运营,也能够实现各方利益的共赢。例如,著作权默示许可制度是一种典型的通过沉默或者行为推定著作权人许可利用的机制,之所以做出相应的推定,而不因循明示授权的要求,就是根据特定的行业惯例和授权环境对于著作权的一种限制。新兴媒体融合发展之中,可以创制一些著作权默示许可的情形,通过界定网络环境的特殊性来限制著作权的排他性效力。例如,新兴媒体在提供扶助贫困的信息时,可以通过默示许可机制限制权利人的权利行使,保障弱势社会群体借助新兴媒体接触信息的利益。

第四,将著作权限制制度与责任追究机制结合起来实现的制度创新。新兴媒体侵犯著作权的法律责任判定和具体的责任机制上,存在一些特殊的免责条件和适用机制,这些规定其实也是对著作权的限制,有助于新兴媒体在"技术中立"的情形下利用各种信息。如"避风港"规则在新兴媒体传播信息时作为一种免除损害赔偿责任的抗辩理由,就在实践中被大量引用。"避风港"规则的基本含义是,新兴媒体保持技术中立并不具有主观过错时,只要在接到通知后及时删除侵权信息,就可以免除损害赔偿的责任。这种情况下,著作权的排他性效力无法溯及,本身也是对著作权的一种限制。另外，停止侵权责任适用的限制也可被新兴媒体使用，当新兴媒体未经授权使用是出于公共利益，而且停止侵权将会带来高额的社会成本时，新兴媒体可以主张不停止侵权，但是应该支付能够被接受的损害赔偿金。

三、新兴媒体信息网络传播的著作权限制

新兴媒体的著作权限制集中表现为信息网络传播权的限制，涵盖合理使用和法定许可两个方面。信息网络传播权的合理使用是针对特定的著作权权能而为的制度设计，在我国立法上集中表现为《信息网络传播权保护条例》（以下简称《条例》）的第 6 条和第 7 条。具言之，第 6 条将合理使用的具体情形运用至网络传播环境，涉及公众、学校、国家机关、阅读障碍者、少数民族、图书馆等利益主体。新兴媒体融合发展环境下，著作权制度的价值取向正发生改变，在对信息网络传播权进行著作权限制时，应当对网络环境下的新情况进行特殊观照与应对。有必要在现行《著作权法》基础上对该条再进行完善，主要包括时事性文章的认定、课堂教学中的网络播放、网络上的免费表演以及通过网络向阅读障碍者提供已经发表的作品等内容。

《条例》第 7 条则针对图书馆、档案馆、纪念馆、博物馆、美术馆（以下没有特别指明时，简称为图书馆等机构）在馆内范围基于特定原因的合理使用进行了规定，即在仅限于向本馆馆舍内服务对象提供作品、限于提供本馆收藏的合法出版的数字作品和依法陈列或保存版本的需要以数字化形式复制、不得直接或者间接获得经济利益、权利人可以通过约定形式排除的前提下，图书馆等机构能够在网络空间传播作品。在《条例》制定初期，尽管互联网技术得到了长足发展，然而囿于当时的技术条件，图书馆等机构对数字作品传播在一定程度上处于可控范围之内，同时大部分的数字图书馆是在传统图书馆等机构的基础上建立起来的，这些图书馆等机构大多依靠政府财政支撑，一般属于公益性的事业单位，往往具备非营利性，借助网络传播馆藏作品对权利人利益造成的实质性损害很小。随着新兴媒体的融合发展，文化消费者对作品的需求不断提高，作品的商品属性和经济价值也越发明显，除传统的图书馆以外，一些专门在网络上经营

数字图书馆的营利性机构应运而生，此时《条例》对图书馆等机构信息网络传播权合理使用规定存在的问题也逐渐突出，主要体现在以下四个方面：第一，仅仅限于规范本馆内收藏的数字化作品，将营利性和非营利性图书馆在互联网上提供其他数字作品认定为需要借助授权许可，这可能会影响公益性图书馆公共文化服务功能的实现；第二，未规定非营利性图书馆通过本馆的网络阅览系统供馆外注册读者阅览本馆收藏的数字作品的合理使用，这恰恰是未来利用网络发展公共文化、缩小城乡"数字鸿沟"的制度依据；第三，未区分公益图书馆与当前日益增多的新兴私人图书馆，在立法上一视同仁，进而将某些本应强调的合理使用情况忽略掉，制约了公共文化的繁荣发展；第四，未规定图书馆传播特定类型作品，如学位论文、学术论文摘要等合理使用的情形，致使日益增多的侵权行为缺乏制裁的法律依据，也影响图书馆传播特定类型作品的积极性。❶ 因此建议在《信息网络传播权保护条例》中做出适当修改，进一步限制信息网络传播权，保护公益性数字图书馆的利益。

《条例》第 8 条对制作、提供网络课件的法定许可进行规定，该条规定被认为是我国《著作权法》第 23 条关于制作教科书的法定许可规则在网络环境下的延伸。随着新兴媒体的蓬勃发展，数字技术使网络远程教育迎来新的发展契机，一系列新兴网校在教育市场中的份额不容小觑，例如掌门一对一、新东方教育、沪江网校、学而思网校等已成为当下中小学生耳熟能详的网络远程教育机构，同时也引发了网络远程教育中著作权法定许可的适用困境，具体体现在以下两个方面：第一，网络远程教育著作权法定许可适用主体不明确。根据现行规定，适用法定许可的主体限定为"为实施九年义务教育和国家教育规划"的远程教育机构，而这一表述并未对网络远程教育机构的性质进行划分，尤其是在新兴媒体蓬勃发展的当下，网络远程教育机构的商业性色彩越发浓厚，新东方教育、学而思网校这类营利性网络远程教育机构能否成为法定许可的适用主体，法律并未进行明确的界定，此时任何类型的远程教育机构都可以主张其属于该项法律规则的适用主体，这明显违背了立法初衷，欧盟对远程教育机构在使用受

---

❶ 梅术文. 信息网络传播权合理使用的立法完善［J］. 法学，2008（6）：105 – 106.

版权保护的作品时的非商业性目的限制值得肯定，应当将法定许可的适用主体限定在非营利性的网络远程教育机构；第二，适用法定许可的客体过于狭窄。现行《著作权法》已经将其拓展到"图形作品"。根据《条例》第 8 条的规定，网络远程教育中法定许可适用的作品仅限于已经发表作品的片段或者短小的文字作品、音乐作品或者单幅的美术作品、摄影作品，从被使用的作品数量来看，这已不符合新兴媒体时代网络远程教育对作品多元化、海量化的利用趋势，从被使用的作品类型来看，新兴媒体的发展使课堂教学视频、数据库等新型教学方式不断涌现，教学活动中利用的作品类型也愈发多元化，此时应当在利益分享的基础上适当扩大作品利用的范围。

四、新兴媒体著作权限制规则的配套措施

法律的生命不仅在于逻辑，而且在于实施。著作权限制制度如果不能在相应配套措施支持下得到有效实施，不仅损害传统媒体的利益，也不利于新兴媒体的可持续发展。也就是说，扩大著作权限制范围让权利人和传统媒体感到担忧或者难以接受，一个非常重要的因素是配套机制孱弱导致其精神权利或获得报酬的利益难以实现。因此，完善配套措施同样是优化新兴媒体融合发展著作权限制的重要内容。例如，为了弥补作品传播给权利人带来经济损失，我国立法应当加快建立扶助贫困的信息网络传播权默示许可付酬机制，规范作品的付费标准，保障作者的获酬权。为了降低网络转载对作者精神权利的损害，应该加大监管力度，追究侵犯署名权、修改权、保护作品完整权等精神权利的行政责任，情节严重的可以追究刑事责任。这种做法既符合媒体融合时代信息自由传播和知识共享的特点，又能够打击违法情节特别严重的新兴媒体，规范新兴媒体市场传播秩序，守护住著作权人获得报酬和作者精神利益受到尊重的底线。

随着现代信息技术的深入推进，网络已渗透到社会生活的方方面面，新兴媒体也已成为民众接受各类文化信息、享受文化大餐的主要渠道。新兴媒体融合发展带来了作品传播方式的变革，社会公众能够以低廉的价格获取海量的作品，其所具有的中介化、交互式共享模式，能够使公众便捷参与国家重大问题的讨论之中，社会公众对信息的追求呈现出更为丰富、

更加多元的发展态势。在这样的背景之下，著作权限制机制担负起更为重要的使命，成为新兴媒体实现利益分享的制度工具，也是保障传统媒体获得报酬和尊重的机制。著作权限制制度的传承和创新成为基本的主线，既要在面对鲜活的社会实践时通过现行制度框架进行有效解释，又要根据新兴媒体和传统媒体利益分享的实际需求设定新的限制条件、构建新的限制类型。

第二节 新兴媒体传播时事性文章的著作权合理使用*

2018 年 7 月 6 日，《新京报》发布了第 49 期反侵权公告。该公告明确指出，重庆晨报网、余姚新闻网、悦头条移动端等 8 家网站、新闻移动端未经授权转载新京报发布的稿件《河南信阳医生开"违规"仿制药背后的"活路"》，要求相关主体立即停止侵权行为并与新京报版权部门联系。❶ 事实上，随着聚合新闻客户端、微信公众号等新兴媒体的快速发展，因新闻作品所引发的侵权纠纷愈演愈烈，而适用合理使用的时事性文章往往成为新兴媒体侵权行为首选的抗辩理由。对于绝大多数的新闻作品而言，其理应受到著作权法的保护，但是，根据著作权制度的限制规则，对时事性文章的使用有可能构成合理使用。❷ 时事性文章的目的是对国家政治、经济等重大热点问题进行广泛传播，任何人也不应对之绝对垄断，作为保障公民知情权的重要环节，也是新兴媒体实现著作权利益分享的有效规则。

一、代表性立法例的规定

国际公约和代表性的国家著作权制度中均包含对时事性文章进行著作

---

* 本节部分内容作为阶段性成果已经发表。梅术文，宋歌. 新兴媒体发展中时事性文章的认定 [J]. 中国出版, 2019 (12)：51 - 54.

❶ 新京报. 河南信阳医生开"违规"仿制药背后的"活路" [EB/OL]. [2019 - 04 - 10]. http：//www. bjnews. com. cn/news/2018/07/06/494062. html.

❷ 孙昊亮. 网络环境下著作权的边界问题研究 [M]. 北京：法律出版社，2017：111.

权限制的规定。《伯尔尼公约》第 10 条❶规定传统媒体对报纸上或期刊上已经发表的经济、政治和宗教问题的时事性文章，或无线电已转播的同样性质的作品进行转载或向公众作无线或有线广播。《德国著作权法》第 49 条❷也规定，准许在广播评论与报纸中对政治、经济或宗教问题的时事性文章的摘要、概要进行合理使用，如果是公开再现评论、文章与图片，应该支付相应的报酬。《美国版权法》❸并未对时事性文章的合理使用作出特别规定，而是采用开放的立法方式，将特定情况下的"新闻报道"作为可以适用合理使用的条件。根据"四要素检验法"形成开放式的合理使用条件，也可以在具体案件中针对时事性文章做出合理使用的裁判。

上述时事性文章的规定起源于传统媒体，但也逐渐被延伸到新兴媒体进行转载的场合。例如《菲律宾版权法》第 184 条允许涉及政治、社会、经济、科学或宗教主题的文章通过大众媒体向公众传播或再现。❹ 我国《信息网络传播权保护条例》第 6 条明确新兴媒体可以作为时事性文章合理使用的适用主体。考虑到该条款的立法初衷是促进政治、经济等时事性文章的广泛传播，进而保障公众获取信息自由，在传统媒体日益网络化的全媒体时代，新兴媒体传播时事性文章适用合理使用规则符合时代发展趋势。

---

❶ 《伯尔尼公约》第 10 条规定："对在报纸上或期刊上已经发表的经济、政治和宗教问题的时事性文章，或无线电已转播的同样性质的作品，本联盟成员法律有权准许在报刊上转载，或向公众作无线或有线广播，如果对这种转载、广播或转播的权利未作直接保留。但任何时候均应明确指出出处；不履行该项义务的后果由向之提出保护要求的国家以法律规定。本联盟成员国法律也有权规定，在何种条件下，对在时事事件过程中出现或公开的文学和艺术作品，在为报导目的正当需要范围内，可予以复制，或者以摄影或电影手段或通过无线电或有线广播向公众作时事新闻报道。"

❷ 《德国著作权法》第 49 条规定："准许在其他个别广播评论与来自报纸及其他仅报道时事问题的信息页的个别文章及与其相关而发表的图片，及准许公开再现这些评论、文章与图片，但以它们涉及政治、经济或宗教问题且未保留权限为例。对于公开再现，应当支付给著作权人适当的报酬，除非将数篇评论文章或者文章做简短的摘要，并以概要的形式复制、发行或者公开再现。本获酬要求只有通过著作权集体管理组织主张。"

❸ 《美国版权法》第 106 条规定："为批评、评论、新闻报道、教学（包括提供课堂用的多份复印件）、学术研究等目的而合理使用有著作权的作品，包括用复制的复制件或录音制品，或者该条款中所规定的任何其他方式来使用有著作权的作品，不属于侵犯著作权。"

❹ 《菲律宾版权法》第 184 条规定，对当前的政治、社会、经济、科学或宗教主题的文章、讲座、演说、布道及此类作品，通过大众传媒向公众传播或再现，如果其向公众传播仅仅以资讯传播为目的，且该作品作者没有明确的保留声明，但是在使用时应当标明出处。

由此可见，新兴媒体对时事性文章进行公开传播适用合理使用的一般条件是：（1）使用的主体是各类新兴媒体。不管是实际上提供内容的网站，还是进行新闻聚合的平台，都可以适用。（2）使用的对象是时事性文章。何为时事性文章，成为焦点问题。它关系到新兴媒体与传统媒体之间的利益分配，也是网络空间下时事性文章自由传播的边界。（3）作者无保留权利声明。也就是说，作者没有在发表时事性文章时明确禁止不许刊登播放。否则，权利人的权利保留声明将会产生制止合理使用发生的效力。（4）被使用的时事性文章必须是已经发表的，同时媒体还应当指明被引用作品的出处。

二、我国《著作权法》的规定及不足

现行《著作权法》第 24 条第 1 款第 4 项规定，报纸、期刊、广播电台、电视台等媒体刊登或者播放其他报纸、期刊、广播电台、电视台等媒体已经发表的关于政治、经济、宗教问题的时事性文章，不需要征得著作权人同意，不需要支付报酬，但著作权人声明不许刊登、播放的除外。《信息网络传播权保护条例》第 6 条针对网络新媒体转载时事性文章作出规定，即通过信息网络向公众提供在信息网络上已经发表的关于政治、经济问题的时事性文章，可以不经著作权人许可，不向其支付报酬。遗憾的是，我国著作权法律、法规尚未明确界定时事性文章，现有的学理解释和司法实践也未对时事性文章的含义达成共识。

首先，时事性文章的学理解释存在不周延之处。学界一般认为，"时事性文章经常是党政机关为某一特定事件而发表的文章，类似于官方文件……这些时事性文章代表法人意志，是宣传党政方针的官方文章"。❶ 然而，这个认定存在两个问题：第一，未明确体现时事性文章的时效性。根据该表述"党政机关为某一特定事件而发表的文章"，而特定事件并不一定是当下具有时效性的事件，容易扩大时事性文章的适用范围。第二，忽视了时事性文章的评述性。根据该表述"时事性文章……类似于官方文件"，官方文件主要对重大方针、政策的内容进行介绍，而时事性文章除

---

❶ 唐德华．著作权法及配套规定新释新解 [M]．北京：人民法院出版社，2000：239．

了对内容进行介绍，还包括对重大方针、政策内容的评述。

其次，司法实践中针对时事性文章的认定缺乏统一标准。目前，法院对时事性文章的理解不尽相同，判决书中对时事性文章的表述也千差万别，主要存在以下三种情况：第一，将时事性文章认定为单纯的客观事实。在"经济参考报社诉世华时代公司案"❶ 中，一审法院认为，"时事性文章是……单纯客观事实"。对客观事实的简单描述是时事新闻概念的界定，并非时事性文章，法院此处的判决属于对基本概念的混淆。第二，将时事性文章认定为单纯事实消息的文章。在"四川消费质量报与北京三面向公司案"❷ 中，法院认为，时事性文章是指通过报纸、期刊、广播电台、电视台等媒体报道的单纯事实消息的文章。该案中，法官在确定时事性文章属于作品的同时，认定其内容为单纯事实消息，存在明显的逻辑冲突。第三，将时事性文章认定为具有时效性的文章。在"福建日报社诉北京和讯公司案"❸ 中，法院认为涉案文章《男子光棍节借酒消愁竟拦警察求介绍女友》《黄牛贪吃陷入沼泽地警民合力营救两小时》《"监狱干警"？骗子"模仿秀"又添新面孔》《龙海四五岁男孩被绑电杆上乞讨市民怀疑被拐卖》等系时事性文章。对涉案文章分析后可以推断，法院在认定时事性文章时重点关注了"时效性"这一因素。尽管法院最终得出涉案作品系侵权这一结论是正确的，但对时事性文章的认定有失精准。

最后，从立法上看，针对时事性文章的著作权限制问题，《著作权法》和《信息网络传播权保护条例》的规定并不完全一致。随着互联网技术的飞速发展，微信、微博、聚合新闻客户端等新兴网络媒体如雨后春笋般涌现，新兴网络媒体具备先进的技术和商业模式，在传播速度、传播途径和信息容量等方面具有灵活性和优越性。新兴媒体与传统媒体在传播时事性文章方面所具有的公共利益价值目标并没有本质区别，所以将报纸、期刊、广播电台、电视台与新兴媒体并列，符合媒体融合发展的需要。此外，现有立法只是泛泛规定时事性文章属于合理使用，却没有规定时事性

---

❶ 北京市大兴区人民法院（2015）大民知初字第 18767 号民事判决书。

❷ 成都市中级人民法院（2017）川 01 民终 4501 号民事判决书。

❸ 北京市朝阳区人民法院（2016）京 0105 民初 67229 号、（2016）京 0105 民初 67171 号、（2016）京 0105 民初 67210 号、（2016）京 0105 民初 67208 号民事判决书。

文章判定因素，这种做法也需要更为明确的界定。事实上，未来必将是以新兴网络媒体为主导、媒体融合发展的全媒体时代，认定时事性文章成为新闻传播中的重要内容。

三、时事性文章认定的必要性

著作权制度的核心内涵首先是保护作者权利，使创作者的劳动付出获得相应的回报。事实上，时事性文章概念的模糊性，不仅助长了侵权者的肆意妄为，也消磨了作者为自身权利而斗争的意志。正确认定时事性文章，能够保证权利人的财产权利和精神利益，从而激励文化创作。与此同时，在媒体融合的时代，时事性文章的认定直接决定对相关转载是否构成合理使用的法律判断，不仅关涉公众的知情权和表达自由，而且是新兴媒体能否融合发展的重要制度保障。

首先，认定时事性文章关系到作者财产权利和精神权利的范围。新兴媒体的发展使信息传播与知识消费呈"快餐式"的特点，作品的消费速度不断加快，消费寿命明显缩短，加之著作权人对作品传播的控制能力的减弱，侵权行为一旦发生，往往对权利人造成难以弥补的财产损失。墨杰斯认为，"就市场而言，个人不会对创作进行投资，除非这样做的期望所得超过支出"。❶ 创作作品是一种表达成本，缺乏对这种成本的弥补将影响作者创作的兴趣与动机。同时，认定时事性文章能够保障作者的精神权利。由于法律界定的不明确以及社会责任感的缺失，现实中不乏作品被新兴媒体刻意隐去作者姓名、任意篡改文章内容进行使用的情况。根据马斯洛的需求层次理论，创作是自我实现的典型形式，精神利益受到尊重是创作者将创作作为人的一种需求的基本前提。

其次，认定时事性文章关涉普通文化消费者知情权的边界。知情权的含义是公民有权知道他应该知道的事情，国家应最大限度地确认和保障公民知悉、获取信息、尤其是政务信息的权利。❷ 当下社会公众对信息的追

---

❶ 罗伯特·P. 墨杰斯，等. 新技术时代的知识产权法 [M]. 齐筠，等译. 北京：中国政法大学出版社，2003：11.

❷ 章剑生. 知情权及其保障——以《政府信息公开条例》为例 [J]. 中国法学，2008（4）：145–156.

求呈现出更加丰富多样的发展趋势，新兴媒体去中介化、交互式的共享模式，能够使公众便捷地参与国家重大问题的讨论之中。转载时事性文章构成合理使用，其立法目的是对国家政治、经济等重大热点问题进行广泛传播，作为保障公民知情权的重要环节，它不能专注于作者权利的保护，任何人也不应对之绝对垄断。

最后，认定时事性文章与新兴媒体的发展紧密关联。与传统媒体相比，新兴媒体具备先进的技术和商业模式，在传播速度、传播途径和信息容量等方面具有灵活性和优越性。然而，新兴媒体在作品质量、专业实力和社会责任等方面表现不尽如人意。现实中不乏存在一些不劳而获的"空壳"新兴媒体，这些新兴媒体自身不创作作品，通过转载其他媒体有关重大热点问题的文章，获得巨大的点击量和广告收入，攫取了高额利润。当这些新兴媒体遇到著作权侵权诉讼时，则以其转载的文章系时事性文章进行抗辩。正确认定时事性文章，能够防止部分新兴媒体浑水摸鱼，将之作为侵犯著作权的借口或工具，避免"寄生"和"拿来主义"的运营模式，推动新兴媒体的健康、长远发展。

四、时事性文章认定的考量因素

新兴媒体环境下，著作权法对"时事性文章"的认定不仅关乎著作权人利益的保障、公众获取信息的自由和法律的公平正义，更关乎新兴媒体产业未来整体健康、有序的发展。有鉴于此，学理和司法实践应逐渐统一对时事性文章的认定标准：首先，以时事性文章的创作主体为起点，将时事性文章的主体限定在党政机关范围内；其次，以时事性文章的内容为主线，分析文章是否具有时效性、重大性、权威性和非学术性；最后，以时事性文章的形式为终点，结合文体、字数、表达方式对时事性文章进行综合判定。

（一）从创作主体角度认定时事性文章

认定时事性文章应对创作主体进行限制。随着新兴媒体时代的到来，以微博、微信为代表的自媒体如雨后春笋般涌现，受众的被动地位发生了明显的改变，每个用户都可以成为创作中心，创作主体呈多元化趋势发展。著作权法对有关政治、经济、宗教问题的时事性文章适用合理使用制度的目的在于保障公民知情权，知情权作为一项公法上的权利，其权利主体是公民、法人或其他组织等，而义务主体是公权力部门。❶ 因此，时事性文章的创作主体应当限定为公权力的代表，即党政机关及其派出的直属新闻单位的工作人员。对于党政机关的认定，可以参考《关于党政机关停止新建楼堂馆所和清理办公用房的通知》中的规定。❷ 将时事性文章的创作主体限定于党政机关及其派出的直属新闻单位的工作人员还有以下两点原因：第一，从党政机关及其派出的直属新闻单位设置目的来看，党政机关工作人员创作作品在于讨论国家重大政策及其应用，不具备营利性，将其作品适用合理使用制度不会对权利人利益带来严重的损害；第二，由于时事性文章创作具有官方性，只有将其创作主体限定为党政机关及其派出的直属新闻单位，才能保障该文章体现出正确的方针，形成正面的舆论导向。倘若一篇有关当下社会重大问题的文章是由某一不知名的报社、杂志社撰写，那么这篇文章仅代表特定主体的观点，不应认为代表官方正式的观点，也不应认定为时事性文章。

（二）从内容角度认定时事性文章

正确认定时事性文章，最有效的方法就是分析其所包含的内容。对时事性文章的认定可以从时事性文章内容的时效性、重大性、权威性和非学术性四个方面展开。

首先，时事性文章的内容具有时效性。时事性文章内容的时效性是指产生应有社会效果的时间限度，也是衡量其价值的一个决定性标尺。《伯尔尼公约》第 10 条之 2 规定 "Articles published in newspapers or periodical on current economic, political or religious topics"，此处的 "current" 可视为时效性的体现。新兴媒体便捷、迅速的传播方式对时事性文章的时效性提

---

❶ 王平正. 公法意义上的知情权解读 [J]. 河北法学，2007（7）：50－52，62.
❷ 根据该通知的规定，党政机关，包括党的机关、人大机关、行政机关、政协机关、审判机关、检察机关。各级党政机关派出机构、直属事业单位及工会、共青团、妇联等人民团体适用本通知。国有及国有控股企业参照本通知执行。所以在中国，新华社、人民日报社以及相关国家机关派出直属的宣传媒体单位都可以成为时事性文章的创作主体。

出更高的要求。第一，时效性意味着文章所关注的只能是即将发生，或新近发生，或正在发展过程中的涉及政治、经济等方面的问题，并不包括对过往历史问题的研判。❶ 第二，将国内外大事发生的时间与时事性文章的发表时间进行对比。如果文章内容是对较早时期存在的客观事实的描述和评论，文章发表时间与事实发生时间相去甚远，那么就缺乏时效性，不属于时事性文章。同时，时效性的认定不能绝对化，不同热点问题在不同时期受公众关注持续时间不同。因此，应当从时间、空间上考虑时事性文章、事件与报道之间的距离问题。❷

其次，时事性文章的内容具有重大性。重大性是指其所表述的事件本身要有重要的社会影响，属于国内外大事，可以从以下两个方面进行理解。第一，重大性不应局限于特定范围。例如，重大性不应限制于特定的行业、特定的行为等。在"北京三面向公司与邦略科技公司案"❸ 中，对于涉案作品《国产手机乱象》，安徽省高级人民法院认为，国产手机乱象缺乏重大性特征，不属于时事性文章。事实上，国产手机乱象确实引起了社会的关注与讨论，但归根结底其主要影响力仅限于手机行业领域。在"中财信息产业公司与人民网案"❹ 中，法院认为涉案文章《别做增速重压之下的"莽夫"》在内容上系对我国经济结构调整时地方政府行为的分析，不具备重大性的特征。第二，新闻传播学上的重大性不限于政治、经济和宗教领域，但著作权法上构成合理使用的时事性文章的重大性只能发生于政治、经济和宗教领域。广州知识产权法院、广东省佛山市禅城区人民法院认为，"时事性文章是通过作者对素材的独特选择、分析、论证而编写，为了宣传党和国家在某一时期就经济、政治、宗教等重大问题上的方针政策而创作的作品"。❺ 由此可见，新闻传播学上的时事性文章范围显然大于适用著作权合理使用制度的时事性文章的范围。

---

❶ 蒋强．著作权侵权案件中时事新闻的认定——新闻报道著作权侵权纠纷案评析［J］．科技与法律，2011（3）：43－47.

❷ 徐兆荣．实用新闻评论写作教程［M］．北京：北京大学出版社，2014：23.

❸ 安徽省高级人民法院（2007）皖民三终字第 0029 号民事判决书。

❹ 武汉市中级人民法院（2015）鄂武汉中终字第 00058 号民事判决书。

❺ 佛山市禅城区人民法院（2017）粤 0604 民初 3419 号、广州知识产权法院（2016）粤 73 民终 774 号民事判决书。

再次，时事性文章的内容具有权威性。权威性是指具有威望、使人信服、起支配作用的力量。❶ 在新兴媒体时代，以微博大 V 为代表的自媒体动辄拥有上万粉丝，其影响力不断扩大，对话语权的垄断趋势愈发明显。然而，这与真正意义上的权威性相差甚远。第一，时事性文章的权威性意味着其代表了党和政府的思想观点和政治立场，不具备个人意志色彩。例如，在"世华时代公司与经济参考报社案"中，❷ 11 篇涉案作品对当前房地产领域限购政策、拆迁补偿、房屋价格等问题进行介绍和评论。以涉案作品之一《部分城市出台楼市限价令被指变相抵制限购令》为例，文章内容涉及"房屋限购""房屋限价"问题，系具有时效性和重大性的经济问题。然而，该文广泛地吸纳了上海易居房地产研究院杨某、北京理工大学周某等人的观点，由于这些结论仅是业界与学术界专家的个人观点与态度，尚不具有权威性，不应认定为时事性文章。第二，具有权威性的时事性文章能够由各级报纸或各种新闻媒介进行转载或统一联播，正确引导舆论方向。例如，社论是一种具有典型权威性的时事性文章。我国社论直接代表党和国家发言，具有极强的政治属性和至高无上的地位。❸

最后，时事性文章具有非学术性。时事性文章的内容不包括对特定专业问题的讨论。❹ 时事性文章的主要目的是将国内外大事传递给社会公众，而非对某一问题进行专业的解读与研究。《日本著作权法》关于时事评论的转载规定中有如下表述，"报纸、杂志刊登、发行的有关政治、经济或者社会时事问题的评论（具有学术性质的评论除外），可以……自动公众传播"。❺ 这意味着日本不承认学术性质的评论属于时事性文章，这样的限定值得借鉴。例如，国家为了对房价进行调控，制定了一系列的"限购令"，倘若一篇文章对"限购令"背后政府的宏观经济调控行为以及各房地产商的微观经济行为进行学术分析，那么这篇文章不属于时事性文章。此外，由于特定专业性质的文章学术性强、独创性高、耗费时间长、投入

---

❶ 乔克裕，高其才．法的权威性论纲——依法治国的基本观念依据 [J]．法商研究，1997 (2)．
❷ 北京知识产权法院 (2017) 京 73 民终 45 号民事判决书。
❸ 赵振宇，蓝晖焰．美国报纸社论的写作特色 [J]．新闻爱好者，2004 (12)：20-21．
❹ 江平，刘稚．著作权法实务与案例评析 [M]．北京：中国工商出版社，2003：115．
❺ 李杨．日本著作权法 [M]．北京：知识产权出版社，2011：30．

了作者较大的精力，不易满足时事性文章的时效性要求，所以也可以由此被排除在外。

（三）从表达形式角度综合判定时事性文章

认定时事性文章，最直观的方法就是分析其表达形式。通常，文章的表达形式主要体现在文体、字数、语言等方面。当然，这些表达形式仅仅是文章内容的外在体现，不可机械地就某一种要素进行判定，而是应该结合前文的主体、内容进行综合分析。

首先，从文章的文体方面来看。记叙文、议论文、说明文、散文是文章的主要文体。《德国著作权法》有关时事性文章的条款为"准许在其他个别广播评论与来自报纸及其他仅报道时事问题的信息页的个别文章及与其相关而发表的图片，及准许公开再现这些评论、文章与图片，但以它们涉及政治、经济或宗教问题且未保留权限为例"。根据该条款的表述，"仅报道时事问题的信息页的个别文章"一般以记叙为主，"个别广播评论"一般以议论为主。结合以上四种文体的特点，时事性文章的文体应当为记叙文和议论文。譬如，时事性文章不乏包含一些阐述党的纲领、路线，阐述政府新制定的有关政治、经济等方面的重要政策、方针的内容，此类时事性文章以记叙文文体为主；除此之外，时事性文章还包括一些对社会生活中代表性问题讲明道理、发表议论的内容，此类文章以议论文为主。

其次，从文章的字数来看。根据新闻学的标准，评论员评论通常不超过 1000 字，短评约在 500 ~ 600 字、配评论不超过 500 字。配评论是指在报道、文章发表的同时，配置对应的评论，配评论一般与原文章的长度比例为 1∶6 ~ 1∶8，由此推算，配评论所依据的原报道、文章的长度最多为 4000 字。❶ 一方面，时事性文章的时效性要求其篇幅不宜过长；另一方面，时事性文章要求语言朴素凝练，文字简洁，应当直接表达观点，字数无须冗长。如果字数太多，譬如超过 4000 字，这意味着作者或过多抒发了个人情感，或过多进行论证分析，此时便不宜认定为时事性文章。当然，文章字数仅应作为认定时事性文章的参考标准，而不是绝对标准。

---

❶　元冬维. 新闻评论写作［M］. 北京：中国人民大学出版社，2016：109.

最后，从语言表达角度考虑。"时事性文章"主要体现为在进行时事报道的同时夹叙夹议地对"时事"进行表述，其语言较为严谨、理性、客观。倘若一篇文章善于利用修辞手法，语言生动形象，富有浪漫主义色彩，则不属于时事性文章。与此同时，时事性文章也并非仅仅由时间、地点、人物、事件和结果五要素之部分或全部构成的简讯、短消息，并非仅用简单的文字把一事实作为信息反映出来。时事性文章采用详述、描述、综述等方式对"纯新闻"进行表达，有情节、观点、分析及评价，不限于"唯一的表达"。

综合以上分析，时事性文章，是以党政机关及其派出的直属新闻单位为创作主体，创作内容具有时效性、重大性、权威性、非学术性，语言文字简洁、严谨、理性、客观的记叙文或议论文。报纸、期刊、广播电台、电视台、网络媒体等刊登或者播放其他报纸、期刊、广播电台、电视台、网络媒体等已经发表的关于政治、经济、宗教问题的时事性文章，不需要征得著作权人同意，不需要支付报酬。鉴于时事性文章的传播关涉普通文化消费者对于国家重大问题的知情权，因此不宜再由作者声明不许刊登、播放，著作权法中有关时事性文章作者声明的权利保留条款应该删除。

第三节 新兴媒体人工智能编创的著作权合理使用*

新技术的发展与变革往往对著作权制度产生新的挑战。随着人工智能技术的发展，新兴媒体在新闻和视觉艺术领域运用人工智能进行编创活动不断增多。不同于以往机器对创作行为的介入方式，人工智能通过机器学习能够自主抓取并整合信息，形成独创性的表达，人工智能编创的经济价值和科技价值不断提升。然而，人工智能编创建立在对海量作品、信息、素材的提取与分析基础之上。据统计，谷歌人工智能工作室需要上亿张图片供智能机器人进行模式识别，人工智能编创的发展以客观、全面的作品数据库为依托。授权许可是著作权法一贯坚持的原则，面对浩如云烟的作

---

* 本节内容作为阶段性研究成果已经发表。梅术文，宋歌. 论人工智能编创应适用版权合理使用制度 [J]. 中国编辑，2019 (4)：78–82.

品，如果要求人工智能编创在使用作品前点对点地取得权利人——授权，这并不现实。合理使用制度是著作权法的重要规则之一，在尊重作者权利的基础上，通过设定法定的非侵权性作品使用标准和范围，提高对知识信息的有效利用，进而达到"促进知识传播，鼓励作品创作，推动社会进步"的立法目标。根据合理使用制度的规定，在某些特定的情况下，可以不经著作权人许可对作品进行使用，无须向其支付报酬。由于人工智能编创具备转化性和非表达性，不会影响作品的潜在市场并对著作权人造成损失，同时能够促进文学、艺术、科学领域的发展与繁荣，提升社会公共福祉。按照新兴媒体利益分享理论，建立人工智能编创著作权合理使用制度十分必要。

一、人工智能编创著作权合理使用的理论基础

美国法学家温迪·J. 戈登在《市场失灵下的合理使用》一书中认为，当市场失灵妨碍著作权人与使用人之间的自愿交易时，合理使用即有其存在的必要。市场失灵包括市场存在垄断和控制力量、严重的信息不对等、交易成本过高、无法或者难以达成交易。❶ 人工智能编创以海量作品为依托，要求作为学习的文本选取尽可能全面。面对网络环境下浩如烟海的作品，获得著作权人授权的交易成本过高，加之权利人以及作品信息愈发不明确，这无疑会增加使用者搜寻交易对象的难度，交易几乎无法达成。有研究显示，如果从每一个拥有著作权的出版商处获得某一项目所需挖掘的数千篇文章的授权，将占用科研人员 62% 的研究时间。被挖掘的文章数量越多，获得授权所需要的时间和成本也会随之增加。❷ 同时，数字技术的发展使得权利人通过技术措施控制和垄断作品的现象越发明显，例如禁止他人欣赏或学习自己的作品等。这使得知识财产市场的竞争失去了平衡，能够给人工智能创作接触使用的作品减少。另外，权利人往往会试图对接触其作品的使用人采取不同的授权价格，形成价格歧视。这种情形对于人

---

❶ 曾琳. 版权法第三次修正下的"限制与例外"制度应用研究 [J]. 北京：中国政法大学出版社，2016：87.

❷ 罗娇，张晓林. 支持文本与数据挖掘的版权法律政策建议 [J]. 中国图书馆学报，2018 (3)：21-34.

工智能编创必须利用他人作品的模式非常不利，人工智能编创会因为作品授权成本高或者授权不能而无法进行。因此，著作权合理使用制度的引入有助于控制过高的交易成本，推动作品市场资源的有效配置，实现利益的合理分享。

根据政策选择理论，著作权制度的合理性在于它能够与国家的整体发展政策相互契合，著作权的保护程度依赖于本国经济、贸易和科技发展现状，著作权是政策选择的结果。❶ 目前，人工智能产业的经济贡献度日益提高，人工智能技术已经成为推进工业现代化和信息化的重要手段，国家需要借助公共政策选择的方式，通过著作权限制规则实现权利人利益和人工智能媒体产业利益的协调均衡发展。如果对人工智能编创适用合理使用制度，则能够为人工智能媒体产业的良性发展提供制度保障，从而达到通过政策立法实现科技进步、文化繁荣、社会福利增长的目标。以英国为例，在数据挖掘技术带来高科技价值和新商业模式的环境下，英国联合信息系统委员会指出：如果不能对文本和数据信息进行广泛的开发，信息所蕴藏的潜在价值将无法得到充分释放，英国利用这些研究成果的能力将随之下降，这有可能导致英国落后于鼓励文本和数据挖掘的竞争对手。据此，2014 年 6 月开始实施的《英国版权法》第 29A 款规定了文本和数据挖掘属于合理使用的情形，体现了增进公共福利的政策取向。质言之，将人工智能编创适用合理使用制度是著作权法面对新技术变革的政策选择，有利于新兴媒体技术的应用和社会综合福祉的提高。

二、人工智能编创与转换性使用

（一）人工智能编创属于转换性使用

转换性使用是指对原作品的使用并非为了单纯地再现原作品本身的文学、艺术价值或者实现其内在功能或目的，而是通过赋予原作品新的内涵，使原作品在被使用过程中产生了新的价值、功能或性质。❷ "转换性使

---

❶ 梅术文. 著作权法：原理、规范和实例 [M]. 北京：知识产权出版社，2014：37.

❷ 王迁. 著作权法 [M]. 北京：中国人民大学出版社，2015：343.

用"规则源于美国版权法判例对合理使用的判定分析中，使用越具有转换性，则越有可能构成合理使用。目前，转换性使用已在世界范围内成为衡量合理使用的重要标准。

人工智能编创的转换性体现在以下两个方面：第一，人工智能编创具有内容的转换性。美国著名法官勒瓦尔（Leval）认为，如果被使用的作品作为新的创作的原材料，创作出新信息（information）、新美学（aesthetics）、新洞察力（insights）和新见解（understandings），从而增加了原有作品的价值，则属于为了丰富社会文化所应适用合理使用制度的行为。以DeepBach人工智能作曲为例，人工智能运用深度学习功能，能够提取乐谱中的信息，进而创作出新的具有艺术美感的乐曲。除此之外，微软人工智能小冰通过对上千首诗反复学习1万次，利用人工智能情感计算框架技术，从视觉画面获得灵感并创作出诗集《阳光失了玻璃窗》。由此可见，人工智能编创并非直接对原作品简单、机械地进行拼凑和组合，而是通过机器学习和数据挖掘深层理解原作品，以不同的方式或角度在原作品的基础上增加新的独创性内容和表达方式，是富有成效的内容转换性使用。

第二，人工智能编创具有目的的转换性，同时人工智能编创的目的与著作权法的目标相一致。在Perfect 10 v. Google案中，法院认为只要存在转换性的目的或功能，尤其是在使用过程中产生足够多的公益目的，就可以构成合理使用。❶ 现阶段，我国已将人工智能发展放在国家战略层面进行布局，人工智能编创除了更高效率创作出高价值的作品，还兼备检验人工智能技术发展状况、推动人工智能技术进步的目的。以Google人工智能作画为例，研究人员可以根据人工智能识别图片的精确度和完整度确认现有模式识别技术的发展程度，从而进行下一步的技术调整与优化。人工智能编创能够达到提高科技发展水平，推动文化产业、人工智能产业和其他应用人工智能的战略性新兴产业发展的目的，对其适用合理使用制度具有正当性。

---

❶ Perfect 10, Inc. v. Google. 508 F. 3d 1146 (9th Cir. 2007).

（二）人工智能编创的商业性不影响合理使用判断

目前，人工智能已经创作出了丰富的高价值作品。例如，The Associated Press 与 Automated Insight 公司合作开展的人工智能写作平台 Wordsmith，每季度已能创作出三千余篇新闻作品，为人工智能的投资者、开发者、使用者带来了满意的经济收入。可见，越来越多的人工智能编创活动具有商业性，但是，必须指出的是，商业性使用行为无法改变转换性使用的本质，也不是阻止其适用合理使用制度的正当理由。

在美国 Sony 案中，法院认为商业性使用版权作品的行为应被视为对原作品版权人市场的损害，合理使用条款不得作为侵权行为的抗辩理由。❶ 事实上，随着转换性使用原则的确立，商业性使用不再被直接排除在合理使用制度之外，勒瓦尔（Leval）法官认为合理使用的先例中过分强调了版权作品的商业性使用。在美国 Campbell v. Acuff-Rose Music 案中，法院明确表示商业性使用并非禁止合理使用的绝对标准，即便是基于商业性目的的使用，只要具有相当程度的转换性，仍然符合合理使用的范畴。❷ 在 Authors Guild v. Google 案中，美国联邦第二巡回上诉法院认为，由于谷歌公司的行为具备高度的转换性，其商业性质的使用行为不能成为拒绝适用合理使用制度的依据。❸ 人工智能通过对原作品的学习，提取大量数据并挖掘重要信息，通过强大的计算能力创作出具有新表达、新内容、新目的和新价值的作品，使用行为具有高度的转换性。同时，仅仅因为人工智能创作学习具有商业性就否认其适用合理使用，无形之中提升了商业性在合理使用中的比重，限制并缩小了合理使用制度的适用范围。

在 Perfect 10 v. Google 案中，法院认为如果商业性使用行为能够带来充分的社会利益，或者存在公益性目的，则可以构成合理使用。尽管谷歌公司的商业性使用可能对作品的潜在市场产生影响，但具有明显的转换性，具备社会利益诉求，属于合理使用。就人工智能编创而言，其商业性使用

---

❶ Sony Corp. of Am. v. Universal City Studios, Inc., 464 U. S. 417, 451 (1984).

❷ Campbell v. Acuff-Rose Music Inc. 510 U. S. 569, 583 (1994).

❸ Authors Guild, Inc. v. Google, Inc. 804 F. 3d 202. 2015.

行为具备提高社会公众利益和促进著作权法目标实现的目的。一方面，人工智能编创所体现的模式识别技术、数据挖掘技术是当前作品创作的重要手段，如果著作权法禁止人工智能编创合理使用版权作品，新的技术将难以得到推广和应用，不利于创作手段的改进和提升。另一方面，人工智能通过机器学习可以在短时间内创作出大量与人类创作物难以区分的作品，例如小说、音乐、绘画等，为社会文化繁荣注入了一股全新的力量。由此可见，人工智能编创虽具有商业性，但其所带来的社会公共利益大于对原作品市场带来的影响，可以适用合理使用规则。

三、人工智能编创与非表达性使用

（一）人工智能编创的复制是非表达性使用

非表达性使用（Non-expressive）是一种仅着眼于文本数据本身的物理特征，而不涉及文本表达方式的使用。人工智能编创复制的非表达性体现在以下四个方面：第一，在"复制依赖技术"（Copyright-reliant Technologies）背景下，人工智能编创通常是自动地、程序性地、不加区别地复制作品，人工智能编创对作品复制往往伴随着数据传输，二者近乎同时完成，属于数据传输中的"客观技术现象"；第二，人工智能编创的复制仅仅在技术上成为文本、信息交换的中介，不能被使用者通过有意识的行为加以阅读、欣赏和传播；第三，人工智能编创将受法律保护的作品的二次复制作为分析过程的一部分，该过程不会将作品的原创性表达传递给任何终端用户；第四，人工智能编创的复制不能形成独立利用和传播作品的复制件，人工智能编创的复制行为仅构成了一个完整技术过程的不可缺少的部分。

基于以上分析可以看出，人工智能编创的复制具备非表达性，同时这种复制行为不能形成传递作者原创性表达的复制件。王迁教授认为，如果人们根本不可能或者很难浏览、欣赏或传播一种原始作品的复制件，人们就会失去获取该复制件的兴趣，也不会有制作、出售这种复制件的动机，权利人的利益则不会受到损害。[1] 由于著作权法的主要目的是保护作者免

---

[1] 王迁. 网络版权法 [M]. 北京：中国人民大学出版社，2008：18 - 19.

受表达性使用的替代性风险，而非表达性使用不会将作者的原始表达传递给公众，因此不构成侵权。在 Sega v. Accolade 案中，法院明确了对未经授权的版权作品的复制，如果是出于非表达性的目的，属于不侵权的合理使用。❶ 虽然人工智能时代的到来，使得以元数据为代表的非表达性元素的经济价值明显提高，但是非表达性使用的合法性仍不应该受到质疑。美国学者 Matthew Sag 认为，版权法不需要为适应非表达性使用进行彻底改变，只需要应用现有合理使用制度来规避非表达性使用侵权的风险。❷

（二）人工智能编创的数据挖掘是非表达性使用

数据挖掘是利用计算机程序进行数据处理、提取和组织潜在有用信息的过程。人工智能编创的数据挖掘将自然语言文本转化为可为计算机处理的结构性数据，进而抽取代表文本特征的元数据（Metadata）进行分析。这种情况下，人工智能编创的数据挖掘仅涉及元数据本身，不涉及原作品表达方式，是一种非表达性使用。

首先，人工智能编创依赖数据挖掘技术提取原作品中的元数据，而元数据与原作品中包含的原创性表达有明显差别。元数据中往往包含许多关于作品的事实，例如作者、标题、使用特定单词或短语的频率等，元数据仅为事实而非表达。以人工智能写诗为例，人工智能前期需要学习大量诗作，经过反复多次训练进而准确提取诗作信息，创作出具有独创性的新作品。人工智能"阅读"原作品的过程包含对诗作信息的数据挖掘，而这种数据挖掘删除了文本中最原始的表达，只留下文本的物理性特征，即元数据。更确切地说，人工智能编创数据挖掘的目的是理解语言的基本规则、样式和语法，而实际上没有涉及富有表现力的元素。

其次，人工智能编创数据挖掘是机器学习的一个过程，是独立的技术问题，符合《伯尔尼公约》第 9 条第 2 款"三步检测法"所规定的"在特定情形下，不影响作品的正常使用、没有不合理地损害权利人的合法利

---

❶　Sega Enterprises Ltd. v. Accolade, Inc., 977 F. 2d 1510, 1526 (9th Cir. 1992).

❷　Matthew Sag. Copyright and Copy-Reliant Technology [J]. Northwestern University Law Review, 2009, 103 (4): 1624 – 1628.

益"，应当对其适用合理使用。第一，"特定情形"一般是指当运用著作权控制某些行为会妨碍言论自由和公共利益，或者出于公共政策目的，权利人不宜进行控制的场合，可以对著作权进行限制。人工智能时代，对人工智能数据挖掘采取授权许可模式交易成本过高，同时将限制人工智能技术和公共文化的发展，符合"特定情形"的前提条件；第二，依据"市场替代式"经济进路的解释，判断一种使用方式是否影响作品正常使用的关键在于，该使用方式是否与原作品的一般营利形式相冲突。著作权人的专有经济权利仅限于向公众传递他们的原始表达方式，由于人工智能编创数据挖掘已经将大量的文本转换为元数据，不能将著作权人的原创性表达对外传播，这种非表达性使用的行为并不涉及原作品本身，因此不影响作品的正常使用；第三，尽管人工智能数据挖掘涉及原作品的全面使用，但这一行为并不会造成原作品本身的公开，不会影响权利人获得经济利益并与权利人形成事实上的竞争关系，不会对原作品产生替代效应或者对原作品的潜在市场造成负面影响。[1] 因此，人工智能编创使用作品不会对著作权人的正当利益构成不合理的损害。

　　另外，随着人工智能技术的发展，书籍、乐曲和绘画等任何由自然语言表达的无结构和半结构化的文本已成为数据挖掘的对象，数据源的广泛性更使得人工智能编创需要合理使用制度为其提供良好的法律环境。在美国，诸如文本挖掘、建立互联网搜索引擎或运行剽窃检测软件等对受保护作品的非表达性使用被认为是合理使用，这一立场颇值借鉴。人工智能编创非表达性数据挖掘在提取、整合、存储和分析作品方面十分高效，具备提高创作能力，促进人类文化与科技进步的巨大潜力。有鉴于此，著作权法不应当成为人工智能编创数据挖掘的障碍，应当将这一活动与人类消费活动区分开并将其认定为合理使用。[2]

　　人工智能编创带来了作品类型的多样化以及作品创作方式的变革，对文化创作产生了前所未有的机遇与挑战，著作权法需要对这一变化作出回

---

[1]　张颖. 人工智能编创过程中的著作权问题探析［J］. 中国编辑，2018（9）：81-86.

[2]　Matthew L. Jockers, Matthew Sag, Jason Schultz, Digital archives. Don't let copyright block data mining［J］. Nature, 2012, 490（7418）：29-30.

应。由于人工智能编创具备高度的转换性，不涉及原作品本身表达方式的传播，因此对其适用著作权合理使用制度不会影响原作品的潜在市场、不会对权利人的合法利益造成不合理的损害。建立在平衡机制上的合理使用制度可以扩大人工智能编创的作品范围，便于各类新兴媒体获取全面的信息，进而为人工智能技术及人工智能产业发展提供指引。同时，人工智能编创作为人类创作的延伸，能够推动社会整体文化的发展与繁荣，从长远角度来看有利于增进公共福祉。有鉴于此，人工智能编创过程中提取现有作品进行分析和使用，只要不影响作品的正常使用，没有不合理地损害权利人的合法利益，应当认定构成合理使用。

第四节　新兴媒体转载、摘编著作权法定许可的批判与反思

网络转载、摘编是指将模拟环境下的作品在网络上转载、摘编，或者将互联网上已经存在的作品等信息进行转载或者摘编的情形。传统复制技术下报刊之间的转载、摘编构成法定许可，这是我国著作权法的特色，而这一特色能否延伸至网络环境引发广泛的争议。网络媒体的发展使信息传播与知识消费呈"快餐式"的特点，作品的消费速度不断加快，消费寿命明显缩短，新兴媒体对作品进行法定许可的限制，必然会妨碍传统媒体的利益。随着"融媒体""全媒体"等新兴媒体的发展，传统媒体不断向互联网等新兴媒体领域延伸，法定许可制度的出现会妨碍媒体之间的公平竞争关系，缺乏正当性的基础。面对网络环境中知识分享的浪潮，可以通过更为精准的类型化制度设计，建立更为合理的传统媒体和新兴媒体的著作权利益分享机制。

一、网络转载、摘编著作权法定许可的立法变迁

我国现行《著作权法》第 35 条的规定表明❶，报社、杂志社可以在未经权利人许可的情况下，将已经发表的作品转载或者作为文摘、资料刊

---

❶　我国现行《著作权法》第 35 条第 2 款规定："作品刊登后，除著作权人声明不得转载、摘编的外，其他报刊可以转载或者作为文摘、资料刊登，但应当按照规定向著作权人支付报酬。"

登，但应该向著作权人支付报酬，并尊重权利人的其他权利。该项规定的基本目的是推动作品的自由流动，本质上也实现了文摘类、转载类媒体在当时技术条件下进行的利益分享。由于作品传播技术的限制，报刊、期刊社的转载或者摘编虽然会对著作权人的利益造成一定的损害，但是由于作品扩散带来的正外部性，所以这种损害也基本可以控制在合理的区间，可以经受"三步测试法"的检验。所以，尽管这一法定许可规则受到不少质疑，但仍然被作为一项具有特色的中国著作权制度得以坚持。但是，网络媒体是不是可以享有法定许可豁免，引起广泛关注，立法和司法上的应对也可谓一波三折，态度几经改变。

2000 年，最高人民法院通过的《关于审理涉及计算机网络著作权纠纷案件适用法律若干问题的解释》（以下简称《解释》）第 3 条❶将报纸、杂志中的合理使用制度引入网络空间。2003 年修正的《关于审理涉及计算机网络著作权纠纷案件适用法律若干问题的解释》中也有类似规定。2006 年国务院颁布的《信息网络传播权保护条例》明确否定了网络转载的法定许可，同时，最高人民法院修改了《解释》，取消了网络转载法定许可的规定。2012 年，最高人民法院宣布废止《解释》，同时颁布《关于审理侵害信息网络传播权民事纠纷案件适用法律若干问题的规定》，新规定指出，通过信息网络提供作品必须经过权利人的许可。2014 年《中华人民共和国著作权法（修订草案送审稿）》中回避了网络转载著作权限制的问题。2015 年 4 月，国家版权局下发《关于规范网络转载版权秩序的通知》，要求"互联网媒体转载他人作品，必须经过著作权人许可并支付报酬，并指明作者姓名、作品名称及作品来源"，"报刊单位与互联网媒体、互联网媒体之间相互转载已经发表的作品，应当经过著作权人许可并支付报酬"，"凡包含了著作权人独创性劳动的消息、通讯、特写、报道等作品均不属于单纯事实消息，互联网媒体进行转载时，必须经过著作权人许可并支付

---

❶　《关于审理涉及计算机网络著作权纠纷案件适用法律若干问题的解释》第 3 条规定："已在报刊上刊登或者网络上传播的作品，除著作权人声明或者上载该作品的网络服务提供者受著作权人的委托声明不得转载、摘编的以外，网站予以转载、摘编并按有关规定支付报酬、注明出处的，不构成侵权。但网站转载、摘编作品超过有关报刊转载作品范围的，应当认定为侵权。"

报酬"。由此可见，目前我国网络转载摘编适用授权许可的模式。❶ 这一立
法体系具有以下三个方面的特征：首先，区分保护。对于报纸期刊等传统
媒体在模拟空间的转载、摘编，可以适用法定许可，但是，网络媒体等新
兴媒体不能够应用法定许可规则进行转载、摘编。其次，对等保护。由于
网络新兴媒体不得未经许可转载、摘编传统纸质媒体的内容，所以纸质媒
体也不得将网络上首发的作品进行转载、摘编。最后，针对性的保护。因
独创性劳动而创作出的消息、通讯、特写、报道等作品在网络空间转载非
常普遍，因此尤其要针对这些特殊作品建立相应的制度，确保授权许可规
则的实际发挥效果。

二、网络转载、摘编法定许可的批判

新兴媒体的融合发展毕竟已经改变了人们的消费习惯，公众获取信息
免费化趋势明显，作品的消费方式和消费速度发生了重大的变化，从实际
的情况来看，确实大量存在着网络转载、摘编而不经过授权许可的情形。
针对技术发展和现实情况，有一种非常强烈的声音认为，网络上转载、摘
编适用法定许可才是最佳的选择。也就是说，对网上传播作品法定许可适
用的主体不应限于网上报纸、期刊或出版社，而应扩及于所有的网络内容
服务提供商。网络上传播作品不管是国际的或者是国内的，应该全面适用
法定许可制度。❷ 这种观点的主要理由在于以下三个方面。

首先，授权许可模式在网络新兴媒体环境下举步维艰。随着网络环境
和移动互联网技术的发展，作品的传播速度大大加快，社会公众对作品的
消费需求也逐步提高。授权许可要求使用者在使用作品前点对点地取得权
利人——授权，然而，找寻并征得权利人同意是一项极为耗时费力的工
作，网络环境下作品的权利人以及作品信息越发不明确，无形之中增加了
使用者搜寻交易对象的难度。面对网络上海量的作品，如果采用授权许可
的方式，势必会使数字新兴媒体产业陷入发展的瓶颈。授权许可违背了互

---

❶ 曾琳. 著作权法第三次修改下的"限制与例外"制度应用研究 [M]. 北京：中国政法大
学出版社，2016：214.

❷ 陶鑫良. 网上作品传播的"法定许可"适用探讨 [J]. 知识产权研究，2000 (4)：11－15.

联网时代媒体的传播规律，降低了媒体的传播效率，在网络新兴媒体环境下举步维艰。有学者认为，获取报纸、期刊上海量作品的著作权人之海量授权许可不具备可操作性，网上传播一味强调"授权许可"属于作茧自缚，画饼充饥，徒法不足以自行，苛法更难以实行。"交易不能"所带来的市场失灵限制了资源配置，当事人无法通过市场交易实现著作权的变动，法定许可通过对著作权进行适当限制进而便于使用者利用作品，降低公众利用信息的成本。

其次，网络转载、摘编法定许可体现了对网络媒体的公平对待。网络作为一种新兴媒体，实际上具备一切媒体应该具有的特点和要素。传统媒体享有的一些法律豁免，只要没有什么特殊情况，网络媒体原则上也应享有。类似地，对作品转载、摘编的法定许可适用于网络环境下，从媒体的共性来说不存在任何问题。如果允许传统报刊间享有这种特权，甚至广播电台、电视台也可以有，却把网络媒体排除在外，这于情于理都说不过去。❶ 取消网站的法定转载、摘编权后，"从网到纸"的转载、摘编也不能适用，而这也会制约传统媒体的发展。实践中大量存在"从网到纸"的法定许可情形，其实对网站经营者也是不公平的。❷ 著作权人对作品享有的人身权利和财产权利仅与作者的创作以及作品的表现形式有关，而与作品是否出现在媒介上、出现在何种媒介上无关。基于网络媒体和传统媒体在著作权保护客体上的一致性，法定许可理所应当的适用于网络媒体。著作权法定许可作为一项既展示著作权的私权利性质，又展示著作权客体的公共性的制度，对于网络作品与纸质媒体上作品的保护形式不一致，显然不符合著作权保护立法的初衷，也难以在理论上自圆其说。❸

最后，网络转载、摘编法定许可体现了著作权人与社会公众间的利益平衡。著作权法定许可制度以利益平衡为原则，其主要功能是通过适当限制权利人的自主决定权与获酬渠道，最大限度地鼓励和促进作品的传播和使用，因此，较之其他许可制度，著作权法定许可制度在网络中沿用更能

---

❶ 丛立先. 转载摘编法定许可制度的困境与出路 [J]. 法学, 2010 (1): 27–28.

❷ 胡鸿高, 赵丽梅. 网络法概论 [M]. 北京: 法律出版社, 2003: 498.

❸ 王青林. 论网络转载摘编作品应适用著作权法定许可制度 [J]. 中州学刊, 2015 (12): 55–59.

迎合网络的流通性和开放性，既有利于我国新闻类作品传播，又能在配套机制完善的基础上充分实现权利人的获酬权。❶ 从作者精神权利和财产权利方面考虑，作者创作作品的目的就是想扩大作品的传播范围及影响力，使作品及作者能够被他人了解、熟知。在网络传播高效、便捷的环境下，转载、摘编法定许可能够使高质量的作品在短时间内家喻户晓，有益于作者名气以及声望的建立。作者在作品扩大传播和影响的过程中也获得更多经济报酬，能够实现其作品经济利益的最大化。从社会公共利益方面考虑，作品不仅蕴含着著作权的私权性质，更彰显了著作权客体的公共属性。共有领域是逐步积累起来的现代和将来多代人共同拥有的无价财富，人类共有的财富越来越多的专有起来，非但不会促进文学、艺术、科学工作的繁荣和发展，反而会成为社会文明和进步的障碍。❷ 互联网技术的飞速发展和信息传播模式的变革，使公众对通过媒介寻求、接受、传递信息和思想的追求愈发急切，网络转载、摘编法定许可适应了网络化发展的需要，承担着保障公民知情权、推进信息传播与创新的文化使命。

然而，上述建立网络转载、摘编法定许可制度的构想，尽管有其合理的一面，却也存在明显的缺陷。我国的立法和司法全面否定了网络上的转载、摘编法定许可，历经较长时间的争论，其基本理由在于以下方面。

首先，转载、摘编本身不符合国际通用标准。在《伯尔尼公约》等国际公约中，并没有为媒体之间的转载留下法定许可的制度空间。根据"三步测试法"，转载、摘编与作品的正常使用相互冲突，也不合理地损害了权利人的利益。网络转载、摘编对于著作权人的利益带来巨大的不利影响，严重削弱作品创作的积极性。网络作为一种全新的传播渠道，可以被任何人所享有，渠道优势的企业一旦具有法定许可的权限，在竞争中必然会占据"渠道"和"内容"的双重优势，也会滋生出垄断，而这种垄断实际上会影响到著作权人的利益实现。网络转载、摘编法定许可会纵容一些缺乏长久经营考量的所谓媒体侵犯著作权人利益。这些不良网络媒体会肆

---

❶ 蔡元臻. 新媒体时代著作权法定许可制度的完善——以"今日头条"事件为切入点 [J]. 法律科学, 2015 (4): 43 – 51.

❷ 薛虹. 网络时代的知识产权法 [M]. 北京: 法律出版社, 1999: 132.

意侵害著作权人的精神利益，扰乱著作权人的正常创作秩序，也在实践中增加了著作权人证明自己的创作者身份的难度。虽然法定许可制度没有剥夺权利人获得报酬的权利，但实际上不少缺乏长久经营规划的新兴媒体并不会向权利人支付报酬，权利人如果要通过相应的途径获得经济利益，面临着举证、诉讼成本等诸多实际困难。网络转载、摘编与纸质媒体的转载、摘编其实有一个非常重要的差异，就是网络等新兴媒体缺乏较为严格的审查机制，法定许可制度的创设会更为严重地影响作者的精神权利。也正因如此，在《信息网络传播权保护条例》制定过程中，网络转载、摘编法定许可的制度构想受到权利人的强烈反对，最终立法也尊重了国际上的通行要求。

其次，网络转载、摘编造成传统媒体和新兴媒体利益配置上的不均衡，不利于传统媒体向互联网环境的延伸。根据消费者的阅读习惯，通过转载、摘编获取相应的作品后，一般就不再有意愿去阅读最先发表这篇文章的期刊、报纸，这与最初发表作品的媒体之间形成市场竞争关系，削弱了首发媒体获得著作权利益的机会。网站在作品的传播方式、手段、范围等方面与传统的报刊有很大的不同，带有交互性、国际性、便捷性，它与报刊、表演者、广播电台、电视台、录音制作者不同，如果放任法定许可的存在，就会出现网络上信息的趋同化，也不利于开展有效的竞争。如果在纸质媒体之间进行转载尚能够勉强通过"三步测试法"的检验，那么把网络转载、摘编都认定为法定许可，则有违权利限制的一般原则。实际上，新兴媒体往往在传播渠道上占据一定的优势，而传统媒体则具有明显的内容优势。如果通过授权许可机制，可以赋予传统媒体对自己创作或者享有专有出版权的作品一定的控制力，则便于传统媒体建立微信、微博、客户端等新兴媒体端口，实现"全媒体""融媒体"等更为规模化的发展，进而整合各种竞争优势，打造核心竞争力。网站"从网到网"的转载权可能纵容网络媒体之间"搭便车"，相互抄袭的不正当竞争行为。❶ 如果任由法定许可的存在，将会损害传统媒体的网络延伸空间，甚至断送传统媒体的创作优势，不利于网络时代信息作品的创造。从公平竞争的角度来看，

---

❶　张平. 网络法律评论（第1卷）［M］. 北京：法律出版社，2001：15.

有必要反思转载、摘编法定许可整个机制的合理性，也就是说，纸质媒体之间进行转载、摘编能否适用法定许可，其实也是颇值探讨的问题。不过，鉴于本研究的主题，暂且对这个问题不予以详细分析。

最后，网络转载、摘编法定许可会破坏近年来好不容易形成的授权许可基本原则。事实上，通过授权许可意识的培育，不少新兴媒体已经构建起较为稳定的授权许可和著作权运营渠道，并且在授权许可的基础上建立起自己的经营模式，例如通过 DRM 进行付费使用等，如果改采法定许可规则，无疑会在新兴媒体之间造成新的混乱，也不利于构建网络环境下的著作权利用机制。从体系解释上看，"举轻以明重"是基本的法律解释手段。我国著作权法立法的总体趋势，不仅是将个人网络上的传播使用排除在"个人使用"的合理使用范围，个人欣赏目的进行的网络传播都应该遵循授权许可的原则。同时，在网络服务提供者没有直接上传作品进行转载、摘编的情况下，诸如聚合媒体等承担侵权责任的范围不断扩大。所以，如果个人为娱乐欣赏目的上传作品个人使用都要授权许可，没有理由要求网络转载、摘编遵循法定许可规则；如果进行深度链接提供作品都需要承担"审查"义务，没有理由要求直接提供内容的媒体在没有得到授权的情况下使用作品。所以，网络转载、摘编授权许可虽然在实践中受到一些媒体的轻视、无视，但是这几年的推广成果也同样丰硕，一些较为规范的媒体建立了网络转载、摘编的授权许可机制，并且自身发展也形成相应的盈利模式。就此而言，如果突然在制度上宣布改弦易辙，必然会对这些规范运行的媒体的发展产生严重冲击。由此可见，新兴媒体的转载、摘编改采法定许可，缺乏必要的正当性理由。

三、新兴媒体转载、摘编著作权限制和利用的综合体系

不过也应该看到，尽管全面建立网络转载、摘编法定许可制度并不可行，但是并不意味着所有的转载、摘编都必须经过明示授权许可。新兴媒体转载、摘编一味地适用授权许可具有较高的成本，实践中出现的一些创新性许可方式，需要对之总结成共识，转化为法律规则。网络转载、摘编同样关涉社会公众的利益，也是与信息在网络空间自由流通密切相关。新兴媒体转载、摘编作品在整个著作权框架下形成授权许可为原则，相关的

著作权限制为补充的综合利用体系。具体来说，应该区分新兴媒体的不同类型以及其所使用的作品形态，在充分保障传统媒体利益和新兴媒体融合发展的总理念之下，既要与现有制度规则保持一致，也可以适度进行相应的制度创新。

（一）新兴媒体转载、摘编单纯事实消息

现行《著作权法》认为，单纯事实消息不受著作权法保护，所以新兴媒体可以自由转载、摘编单纯事实消息。由于单纯事实消息在表达形式上较为单一，而且很容易落入思想和表达竞合的范围，按照"合并原则"也不宜进行保护。再者，新兴媒体一般并不具备单纯事实消息的采访报道权限，如果新兴媒体不能转载单纯事实消息，那么也就只能在传统媒体的融媒体、全媒体中才可以阅读、观看到相应的新闻消息，显然这阻碍了新兴媒体的发展，不利于形成新兴媒体与传统媒体的良性竞争格局。所以，对于新兴媒体转载、摘编单纯事实消息，应该采取完全自由的政策立场。

当然，为了保障传统媒体在采写时事新闻方面的投资，弥补其雇佣成本，应该建立首发权的制度规则。由于原创媒体在采写新闻（包括单纯事实消息、时事性文章和新闻作品）中付出了辛勤的创造性劳动，为了保护原创媒体的"先发优势"，应当增加"延迟转载"的规定。事实上，世界其他国家早已做出了类似的规定。意大利规定，时事新闻报道自发表后 16 小时内他人不得使用，16 小时后可以进行使用。美国规定，原始获得新闻者享有 20 小时的优先权。缺乏"延迟转载"的规定，将影响原创作者以及原创媒体的利益，打破各主体之间的利益平衡。单纯事实消息的采写组织者享有首发权，意味着后续媒体转载时，应该标注首发新闻媒体，尊重其精神利益。建议在我国现行著作权法中加入"延迟转载"的规定，如所有针对新闻作品的转载必须在首次发表 24 小时后进行，否则就应当承担侵权责任。❶

---

❶ 孙昊亮. 网络环境下著作权的边界问题研究 [M]. 北京：法律出版社，2017：119.

（二）新兴媒体转载、摘编时事性文章

新兴媒体转载、摘编时事性文章在现实生活中非常普遍。坚持合理使用的制度设计，有利于新兴媒体的融合发展。虽然目前有些媒体在转载、摘编时事性文章时打擦边球，故意引起时事性文章和新闻作品、评论作品甚至小论文之间的边界模糊，但正如前文研究所述，只要对时事性文章采取较为严格的判定标准，新兴媒体转载、摘编时事性文章不需要征得权利人同意，也无须向其支付报酬。

（三）新兴媒体为报道新闻不可避免转载、摘编的合理使用

根据著作权法的规定，为报道时事新闻，在报纸、期刊、广播电台、电视台等媒体中不可避免地再现或者引用已经发表的作品，属于合理使用。《信息网络传播权保护条例》中也有类似规定。这表明，在我国，新兴媒体为报道时事新闻不可避免转载、摘编构成合理使用。新闻报道是人们了解国家大事和社会资讯的重要途径，新闻媒体为报道国内外发生的新闻，不可避免地再现或引用其他人的作品，这样的使用情形符合合理使用的立法精神，是国际社会通行的立法实践。需要指出的是，现行《著作权法》修改了原《著作权法》中只能报道"时事新闻"的范围限定，只要报道"新闻"即可，扩大了新兴媒体自由使用相关作品的空间。

（四）个人社交媒体的非竞争性转载、摘编的合理使用

从 BBS、"博客"、QQ 空间到微博、"微信"和各种社交媒体，网络环境下的消费性使用具有了许多新的存在方式。随着现代信息技术的日新月异，各种新型网络消费空间还会不断出现。网络消费空间的作品使用，表面上看不再具有传统消费性使用的一般特征，但是却没有改变其"非营利性"和"非竞争性"的实质，在大多数情形下也没有与权利人展开市场竞争。网络消费空间具有明显的开放性，但在实质上又具有相对封闭性。从技术特性看，它是"开放"的，任何人均可在满足一定条件时进入该空间，以"好友""朋友""熟人"等身份成为作品分享主体。由于网络是一个开放的技术平台，"熟人"的出现又总是以匿名和不特定性为表征，

所以，从技术上看，只要空间管理者允许，任何"网民"均可以进入特定的消费空间，在自己选定的时间和地点参与该消费空间的活动。但是，网络消费空间毕竟只是开放的社交平台，个人开设微博以及微博中粉丝的出现或选择，并不具有市场控制属性，相反，它只是源于个人的社交需要。这些作品分享主体的存在不需要支付任何市场对价，其基本的准入门槛是"朋友圈"。从表象看，这样的空间并不具有市场开放性。也就是说，只有具有特殊的"熟人"身份的主体才可以进入，因此本质上还是一个相对封闭的空间。"微博转发"是网络环境下的个人使用形式，在转发中不具有营利性；同时，它往往是为了与"粉丝"和"博友"分享观点或者评论时事，因此属于基本的言论自由和文化公共领域控制的范围，不会与著作权人形成市场上的竞争关系。这样的"个人使用"或者"评论性的使用"是否超出法律允许的范围，构成对权利人利益的不合理损害，则应根据"三步测试法"检验其正当性。也就是说，社交媒体中的消费性使用可能会损害权利人的利益，也可能不损害权利人的利益。针对具体的网络环境和消费惯例，这时候即可发挥"三步测试法"在限定著作权限制中的一般条款功能，依之进行检验。个人以复制、表演、网络传播、演绎等方式非营利性、非竞争性地转载、摘编发表作品或片段，在社交媒体上分享使用，构成合理使用。同时，应明确规定"三步测试法"，即著作权的限制必须是在特定情形下，不与作品的正常使用相冲突，也不得不合理损害著作权人的利益。❶

（五）非营利性新兴媒体转载、摘编时的默示授权规则

默示许可制度提供了一种可自由选择的退出机制，既尊重权利人的意志，又保障了获得报酬的权利，将默示许可制度应用于非营利性新兴媒体转载、摘编之中，能够在降低交易成本，提高授权效率的同时，缩小城乡差距、缩小数字鸿沟，进而有助于提升社会公共福祉。❷ 非营利性的新兴

---

❶ 梅术文. 从消费性使用视角看"微博转发"中的著作权限制［J］. 法学, 2015（12）: 115-125.

❷ 梅术文. 信息网络传播权默示许可制度的不足与完善［J］. 法学, 2009（6）: 50-58.

媒体进行转载、摘编的目的往往带有一定的公益性质，虽然这种公益属性可能偏离其执行公务的范围或者与其相关的职能存在一定差异，但是在知识普及和信息共享中仍发挥重要的作用。目前，我国《著作权法》并未对"非营利性"进行界定，对于非营利性新兴媒体的判断可参照《民法典》对非营利性法人的定义进行确定，根据《民法典》第 87 条、第 95 条的规定，非营利性法人应同时满足不得分配所得利润和不得分配剩余财产的要求，政府机关、学校等教育机构、公益性的研究机构以及图书馆、档案馆等往往符合这一标准，同时其在著作权法上本应具有特殊的地位和要求。我国《信息网络传播权保护条例》第 9 条规定的基于扶助贫困之许可既是一种制度创新，也是我国著作权法律对默示许可的首次确认。按照其规定，为扶助贫困，通过信息网络向农村地区的公众免费提供中国公民、法人或者其他组织已经发表的种植养殖、防病治病、防灾减灾等与扶助贫困有关的作品和适应基本文化需求的作品，可以通过默示许可的机制实现网络上的转载、摘编。有鉴于此，应当明确非营利性的新兴媒体均可以适用默示许可规则。具体内容主要包括：（1）明确可以获得默示许可规则的网站。考虑到当前我国非营利性媒体默示许可的实践操作条件尚不成熟，建议由国家版权局定期公布一批学术类网站和政府类网站，一方面确认这些网站的非营利属性，另一方面也明确它们所应承担的支付报酬义务，确保实践中有一定数量的非营利性新兴媒体可以适用默示许可规则进行转载、摘编。（2）经过认定的非营利性网站应该在网站的显著位置标明其属性，并且在每篇文献转载时注明："本站系非营利性网站，所有转载均为非营利性的目的，如有任何权利问题，请直接与我们联系。"（3）权利人发现非营利性的网站进行转载并提出异议的，网站应该立即删除相关的信息。（4）默示许可包括有偿默示许可和无偿默示许可两种。一般而言，权利人主张支付报酬的，非营利性的新兴媒体应该支付报酬。对于学术性或者公益性的新兴媒体，可以根据其运行的实际情况，减少或者不支付报酬。

（六）新闻聚合媒体转载、摘编时的"链接税"规则

新闻聚合媒体利用深层次链接等方式聚合他人的新闻，虽然在具体页面上可能只是呈现标题和少量的摘要，但是已经与新闻作品的初始提供者

进行了竞争，其产生的聚合效应和对消费者偏好的准确定位，也会产生非常强大的竞争力。不管这种深层次链接按照"服务器标准"、"实质呈现标准"和"消费者感知标准"是否构成直接侵权，新闻聚合媒体都应该向传统媒体进行适度补偿。如果按照"补偿金"的制度设计理念，那些即使现在没有侵权的产品，如果其主要的功能会给权利人的实际利益造成一定的损失，基于最起码的公平原则，新出现的产品生产者或者提供者都应该为著作权人提供一定的补偿。兴起于欧盟的"链接税"制度与之有异曲同工之妙。在我国，也应该建立起新闻聚合媒体转载、摘编的"谷歌税"规则，允许新闻聚合媒体进行转载、摘编，或者通过深层次链接使用其他新闻媒体的标题和摘要，可以不经权利人同意，但是应该支付报酬。对此问题，下一节还将进行详细分析，此处不赘。

（七）其他情况下的授权许可和付费使用原则

如果不满足上述特殊情况，则应坚持授权许可的原则。新兴媒体在使用作品的时候，应该征得权利人的同意，并且应向其支付报酬。

第五节　"谷歌税"的著作权意蕴及其展望[*]

近年来，欧洲国家拟向跨国新闻聚合服务商收取其收入的一部分作为新闻内容使用费，由于此问题源自欧洲各国拟向谷歌公司征税所带来的争议，因此也被形象地称为"谷歌税"。[❶] 目前，学者在两种不同语境下使用"谷歌税"的称谓：第一种，针对跨国互联网公司在全球各国获得收益却未对这部分收益纳税采取征税措施，旨在打击大型互联网公司的避税行为。第二种语境下的"谷歌税"，要求谷歌等搜索引擎必须向传统媒体支付定位新闻服务授权许可费。例如，2015 年 1 月生效的《西班牙知识产权法》规定，新闻聚合网站只要是显示西班牙媒体的新闻摘要，就必须向这

---

[*] 本节作为阶段性研究成果已经发表。梅术文．"谷歌税"的著作权意蕴及其展望 [J]．编辑之友，2017（8）：76–80.

[❶] New German Copyright Bill to require Search Engines Pay for News Linking. World Intellectual Property Report，2013：9.

些媒体支付费用，违者将面临最高 60 万欧元罚款。2014 年 3 月通过的
《德国媒体发行商著作权补助法案》（LSR 法案）则规定，搜索媒体未经内
容提供者许可，不得制作内容摘要，只能放置标题和链接。该种语境下的
"谷歌税"其实是"版税"的一种，也就是使用受到著作权保护作品时应
该支付的许可费。它适用于新闻聚合网站的内容转发行为。本节所要讨论
的是第二种语境之下具有著作权意蕴的"谷歌税"❶。

一、"谷歌税"的制度由来

"谷歌税"引发了社会各界的高度关注，它作为一种解决新型媒体和
传统媒体紧张关系的全新方案而引起各方的热烈讨论。具体来说，"谷歌
税"得以产生的原因表现在三个方面。

（一）协调传统媒体和新型媒体之间的利益关系

传统媒体和新型媒体的划分标准，会随着传播技术的发展而出现不同
的结果指向。"谷歌税"旨在通过制度的创新，协调互联网环境下的报刊、
网络内容提供者与聚合媒体、数据媒体之间的利益关系。随着互联网搜索
和大数据聚合技术的发展，不仅是传统的报纸杂志，即便是已经将传播方
式延展到网络空间的内容提供媒体，也面对着来自聚合媒体、数据媒体等
新兴媒体超强的竞争压力。"谷歌新闻"等新闻聚合媒体通过后台聚合算
法，汇集全球各地的新闻资源，将类似报道组合在一起，根据读者个人喜
好进行显示，"网民"习惯于借助这种聚合媒体获取必要的信息。文化消
费者可能因为已经浏览聚合媒体提供的新闻摘要或者标题而放弃阅读传统
媒体的新闻内容，广告商也更为青睐受众群体面较为广泛的新闻聚合服务
商，传统内容媒体的利益受到影响。"谷歌税"要求新闻聚合媒体为利用
传统媒体的新闻动态支付报酬，进而弥补传统媒体在发行量和阅读量上造
成的损失。

---

❶　此处的"谷歌税"与 2019 年的欧盟《单一数字市场版权指令》中的"链接税"本质含
义完全相同，本书不作区分。

（二）完善著作权法中的作品使用限制规则

著作权是激励作品生产和传播的制度设计，最终有助于文化的发展和繁荣。按照著作权法的一般原理，使用他人作品，只要涉及著作权权能控制的行为，就需要得到权利人的同意并支付报酬，这既是对著作权人精神权利的尊重，也是为了确保著作权人能够获得足够的物质利益，以弥补其劳动或投资的付出。也就是说，只有真正付出智力劳动、为作品的创作做出贡献的权利人，才能在作品的使用过程中获得利益。搜索引擎是根据个人喜好建立的新闻搬运工，对于信息的选择机制是以技术为基础，没有进行相应的智力投入，但是在整个新闻传播链条中，聚合媒体虽然不生产新闻，却利用网络上的各种信息获得了大量的利益，拿走了大部分网络广告，这违背了著作权法的基本原理和立法精神。按照传统的著作权法所设定的规则，聚合媒体的设置链接行为也不会构成对著作权的侵犯。大多数国家的法律均认同，即便是提供深层次链接的行为，也因为在定位服务提供者的服务器上没有出现作品的复制，也就不是一种向公众提供的行为，反而恰恰是网络共享理念的体现。这种以"服务器标准"判断侵权行为的模式无疑进一步降低了聚合媒体的经营成本，由此导致的结果就是从事内容生产的一方无法借助著作权授权获得利益，又不能通过追究聚合媒体的侵权责任而打压各种违法传播网站，长此以往，其将不会有内在的动力从事新闻生产工作。因此必须改进著作权限制制度，从目的和正当性角度反推一种新的规则，允许聚合媒体未经许可使用新闻作品的同时向新闻内容的提供者支付报酬，进而实现传统媒体和新兴媒体之间的利益分享。

（三）遏制具有市场独占地位的互联网企业

基于产业环境的基本判断，互联网企业的集中度日益增强，产业组织结构呈现出领导型的厂商独占市场份额的状态。垄断性的互联网企业事实上为传统媒体的转型发展设置了进入障碍，互联网经济中较强的品牌依存度和消费信赖也是传统媒体在网络空间做大做强的屏障。例如，"谷歌新闻"有70个国际版本，覆盖35种语言，谷歌掌握全欧洲80%以上的搜索市场，在德国，这个数字甚至高过90%。对于握有这么大市场份额、具有这么大影响力的公司，欧盟担忧它在搜索结果中优先显示自家内容，或是阻挡其他竞争对手的搜索广告。就此而言，"谷歌税"征收的对象主要是具有强势地位的互联网搜索引擎公司，包括谷歌、脸书、微软公司、美国在线和雅虎等。从这个意义上讲，"谷歌税"也具有均衡竞争、防范互联网公司滥用市场支配地位进而危害新闻自由的功能。

二、"谷歌税"的制度性质

"谷歌税"虽然具有多方面的功能考量，但是本质上却是一种著作权制度设计，它是传统著作权权能规则和授权许可规则的创新发展。

（一）"谷歌税"是一种新型"版税"

"谷歌税"是国家以强制的方式要求诸如谷歌等新型网络媒体向著作权人（以传统媒体为代表）支付报酬的一种新型"版税"机制，这既是对著作权人获取报酬权的保障，也是对"一对一"授权许可的限制，类似于"补偿金"制度的著作权限制机制。"谷歌税"主要针对的是商业性引用行为，比如谷歌搜索和谷歌新闻，博客内容的摘引不受限制。"谷歌税"可以向代扣代缴的主体支付，例如《西班牙知识产权法》规定授权成立一家专门处理"谷歌税"费用交付的管理机构，但所有获得的收益应该用于弥补传统媒体因为互联网冲击而遭受的著作权损害。"谷歌税"是基于互联网链接而产生的对著作权进行一定限制的许可制度。至于这种许可性质如何，各国的做法不尽相同。在西班牙法律框架下，权利人不得放弃报酬，权利人也无须经过前置的谈判就必须先行缴纳授权费，在使用许可的性质上属于"法定许可"。《德国著作权法》肯定权利人享有专有权利的同时，允许其通过与谷歌公司的谈判明确放弃该权利，所以更接近普通的授权许可。从谷歌公司的市场应对上看，它希望那些不允许进行定位和聚合服务的内容商可以通过技术手段阻止链接，未采取相应技术标准的视为同意进行聚合服务，此时，"谷歌税"反而变成了一种默示许可机制。

（二）"谷歌税"创制了传统媒体的新型邻接权

"谷歌税"从文字表述上是一种"税"，但实际上是授予传统媒体一项私权。传统媒体对于自己载体上提供的信息有些享有著作权，有些并不享有著作权。虽然对于新闻内容的选择编排享有整体的著作权，但是网络链接和聚合服务时并不涉及这种汇编作品的独创性，进而不会侵犯汇编作品的著作权，所以传统媒体只能基于对已经获得著作权的作品主张利益。即便是这样，一些作者也可能没有授权媒体代为行使著作权，这时有两种解决问题的思路：第一种思路是肯定传统媒体的集中许可身份，突破集体管理制度中由集体管理组织垄断实施信托许可的制度障碍，允许媒体在接受投稿时，无论是取得专有许可权还是非专有许可权，都可以代表著作权人行使集中管理的职责。这样一来，其他网络服务提供者使用传统媒体上的作品，即便不是由媒体享有著作权，也应该征得该媒体的同意。第二种思路是创设一种新的邻接权，一体化赋予传统媒体对于整体性的所有作品在传播中享有新闻制作者权，该权利的主体是传统媒体本身，客体是传统媒体传播的各种作品，权利的内容是未经许可不得复制、发行和向公众提供。"谷歌税"是第二种思路下的产物，它实际上已经创造了一种新的邻接权。根据 2013 年《德国著作权法》修正案，立法者创设了报刊出版者权。❶ 随后德国发起的征收"谷歌税"立法与著作权法的修正一脉相承，直接依据就是对报刊出版者权利的保护。

（三）"谷歌税"在著作权法上明确网络定位服务提供者的新义务

在传统的著作权法制度框架下，普通链接行为是网络自由的标志，受到法律的保护，此时自然不需要向任何被链接者支付报酬。即便是深层次链接，按照所谓的"服务器标准"，网络链接服务提供者因为并没有在服务器上提供作品进而不会构成直接侵权，只要它不知道或者不应该知道侵权行为的发生，也是一种合法行为，不需要征得被链接者的许可授权。当然，这并不否认定位服务提供者也时刻面临着间接侵权的指控和相应的法律风险。实践中也不乏链接服务提供者在激烈市场竞争中选择各种法律的灰色地带，进而也导致各种法律纷争连绵不止，造成大量的司法成本损耗和社会资源浪费。伴随着移动互联网技术的发展，各种新型的聚合平台

---

❶　颜晶晶. 德国著作权法修改评析［EB/OL］.［2016 - 05 - 25］. http：//www. sipo. gov. cn.

App 大量涌现，这些移动聚合媒体满足了消费者利用碎片化时间进行阅读和欣赏的习惯，具有很好的市场前景，但实际上却没有给内容提供者任何报酬。"谷歌税"是从制度安排上解放各类网络服务提供者和传统媒体的最直接方式，它强加一种新的义务于从事定位、聚合服务的媒体，也就是必须为自己的新闻聚合服务支付报酬。这种新义务的关键不在于链接行为属于普通链接还是深层次链接，也不在于是否在链接过程中复制了作品、作品的标题或者摘要，只要链接和聚合服务是一种实质上的新闻媒介过程，与传统媒体发生了实质上的竞争关系，就有义务为该种新闻服务行为支付报酬。

三、"谷歌税"的制度利弊

（一）谷歌税的制度之利

首先，"谷歌税"建立了从私权视角调整媒体融合中利益关系矛盾的法律机制。实际上，2013 年 2 月，谷歌公司在法国意图推行媒体发行商著作权补助法案时，即同意拿出一笔 6000 万欧元的数码发行创新基金，协助法国发展传统媒体。❶ 创设文化基金是一种公权力干预文化产业发展的模式，这种模式的缺点是难以有效配置资金，从而不能精准核实传统媒体应该获得的利益数额，甚至滋生权力寻租和腐败。"谷歌税"的私权配置模式克服了这种弊端，也是运用市场机制长远、持续解决搜索引擎媒体服务中各种利益配置问题的方案。

其次，"谷歌税"保护了传统媒体的利益，有助于媒体融合战略的实施。传统媒体向互联网领域的自我延伸既需要有互联网思维，还要面对来自已有互联网强势企业的阻击。以谷歌为代表的互联网公司未经许可进行的链接和传播行为，没有付出相应的新闻制作成本，却挤占了传统媒体的市场空间，延滞传统媒体向互联网服务的转型。同时它又是循序渐进保护媒体融合的制度设计，只是针对特殊的聚合媒体进行利益调整，因此既可

---

❶ 吕绍玉. 德媒讨 Google 税不到两个星期因流量暴跌 80% 而后悔［EB/OL］.［2016 – 08 – 01］. http：//technews. tw.

让聚合媒体合法使用传统媒体内容，又让传统媒体具有制作新闻内容并向互联网领域开疆拓土的动力。

最后，"谷歌税"发展了著作权的制度规则。"谷歌税"建立在一种全新的新闻媒体制作者权的基础之上，虽然这种新型的邻接权目前还只限定在对于聚合媒体新闻传播的控制上，但是作为一种全新的权利配置，为在以后的互联网环境下进一步发展数字邻接权法律规则提供了充分的依据。作为一种义务要求，"谷歌税"要求聚合媒体为自身的新闻链接和聚合服务支付报酬，这实际上变相改变了信息网络传播权（向公众提供权）奉"服务器标准"为圭臬的原则立场，进而肯定了"实质呈现标准"和市场竞争原则所具有的根本政策价值，通过权利限制制度的创新实现了法律调整的优化。

（二）"谷歌税"的制度之弊

首先，"谷歌税"让倡导网络自由的人感到挫败，某种意义上是对网络空间自由价值理念的挑战。从网络的根本架构上观察，定位技术是保障互联互通的基础和前提，"链接权"是消费者自由获取网络信息的制度保障。目前有一种思潮，就是打击所谓的"链接权"。例如，欧洲法院2014年5月判定，公民有权利向谷歌提出要求，即删除搜索结果里牵涉个人信息内容的链接，这个被称为"被遗忘权"制度的设计与"谷歌税"构成私法领域相互配合的制度设计，都是针对"链接"行为进行私权控制的规则安排。链接是互联网运转的基本方式，搜索引擎的运转方式是根据每个搜索请求提供匹配的内容，确切地说是提供内容所在网站的链接，一旦"谷歌税"成为打击"链接权"的有效私法审查工具，则必然会引起网络自由组织的强烈反弹，引起消费者的极端不满。有民众担心，政府征收"谷歌税"的政策非但不能给民众以实惠，反而会让这些网络公司减少免费下载服务，从而让他们跟免费文化"亲密接触"的机会减少。

其次，"谷歌税"并不能从根本上帮助传统媒体向互联网转型。换言之，传统媒体的互联网转型才是应对新型技术条件下利益分配不均衡的根本之策。面对互联网新技术的冲击，传统的信息传播模式必然会受到影响，但传统媒体对于自身的发展转型策略也存在着极大的不足，无论是政策调整还是市场调节都没有即时有效的应对方案，即便依赖"谷歌税"会产生短期缓解压力的效果，但长远看依然会被大时代所淘汰。实际上，提供新闻索引的"谷歌"直接指向媒体网站，为传统媒体带来了巨大的点击量。如果强推"谷歌税"政策，并不必然给传统媒体带来利润增长的效果。比利时部分媒体退出谷歌新闻索引后导致其点击量大幅下降，最后不得不重新要求列入索引，这说明传统媒体对"谷歌"等新兴互联网信息传播方式的依赖。谷歌公司在西班牙征收"谷歌税"后断然关闭"谷歌新闻"，并将所有西班牙提供商的内容撤出其国际版，导致这些西班牙新闻出版机构的网站流量陡然下降。德国由200多家媒体出版商联合组成的协会VG Media也宣布放弃向谷歌索求授权金，并希望谷歌能继续使用他们的内容作为摘要。这些活生生的实例均表明，"谷歌税"并不是实现新兴媒体和传统媒体共赢发展的最佳选择。

最后，"谷歌税"会在著作权制度框架中带来新的矛盾和冲突。新的媒体制作者权的出现必然有一个与作品创作者的著作权协调问题。出版者的权利一般是通过合同约定，以专有出版或者非专有出版等债法的形式进行保护。但是媒体制作者权针对所有传播的作品都享有获得利益的能力，却没有相应的著作权人分享利益的途径。在具体的缴纳和操作方式上，海量的链接不可能通过海量的许可完成，否则将会存在巨大的交易成本，因此"谷歌税"也需要借助相应的组织实施，这种运作模式并不必然比"集中许可"或者"集体管理"更有效益。另外，在具体的制度规划中，一些国家仍然将重点放置在新闻摘要或者标题是否构成版权作品的判定上，并没有从根本上审视"服务器标准"和"消费者标准"所带来的不同市场竞争规则。事实上，究竟哪些摘要、标题构成作品本身就是引起无数纷争的新议题，所以"谷歌税"也会增大法律实施的难度而不是通过制度安排节约各种诉讼资源，并不必然符合制度经济学的要求。

四、我国应对"谷歌税"的策略与启示

（一）我国相应规则评析

我国目前正在形成征收"谷歌税"的产业环境，但却没有"谷歌税"的制度规则，相应的讨论也集中在理论研究阶段，还没有在立法层面启动

实践诉求。虽然谷歌公司没有能够在中国获得独占性的搜索引擎市场地位，但是"百度新闻""今日头条"等新闻聚合媒体的发展，越来越冲击传统内容提供者的利益，由此也带来一系列的纷争。例如，2014 年以来，《广州日报》、搜狐公司、《楚天都市报》等传统媒体相继发起过针对"今日头条"的诉讼，表明聚合媒体和传统内容媒体的冲突日趋激烈。不过从目前的主流意见看，我国的著作权法短期内不会引进"谷歌税"的制度规则，而是更多地要求聚合媒体不得直接侵犯作品的信息网络传播权，对于符合运作规范的数据媒体和链接提供者，则不会直接课征版权使用费。例如，2014 年 6 月 16 日，国家版权局启动的对"今日头条"涉嫌侵权案调查，主要集中在"今日头条"网站及移动客户端在向公众提供他人新闻作品及相关图片内容的集成、聚合、搜索、浏览和评论服务时，是否侵犯信息网络传播权。相关调查确认，只要"今日头条"实施了存储和传播作品的行为，而非链接跳转提供新闻链接和定位服务，就可以认定构成侵犯著作权人信息网络传播权。可见，我国并没有否定"今日头条"作为聚合媒体运营模式的合法性，也没有要求这些聚合媒体针对链接行为支付报酬，而是仍然坚持在是否复制、传播作品的框架内，建立授权许可的规则。

　　按照现行《著作权法》的规定，报纸、杂志等媒体除享有版式设计权外，并不能对传播的作品享有邻接权，而只是根据授权许可的规则享有专有或者非专有的出版权。但是，如何发挥新闻媒体的作用，切实保护新闻媒体的利益，在网络转载日趋频繁的时代环境下，确实具有重要的意义。2015 年 4 月 17 日国家版权局出台的《关于规范网络转载版权秩序的通知》对此进行了有益的探索。该通知第 5 条规定，投稿、约稿作品著作权人如果许可报刊单位使用其作品，互联网媒体对该作品进行转载，应当获得报刊单位的许可并向其支付报酬。这体现了对报刊单位权利的重视。❶ 也就是说，无论报刊单位通过许可合同获得的是专有出版权还是非专有出版权，网络媒体在转载该作品时，都应当获得报刊单位的许可并向其支付报酬。该制度具有"集中许可"的属性，是一项带有"谷歌税"意义的制度创新。但是它倾向于保护报刊单位的利益，混淆了作品传播者的"邻接

---

❶　王国柱. 媒体融合背景下网络转载的版权规则［J］. 出版发行研究，2015（8）：84－86.

权"和作品创作者的著作权,没有考虑到作品创作者的利益需求,因此,必须将"集中许可"制度与之配套,才更具合理性。

(二)我国相应规则的完善建议

在新闻搜索服务中,战略利益相关者是创作者、传统媒体、文化消费者和新闻聚合媒体。"谷歌税"能否真正保障这些利益相关者的诉求,成为判定其未来走向的"试金石"。现阶段剑拔弩张的局面源于利益相关方并没有形成一个合理的利益分享机制,传统媒体无法取得自身应得的报酬和版权价值,导致发展难以为继。❶从这个层面上讲,"谷歌税"正视传统媒体和新兴媒体之间的矛盾,主张可以根据时代的发展调整一些固有的规则,确保传统媒体有资格从聚合媒体中获得相应的报酬,这种敢于创新的思路值得借鉴。具体包括两个方面的建议:(1)建立版权集中许可机制。在著作权法的层级上肯定《关于规范网络转载版权秩序的通知》的规范内容,进一步发挥内容媒体的作用,允许内容媒体在接受作者投稿后,可以根据约定获得集中管理者的资格,可以代表作者进行著作权授权许可。按照"集中许可"的规则,新闻作品的传播者在收取相应的费用后,应该按照与著作权人集中许可的协议,回馈一部分利益给予创作者,并且必须在所有的授权活动中尊重创作者的精神利益。(2)探索实施类似于"谷歌税"的著作权限制规则。如果新闻聚合媒体的服务模式依赖于聚合服务和深层次链接行为,其新闻聚合服务已经与传统媒体有着实质性的竞争关系,则其使用行为不需要征得权利人同意,但是应该就标题和摘要的使用以及深层次链接支付报酬,使用费标准由相应的集体管理组织协同传统媒体、新兴媒体和著作权人共同建立;同时,也为传统媒体和新闻聚合媒体留下私权自治的空间,让其在支付使用费和与传统媒体合作之间自由选择。如果网络服务提供者只是进行一般的深层次链接,并没有与传统媒体形成实质的市场竞争,则按照"实质呈现"标准个案判断该网络定位服务提供者是否构成直接侵权。这也是后文所将阐释的"实质呈现 + 补偿"机制。

---

❶ 熊琦. 著作权激励机制的法律构造 [M]. 北京:中国人民大学出版社,2011:198.

第五章

新兴媒体融合发展中的著作权利用

新兴媒体全新的运作模式冲击了传统媒体的传播者地位，用户获取信息的方式也迎来史无前例的革新，这需要新兴媒体和传统媒体、著作权人发挥主观能动性，通过加强著作权利用来化解各种可能出现的利益冲突。质言之，新兴媒体在发展中应及时创新著作权利用模式，通过版权许可、转让等多种方式建立较为完备的版权资源库和资产运营模式，不断探索构建版权交易平台，与专业化的运营机构展开合作。这是预防著作权纠纷的前置性的措施，体现了著作权利益分享的理论基础，也有助于节约交易成本，实现作品的动态利用和价值增长。在"互联网＋"的背景下，只有充分发挥著作权利用制度的功效，才能促进新兴媒体的融合发展。

第一节　新兴媒体著作权利用的特殊性及制度应对思路

随着信息技术的高速发展，各种新兴媒体不断兴起。近年来，智能手机的应用越来越普及，信息传播变得越来越方便和快捷，新兴媒体成为大众阅读和获取信息的主要途径。但是，新兴媒体的出现犹如一把双刃剑，在推动信息内容传播的同时，也给传统媒体和著作权人的利益带来新的挑战。与此同时，不少网络新媒体也开始转变经营观念，通过原创和许可、转让等方式积累版权资源，形成以版权为核心要素的竞争优势。然而网络技术日新月异，原来的所谓新兴媒体的版权资源同样存在被更新的媒体形态非法利用的可能性。在这种技术更新和理念变革的浪潮中，一味寻求版权的独占性控制往往并不能产生预料的结果，相反，无论是传统媒体还是新兴媒体，只有通过加强著作权利用，才能满足消费者日益增长的物质文化需求，给著作权人带来收益，从而实现著作权价值最大化，而且这也是新兴媒体融合发展的捷径和必由之路。

一、新兴媒体著作权利用的特殊性

新兴媒体具有开放性、交互性、便利性和内容丰富性等特征，传播作品的范围更广、速度更快，随着新媒体参与者的人数不断增多，围绕媒体而出现的各类权利人及其他利益相关者也变得庞大且分散。由于作品都能够轻易从网上获取，无论一首歌曲、一部小说，还是一篇文献、一部电视剧等，这给网络用户带来不一样的体验，同时也必然影响著作权人利益的实现，对传统媒体的传播效益产生影响。在这种环境下，新兴媒体和传统媒体、著作权人都产生了更为强烈的著作权利用需求，表现出其特殊性。

（一）主体多元化

在新兴媒体环境的影响下，传统的大众传播方式被打破，每一个公众都能参与新兴媒体的传播。以往公众主要通过面谈、书信、会议等实现信息的传播，传统媒体主要是通过报纸、电视、广播等实现点到面的传播。在新媒体环境下，尤其是随着微博、微信等新媒体平台的出现，每位网络用户只要动动手指点击、转发、分享等就能实现信息的快速传播，各大新媒体平台也通过推送新闻、视频等实现信息的点到点、点到面、面到面的多样化传播。例如，截至 2017 年 9 月，微博每月平均活跃人数共 3.76 亿❶，微信每日平均登录用户 9.02 亿❷。在如此巨大的传播主体和传播量面前，著作权付费许可变得异常困难和复杂，传统的授权许可变得越来越不具有可操作性。而且，新兴媒体在利用著作权时，往往涉及作品的作

---

❶ 新浪科技. 微博月活跃用户达 3.76 亿，稳固平台型公司地位 [EB/OL]. [2016 – 08 – 01]. http://tech. sina. com. cn/i/2017 – 11 – 07/doc-ifynmzrs7784227. shtml.

❷ 杨鑫健. 微信 9 月平均日登录用户数破 9 亿，月活跃老年用户 5000 万 [EB/OL]. [2018 – 11 – 05]. http://news. 163. com/17/1109/20/D2R0PF62000187VE. html.

者、平台运营者、广告投入商、作品使用者等多方主体，涉及改编作品、翻译作品等经过二次创作的作品和改编者、翻译者等主体。在整个利用过程中，其著作权主体呈现多元化趋势，牵扯到各方主体的利益，给著作权利用制度的建构提出新的要求。

（二）利用形式多样化

新兴媒体时代，除了要保护好作品的著作权，维护作者的合法权益，还要充分开发利用作品的著作权，挖掘其背后的潜在价值。媒体融合发展的实践必然带来多样化的著作权利用样态。传统媒体和著作权人也迫切需要将版权资源转化为产业延伸后的实实在在利益，这时就需要借助多种运营形式，突破传统模式的障碍。与此同时，随着生活水平的提高，人们的文化需求多元化、文化品位高端化，这也是开展多样化著作权运营的社会现实背景。因此，对那些市场潜力较大的作品，著作权人可以立足多个角度、借助多个平台，在各种新兴媒体进行多次传播，在实现传播效率和经济效益最大化的同时，满足人们文化需求。一部拥有大量忠实粉丝的小说，除了通过发行实体书、在网上付费阅读进行传播外，还可以与作者签约并获得授权，从线下出版拓展到影视剧改编、网络游戏改编，甚至是话剧、动漫、动画等，开展全面化的市场运作。例如，《三生三世十里桃花》《盗墓笔记》等均是由小说改编而成，拍成电影、电视剧，充分挖掘了作品的内在价值，既起到了很好的传播作用，也为著作权人带来了利益最大化，激发了作者的创作热情，推动著作权市场健康快速发展。

（三）合作共存性愈益凸显

新兴媒体涌现之初，凭借着其便捷性、交互性、时效性等优势，逐步瓜分传统媒体的市场占有率，传统媒体多是借助其内容资源带来的著作权优势，发挥著作权的排他权效力，打压新兴媒体的生存和发展空间。传统媒体针对新兴媒体发动的一系列著作权诉讼，比较清楚地彰显了传统媒体的著作权优势，以及由此带来的竞争优势。随着新兴媒体的发展和传统媒体的转型，为了谋求共同发展，新旧媒体走上了合作之路。新旧媒体往往通过资源互换、相互著作权授权等方式来提升自己的竞争力，拓展媒体市场。例如，江苏卫视的自制大型相亲节目《非诚勿扰》授权给爱奇艺、优酷、腾讯等视频网站。江苏卫视可以借助这些视频网站来弥补自身传播渠道的缺陷，使观众可以在自己碎片化的休息时间里有选择地观看自己想看的那一期节目，还可以通过快进、回放、弹幕等满足自己的个性化需求。而《非诚勿扰》长期积累下来的良好口碑和固定受众，也使得获得授权的视频网站产生更多的点击量和广告收入。此外，各大电视台和报纸杂志等传统媒体也与新媒体展开合作，借助新媒体平台宣传造势。据统计，2017年新浪微博日活跃用户达到 1.65 亿，❶ 各大传统媒体纷纷借助微博来为自己宣传，例如《爸爸去哪儿》《奔跑吧，兄弟》等传统媒体自制综艺，在开播前就在微博上通过视频、图文等形式宣传造势，为之后的播出打下良好的观众基础。传统媒体通过开办自己的网站进行信息的二次传播，例如湖南卫视、浙江卫视分别创办了芒果 TV 和中国蓝 TV，借助网络媒介独家播放自己制作的节目。与此同时，新媒体越来越重视作品的原创投资，独家新闻报道和自制网剧越来越多，例如优酷自制的《热血长安》、爱奇艺自制的《最好的我们》《延禧攻略》等，都获得良好的口碑和市场。在这样的背景下，如果以"融合发展"为主轴盘活网络上大量存在的媒体资产，就需要更进一步深化合作共赢的理念，打破可能复归的渠道垄断，以著作权利用为纽带，实现著作权产业链和价值链的延伸。

二、新兴媒体著作权利用的主要模式

从发展的脉络上看，新兴媒体储备版权资源的方式包括从传统媒体获得版权的许可或者通过让与取得版权，以及原创生成自有版权。由于新兴媒体的基本优势并不在于原始信息资源的积累，通过购买获取优质版权内容成为重要选择。例如，盛大文学、汉王等数字出版商都积极与出版商进行合作，通过著作权许可、购买和合作搭建优质产品营销管道，为打造"正版文库"铺路。在互联网视频、互联网音乐等产业领域，优势企业更是通过收购、许可等方式强化了著作权布局优势。如爱奇艺花 2 亿元打包

---

❶ 新浪微博数据中心 . 2017 微博用户发展报告 ［EB/OL］. ［2018 - 11 - 05］. http：//www. useit. com. cn/thread - 17562 - 1 - 1. htm.

买下 2014 年湖南卫视《爸爸去哪儿》第二季、《快乐大本营》等五档综艺节目独家播放权。腾讯视频则花费 2.5 亿元购买《中国好声音》2014 年网络独家版权。

具体来说，新兴媒体著作权利用的主要模式包括五种：（1）著作权许可。著作权许可是新兴媒体获得著作权人或者传统媒体的同意，在一定的时间或地域范围内使用作品、表演、录音录像制品和广播电视节目信号。由于媒体经营的作品具有很强的时效性，迅速获取权利人的授权许可进而能够合法利用相应的作品等信息，恰恰是新兴媒体获得市场竞争优势的重要原因，因此更为便捷获取著作权许可是新兴媒体的迫切需要，也是著作权运营的主要形态。（2）著作权转让。著作权转让是新兴媒体完全取得著作权尤其是信息网络传播权后，可以自主地拥有可控的著作权。新兴媒体可以与著作权人签订转让协议，获得一项或多项著作权权能而成为该项权能的继受主体。这种著作权运营模式的缺陷是增加新兴媒体的运营成本。（3）著作权融资运营。新兴媒体作为著作权人的情况会越来越普遍，不论是通过自主创作还是继受取得，新兴媒体完全可以将著作权进行质押融资或者投资经营，在实际的经营活动中还可以灵活运用著作权保险和证券化等方式，实现著作权的融资价值。（4）著作权整合运营。整合运营是将传统媒体或者新兴媒体的著作权整合聚集在一起，借助规模化优势提高运营收益，减少运营成本。这种模式下，可以搭建统一的著作权运营平台，开展著作权交易，进行著作权拍卖。同时，也可以形成著作权联盟，设立著作权组合，通过整合各类主体和客体实现便捷化的交易。整合运营把一些零散或分散的资源通过重新组合和利用，以达到充分利用资源的目的，从而实现产品的现实价值。建立著作权交易平台、探索运营著作权超市以及建立著作权联盟，都是新兴媒体开展著作权整合运营的有效方式。新兴媒体借助数字权利管理系统（DRM），可以在某个平台上整合相应的资源，并且便捷地向用户进行许可，打造更符合网络共享特征的有偿使用方式，满足用户的多方面需求。新兴媒体还可借助行业协会或者著作权联盟等，建立网络上的版权交易中心，在著作权人和使用者、传播者之间搭建版权整合运营中心，对作品资源进行重组和利用，对作品进行多方位、多样化的传播，从而实现创意作品著作权收益最大化。（5）著作权商业化运营。

著作权商业化运营是由专门的营利性组织（包括专业化的运营公司、代理机构和律师事务所）进行作品的收购、包装、组合，主动介入著作权利用系统之中，并且借助著作权利用获得额外收益的模式。著作权商业化运营包括著作权资本化运营和著作权诉讼运营两种，前者通过投资著作权而获得额外利润，后者借助诉讼形式获得额外赔偿。这些专业化运营在实现其经济利益的同时，也带来不少的社会问题。此外，集体管理组织虽然是非营利性的组织，但是在现实中却出现借助商业运营公司收取使用费的情况，引起不少的争论。上述问题都需要相应的制度进行调整，通过将各类著作权利用模式纳入法律框架以维护其正面功能，抑制其可能带来的消极影响。

著作权利用模式与作品类型、权利主体和权项性质都有一定的关联。不同类型的作品存在不同的运营模式。一般来说，电影作品和音乐作品进行著作权许可的情况比较普遍，新闻作品在著作权运营时需要面对传统媒体和记者等较为复杂的利益关系。针对信息网络传播权的运营，专业化运营公司发挥的作用要比著作权集体管理组织要大，建立相应的交易平台和版权联盟的呼声也更为迫切。

三、新兴媒体著作权利用的制度应对思路

著作权立法的初衷不仅是保护著作权人应得的利益，更是为了促进文化的传播与发展。新兴媒体既有内生的著作权利用需求，也存在外在的合规性要求，在著作权法中有效回应新兴媒体著作权利用模式带来的新问题，有助于实现著作权的最大价值。著作权利用制度散布于著作权法的相关章节，涵盖著作权主体、著作权许可使用和转让合同、相关权法律制度以及著作权集体管理等内容，并且与行业现行探索形成的规范以及合同法、反垄断法等制度勾连在一起，因此在具体制度应对时应统筹考虑，推动形成制度合力。

（一）推动现有著作权利用规则向网络环境的延伸

现有著作权利用规则的基本原则主要包括四个方面：（1）传播效率和利用效率兼顾的原则。著作权利用的主体和合同都应该有助于作品、表

演、录音制品的传播，但是也能够节约交易成本，实现著作权人利益和使用者利益之间的合理平衡。（2）单独利用和一揽子利用兼顾的原则。既要通过制度设计保证著作权人能够有效控制作品等信息的利用，也能够通过集体管理、一揽子许可等方式实现作品的集中利用。（3）先授权、后利用的原则。在没有合理使用、法定许可等例外情形时，使用者必须先获得著作权人的授权，才能利用著作权。（4）通用合同制度和具体利用方式结合的原则。立法中既对著作权许可和转让合同的一般内容进行规定，也对出版、表演、录音录像、播放等具体利用方式进行界定。虽然新兴媒体著作权利用具有一定的特殊性，但是并没有突破著作权利用制度的一般框架，在法律没有修改之前，实践中新兴媒体必须遵循上述原则。

与此同时，传统的著作权利用规则也需要进行相应的调整和完善，以确保著作权利用规则向网络环境延伸。具体来说包括以下三个方面的重点内容：（1）著作权权利主体制度完善。由于新兴媒体著作权利用主体的多元化和利用形式的多元化，作品的转载变得普遍和便捷。新兴媒体传播作品时确定著作权主体存在一定的难度，因此在著作权归属制度设计时不妨做出相应的调整，推动更为便捷的著作权许可机制的形成。例如，针对新兴媒体利用新闻作品的问题，可以在职务作品制度中进行相应的改进，将新闻作品的著作权归属至新闻媒体，新兴媒体可从传统媒体处获得一揽子许可，而无须再征得所有新闻记者的同意。这种制度设计避开了新闻出版者权等邻接权制度设计的困难，直接以著作权主体制度的改革带动了著作权利用制度的完善。（2）著作权合同制度的完善。随着著作权市场的逐渐扩大以及著作权作品传播方式的变化，著作权授权许可的传统方式已经不能满足人们对于效率和利益的追求，新兴媒体产业链上的相关人员开始寻找更高效的著作权利用模式，著作权合同制度有必要进行调整和完善。例如，著作权默示许可和要约授权许可、免费使用合同等都应该在著作权法中有所体现，可以针对新兴媒体的利用方式，在著作权许可和转让合同中明确这些合同的合法性。新兴媒体的传播速度超越传统媒体，在授权效率上也必须提升，通过默示许可、要约授权和免费使用等合同机制，有助于彰显"先授权、后利用"的原则，也可在尊重当事人真实意愿的同时提高授权许可的效率。（3）著作权集体管理制度的完善。著作权人把权利授予著作权集体管理组织进行管理，把个别许可升级为集中许可，以此实现著作权的集中许可，提高著作权市场的交易效率、降低交易成本。新兴媒体利用著作权将更多依靠著作权集体管理组织，所以有必要通过制度创新打破著作权集体管理组织可能存在的垄断，有效监督其开展相关集体管理活动，探索延伸性的集体管理等新型管理形式，针对新兴媒体利用音乐作品、电影作品、文字作品、摄影作品以及孤儿作品等建立具体的集体管理细则，提升其管理活动的透明度。

（二） 创新新兴媒体著作权利用的制度规则

新兴媒体著作权利用模式在不断扩展和探索之中，不同的商业模式需要更为具体的制度建设。就此而言，传统的著作权利用制度有时并不能直接应用至新兴媒体，因而留有一定的立法空白。有鉴于此，立法要保持适度的谦抑，不可立刻对所有的著作权利用模式进行评价，而是先借助行业规范进行调整，在发生纠纷时由司法机关在具体案件中行使自由裁量权，运用法律教义学及其他手段裁判案件，积累经验。当然，当新兴媒体的利用模式比较成熟，或者相应的利用模式引起极大的争议和关注时，立法也必须果断介入，至少在基本规则上凝聚共识，避免新兴媒体与传统媒体出现恶性竞争，从而引导新兴媒体产业的有序发展。

结合新兴媒体的五种著作权利用模式，考虑到新兴媒体在利用不同作品时存在的差异，新兴媒体著作权利用制度中需要大胆创新的主要内容包括以下方面：（1）针对网络交易平台的制度设计。新兴媒体的著作权利用更加借助各种著作权交易平台，包括以数字权利管理系统为基础的自利用平台，也包括获得著作权人授权的各种著作权交易中心和许可中心，著作权法有必要对这些利用模式进行立法肯定，并且就其基本的规则和要求进行规定。（2）针对著作权商业维权的制度设计。新兴媒体利用作品需要商业维权，传统媒体又往往借助商业维权打击各种新兴媒体的违法侵权行为，在这个过程中，各种专业化的著作权运营机构法律地位不明确，维权方式的边界不明确，严重扰乱了著作权市场。因此，有必要在著作权法上对各种著作权商业运营机构进行调整，划定相应的行为边界，推动著作权商业维权的有序发展。（3）针对孤儿作品、音乐作品、新闻作品等进行专门的著作权利用制度设计。例如，在新兴媒体利用孤儿作品时，规定勤勉检索义务和使用费支付义务，建立孤儿作品著作权强制许可机制。针对音乐作品、新闻作品等特定类型的作品建立新兴媒体著作权集体管理组织。结合我国著作权集体管理的现实问题，探索以权利为标准（如中国音乐著作权集体管理组织）和以新兴媒体形态为媒介（如网络音乐作品著作权集体管理组织）共存的著作权集体管理体系，简化集体管理的谈判成本，形成更为合理的集体管理模式。

　　需要说明的是，我国现有的著作权法规定了出版、表演、录音录像、播放等四种著作权具体利用方式，并且在此框架下形成了四种不同的邻接权。显而易见的是，新兴媒体的著作权利用并不在此。实际上，正如前文所述，新兴媒体的网络利用正在变成最为重要的著作权利用形式，而且一些全新的著作权利用模式迫切需要法律的调整。新兴媒体利用著作权时也会产生相应的邻接权，例如在本书第三章中所述的网络播放者权和模型制作者权，从制度结构上也符合我国《著作权法》第四章在调整具体利用方式时规范邻接权的思路，因此，有必要将上述著作权利用制度的创新内容纳入其中，形成出版、表演、录音录像、播放、新兴媒体利用的体系，增加规定新兴媒体作为邻接权主体的具体规则。

（三）　实现著作权利用制度与合同法、反垄断法的衔接

　　在著作权利用上，著作权法和合同法、反垄断法密不可分，著作权的许可和转让等都是通过合同来对著作权利用的利益相关方进行规制，作为垄断性权利的著作权利用也不得逾越反垄断法划定的边界。由于新兴媒体中的作品类型较多，需要保护的权利类型也相应增加，著作权利用模式也不断拓展，新兴媒体著作权利用制度的构建越发离不开合同法的支持。著作权法规定著作权人的相关权利及其限制，以实现激励文化创新与促进文化传播之间的平衡；合同法规范著作权的权利流转关系，以促进作品的传播与利用。❶ 两种法律之间不再是如此精准的分工关系，运用合同法解决著作权利用的效力，追究违约行为的责任更为常见。与此同时，著作权人

---

❶　熊琦. 网络著作权法与合同法的冲突与协调 [J]. 法商研究，2008（2）：75 – 80.

滥用市场支配地位，在著作权许可中违背反垄断法的情形也需要反垄断法的及时干预，以维护正常的市场竞争秩序。

具体来说，合同法对新兴媒体著作权利用制度的调整主要包括三个方面：（1）新兴媒体著作权合同效力问题。著作权人难免通过合同制度最大限度地扩大著作权的经济效益，契约自由原则吸引著作权人通过订立许可合同来保证其权利，而这些带有私人权利色彩的合同条款超越了著作权的保护范围，合同法意义上的有效与著作权法意义上的无效产生了矛盾。这种矛盾在一定程度上也是消费者权益保护与著作权激励之间的矛盾，这就需要对著作权法与合同法中的有关内容加以权衡。（2）各种新兴媒体著作权利用模式形成的无名合同问题。在新兴媒体时代，著作权交易的核心已经从复制权转移到传播权。为了加快作品的传播速度、降低交易成本、增加可能获得利益，著作权人往往通过许可使用合同外加先进的网络技术手段，采用拆封合同、点击合同、浏览合同的方式与作品的使用者建立联系。（3）各种新兴媒体著作权合同与著作权固有制度的冲突和协调问题。例如，著作权法中的限制性条款往往会被合同法界定为选择性条款而失去其原本的作用。在美国的"ProCD案"中，美国联邦第七巡回法院首次承认了著作权人可以通过拆封合同而不受著作权法中限制条款的约束，❶ 以此维护著作权人的利益。

反垄断法对新兴媒体著作权利用的调整主要包括两个方面：（1）著作权许可合同违背反垄断法的问题。根据反垄断法，经营者滥用知识产权，排除、限制竞争的行为达到一定程度，可以认定为垄断。著作权许可是权利人行使权利的表现，但是在新兴媒体融合发展之中，也会出现传统媒体联合起来拒绝许可或者限制许可对象等情况，随着新兴媒体发展壮大，也会出现新兴媒体通过独占的专有许可限制其他新兴媒体进行竞争的情况。由此可见，根据反垄断法的有关原理细化包括著作权在内的知识产权滥用情形，对于新兴媒体的著作权利用模式良性发展具有重要意义。（2）著作权集体管理组织和各种著作权商业化运营机构违背反垄断法的问题。我国赋予著作权集体管理组织垄断地位，已经依法登记的著作权集体管理组织

---

❶ ProCD, Inc, . v. Zeidenberg, 86 F. 3d 1447 (7th Cir, 1996).

的业务范围交叉、重合，拒绝把竞争机制引入集体管理制度。这种管理模式虽然有其优势，但是也确实会滋生集体管理组织滥用其垄断地位的问题。与此同时，如果立法允许各种商业运营机构合法经营，这些机构也会基于趋利动机而囤积著作权形成垄断优势，这些特定的组织机构滥用著作权的问题也需要根据法律的规定进行调整，必要时可以制定具体的行动指南和反垄断细则，引导这些机构的良性发展。

第二节　新兴媒体著作权交易平台的制度建构*

新兴媒体与传统媒体之间实现融合发展，关键在于建立有效的利益分享经营模式。新兴媒体为实现合法利用各种版权资源，应该积极推动建立著作权交易平台。著作权交易平台是著作权人、传统媒体和新兴媒体开展著作权授权许可和转让的桥梁，也是新兴媒体向文化消费者开展付费经营的重要窗口，有助于整合版权资产并降低交易成本，这已然成为新兴媒体环境下著作权利用的最重要方式，也是实现新技术条件下著作权有偿使用的最便捷渠道。

一、新兴媒体著作权交易平台的意义和类型

随着现代信息技术的发展，网络和移动终端越来越普及，聚合媒体、视听新媒体、移动互联网媒体等各类新兴媒体成为信息传播的重要渠道，社会公众只需动动手指点击，就能获取各类丰富的信息，甚至也可以下载、转发、分享并且传播这些资讯。新兴媒体合法传播各类信息的基本前提是尊重著作权，按照授权许可的原则，必须获得著作权人以及各类传统媒体的授权才能传播有关资讯，消费者有偿使用新兴媒体上的作品本质上也构成著作权交易。由此可见，新兴媒体著作权利用不同于传统媒体，它需要借助各类著作权交易平台的搭建。具体来说，常见的新兴媒体著作权交易平台包括权利人与新兴媒体建立的交易平台以及新兴媒体与消费者建

　＊ 本节部分内容作为阶段性研究成果已经发表。梅术文，曹文豪帅. 我国统一化数字版权交易平台的构建［J］. 科技与法律，2020（6）：9 - 15.

立的交易平台。

（一）新兴媒体与权利人建立的著作权交易平台

新兴媒体与权利人建立有效的著作权交易平台具有以下重要意义：（1）营造良好的市场交易环境，保护著作权人的利益。新兴媒体类型繁多，自媒体数量庞杂，通过著作权交易平台可以便捷各类新兴媒体快速寻找交易相对方，减少搜寻成本和谈判成本，及时合法获得著作权授权许可。（2）通过交易平台的建设和著作权业务的开展，提升新兴媒体和社会公众的版权保护意识。（3）通过交易多元化的著作权交易平台，实现媒体传播的纵向延伸。传媒集团按产业价值链后向扩展到原材料供应或者前向扩展到最终用户的产品，它涵盖了同一种类型媒介产品的不同阶段，包括制作、发行、播放和销售阶段。❶ 可以带动与之相关的新闻出版、广播影视、文学艺术、文化娱乐、工艺美术、信息网络等数量众多的文化产业集群的发展，推动我国版权产业发展，提高文化产品的市场占有率。

我国现有的著作权交易平台主要包括三种形式：（1）国家版权局等行政机关发起成立、带有一定公共性质的版权交易中心或者版权贸易基地。例如中国人民大学国家版权贸易基地、北京国际版权交易中心等。此外，为进一步加强新媒体的版权管理，国家广播电视总局拟成立专门的组织，建立新兴媒体著作权统一交易平台，以规范新媒体版权交易。应该看到，这些版权中心或贸易基地也建立相应的网络平台，便捷权利人与新兴媒体之间进行交易，例如江苏版权服务网即为其中的代表。不过这类形式的版权交易平台的网络资源开发还不够理想，主要还是以联盟内成员的线下交易为主。（2）专门开展版权交易服务的网络平台。虽然盘古网、八戒知识产权、中细软、知果果等网络平台在知识产权转让和交易行业有一定的影响，但是目前还缺乏专门的、具有较高影响力的著作权网络交易平台。（3）专业类的著作权交易中心或者网络平台。例如中国影视版权交易网等从事影视作品的著作权交易，互站网提供小说类作品的著作权转让服务等。

---

❶ 张晓梅. 新媒体与新媒体产业 ［M］. 北京：中国电影出版社，2014：140.

　　建立著作权超市是著作权交易平台的发展方向之一。著作权超市汇集海量著作权资源，为众多新兴媒体提供全新的著作权交易服务。著作权超市往往与国内外知名的专业机构建立合作关系，依托专业的律师事务所、会计事务所、资产评估公司等机构，将自己旗下的著作权作品或者收购的著作权作品汇聚成著作权资源库，为广大新兴媒体提供专业、系统、全流程、高效率的著作权服务。一般而言，著作权超市会定期收购著作权产品并将其公布在平台上，借助各种线上、线下平台为自己的著作权超市宣传造势，吸引潜在用户。包括各类新兴媒体在内的著作权购买者首次进入著作权超市时，需要注册登录，完善个人信息。在浏览过程中，著作权购买者可以点击产品了解详细信息，有任何疑问可以在线咨询客服。如若需要购买，著作权购买者可以直接点击"加入购物车"，在线支付货款即可。当然，著作权购买者也可以在线与商家进行价格协商，在双方公平、自愿的基础上完成交易。

　　著作权超市模式的开辟，给著作权运营带来新的商机。传统的著作权许可、转让一般是在线下进行，往往需要著作权人先找到著作权运营方或者作品出版方，当对方满意或者有购买意向时，双方会就具体的购买版权的形式、使用的时间和交易价格进行协商，待到一系列细节确定好后才签订交易协议，整个过程一般会持续一个星期甚至更久。而著作权超市的出现，为各类著作权购买者提供了一个全新的数字交易平台，让著作权交易从线下转移到线上，直接在线上完成审片、交易、送达等全套流程，不仅大大提高著作权交易效率、降低交易成本，也可推动著作权交易朝着标准化、透明化的方向发展。

（二）新兴媒体与消费者建立的著作权交易平台

　　早期的新兴媒体通过网站提供新闻、小说、论文等文字作品，其所搭建的平台并不是一种著作权交易平台，在免费欣赏、下载、阅读的环境下，新兴媒体和消费者之间建立的是自由使用作品的法律关系。然而随着新媒体营利模式的变革，消费者获得影视作品、音乐作品、图片作品、软件作品，可以更多借助新兴媒体搭建的有偿服务平台而获取。消费者在浏览、观看时，如果不承认临时复制由复制权控制，这时不会发生著作权交易的问题，但实质上消费者已经完成对于作品的使用，而且也并没有在观看结束后获得作品载体，与其认定为著作权货物贸易，不如界定为一种特殊的著作权交易。如果消费者在这个过程中完成付费下载，则会发生著作权交易，这就根本不同于传统的以作品载体为有形媒介的著作权货物贸易。由此可见，新兴媒体搭建的有偿许可阅读、欣赏、下载平台，本质上也可以界定为著作权交易平台。实践中，新兴媒体往往通过技术措施控制数字内容的传送，防止未经许可的接触，同时辅之以合法授权的条件及样式，形成数字权利管理（Digital Right Management，DRM）模式。接触控制成为数字媒体的基本手段，被广泛运用至按需传播媒体、流媒体及 IPTV 等媒体中，iTunes 等媒体还运用这一技术控制不同市场上不同的利用期限和价格。

新兴媒体与消费者之间的著作权交易平台具有重要意义：（1）有助于提升新兴媒体的市场竞争力。免费使用不应是新兴媒体的唯一经营方式，有偿利用同样可以成为新兴媒体发展的新途径。新兴媒体与传统媒体的重要区别在于聚集性、互动性、多元选择性和环保性，原来以纸质载体为媒介的著作权货物贸易，完全可以在新兴媒体之中转换为直接为之的著作权交易，进而为新兴媒体带来更多的商机，确保新兴媒体的可持续发展。（2）有助于著作权人和传统媒体的发展。借助于新兴媒体与消费者的著作权交易平台，作品在 DRM 系统中具有更好的可控性，也能够更为准确地计算出作品使用情况，进而建立良性的分成机制，著作权人和传统媒体会有更强的动力向网络空间延伸，进而弥补因为消费习惯变化而带来的纸质发行等方面产生的市场损失。（3）有助于繁荣网络文化消费市场。新兴媒体通过聚集丰富的资源，开辟网上文化消费的新途径，为消费者在互联网上提供正版高清音频和视频，减少文化消费成本。

二、新兴媒体著作权交易平台建设中的法律问题

我国的著作权交易平台建设尚处于起步阶段，在推动著作权运营方面仍存在诸多不足。首先，交易信誉度的缺失。在著作权交易平台进行交易，只需要简单注册即可进行交易，缺乏严格的资格审查制度，交易双方的信誉度无从考察。而且近几年"IP 热"的流行，出现很多天价版权，导

致整个版权价格体系较为混乱，严重阻碍著作权交易市场的健康发展。其次，交易活跃度的质疑。在著作权交易平台中，存在很多小说、影视剧本的著作权转让、影视改编拍摄权的授权许可等活动，平台上对这些作品只进行简要介绍，仅凭这些信息，购买者无法了解作品，不敢轻易购买，从而导致许多平台经营惨淡。但是作品信息公布太多，很容易引起抄袭，损害著作权人的利益。因此，如何在保障著作权人的作品不被抄袭的同时达到良好的作品宣传效果，也是目前著作权交易平台亟须解决的一大问题。最后，交易模式和营利模式尚处于初级阶段。现有著作权纠纷大都是未经著作权人许可擅自转发引起的，但是专门提供授权——付费服务的著作权交易平台却寥寥无几。只有从根本上解决著作权人与转发者之间的授权付费问题，才能大大减少著作权纠纷的发生，推动著作权市场的健康平稳运行。上述问题的出现，有些是市场因素造成的，有些是经营主体和社会公众的版权观念引发的，有些是政策精准度不够导致的，但是也有些是法律规定或者制度因素带来的。基于本章的探讨重点，仅就新兴媒体著作权交易平台中的法律问题进行分析。

（一）著作权交易平台的法律性质不明晰

新兴媒体著作权交易平台的运作主要涉及著作权人、作品使用者和著作权交易平台提供者三方，而对于著作权交易平台的性质和法律地位，相关的法律并没有给出明确的规定。学术界对此有三种不同的认识：第一种观点是将著作权交易平台等同于电子商务平台，认为应该按照《电子商务法》的规定，要求其承担相应的法律义务；第二种观点是将新兴媒体著作权交易平台认定为存储空间服务提供者，允许其进入避风港；第三种观点认为，新兴媒体交易平台直接从事定价过程，并且提供相应的交易合同条款，所以应该看作内容服务提供者。实际上，正如前文的分析，著作权交易平台包括不同的类型，而且电子商务型交易平台和 DRM 型交易平台在实际运作中存在很大差异，笼统界定新兴媒体著作权交易平台的观点值得商榷。

（二）著作权交易平台的利用协议缺乏法律硬性约束

国内的新兴媒体著作权交易平台基本都有服务协议，这种服务协议均要求在该平台注册的用户遵守并受这些条款约束。新兴媒体著作权交易平台在制定服务协议时是充分自由的，规定了用户的权利和义务、本交易平台的权利和义务以及功能和责任分配等，但不稳定性非常大，交易平台有随时变更协议内容的权利，经修订的条款一经在该交易平台的网站上公布后立即自动生效，如果用户不同意该交易平台变更的相关条款，只能停止与该交易平台合作。由此可见，新兴媒体著作权交易平台在其权利、义务、功能上缺乏法律上的硬性规定，虽然充分的自由对于增强著作权交易市场活力来说能够起到良好的促进作用，但是适当的约束对于规范著作权交易市场、保护著作权交易双方利益具有重要的作用。

（三）著作权要约授权协议缺乏有效的约束力

在网络环境下，一些著作权交易平台刊登诸如这样的声明，"本平台展示的作品，均视为作者同意将其在本平台提供。如作者不同意将文章进行授权，请联系本平台，平台将作适当处理"。事实上，这些平台在未经授权的情形下上传、转载受著作权法保护的论文、报道等作品，并且以权利人或代理人身份进行授权使用，虽然美其名曰打造新型网络作品使用模式，但是却是在进行违法使用。例如某论文网的口号是"打造中国最大论文网"，但实际上是免费向公众传播作品的同时，为本科生、研究生以及需要评定职称的人员提供论文和撰写论文发表的服务。还有的所谓信息网，先行上传作品等信息，并且采取技术措施为用户提供有偿服务，然后在公告中要求作者等权利人与自己联系确认授权及方式。这类经营模式有些人称之为"要约授权模式"，有些人称之为"选择退出模式"，但是在现有的法律框架下，这种模式不具有合法性。著作权交易平台向使用者提供作品授权许可，必须合法取得著作权人的授权，而来自著作权人的授权必须是经由要约和承诺的两个程序，"著作权声明"是"要约邀请"，而非"要约"，即使出现著作权人向平台投稿的情况，也应认定属于"要约"，而非"承诺"。所以，这些著作权交易平台通过刊登"著作权声明"或者炮制"选择退出协议"等方式获取数字版权转授权的做法，存在明显的法律风险。

（四）著作权交易平台的业务范围和职能缺乏法律引导

我国目前的新兴媒体著作权交易平台较多，但运营模式各不相同，业务范围的侧重点也不同。由于各个交易平台运营模式的差异和业务的分散，各种交易平台业务范围重叠，版权登记、版权保护和版权运营等形式之间的互动性不强，没有建立良好的沟通机制，可能导致新兴媒体交易平台运作不规范，各类服务互相冲突，各类平台重复建设，不仅造成资源的浪费，而且背离新兴媒体著作权交易平台建设的初衷。具体来说，新兴媒体著作权交易平台建设在这个方面亟待改善的问题主要包括：首先，著作权交易平台的具体职能需要较为清晰的法律引导。其次，著作权交易平台的身份认证制度和资格审查制度亟待建立。一般情况下，使用者直接注册登录交易平台即可在线交易，缺乏严格的身份确认制度以及资格审查制度，增加了著作权交易风险。最后，需要建立著作权交易平台的标示制度。为了保证著作权权利人的合法权益，防止作品被抄袭，著作权交易平台中公布的作品信息往往只是相关简介，新兴媒体或消费者即便有购买其著作权意向，一般却无法真正了解该作品，从而影响其购买意愿。因此，对于作品的信息、权利人、交易价格等都应该有较为具体的标示，而一般的"面议"机制阻碍了便捷交易系统的形成。

三、现有行业经验的评价与启示

（一）著作权交易模式的探索

目前，新兴媒体获得著作权授权许可模式有两种：一是通过一次性付费方式购买相关作品的著作权；二是通过广告分成模式获得作品的授权。一次性购买为著作权方所乐意接受，购买方也拥有利用自主权，缺陷是如果要价过高，商业风险过大，新兴媒体进行合作的意愿必然降低。广告分成模式中著作权人所获利益与其提供的作品的商业价值息息相关，能够减少新兴媒体的经营风险，但是如何保证广告商的投资意愿、培育理性的广告市场受到多种因素的影响。可见，两种现行模式各有利弊，新兴媒体在实践中不断探索新的利益分享机制，推动著作权人与互联网内容企业的合作。

一是版权银行授权模式。例如，北京东方雍和国际版权交易中心于2015 年 4 月 23 日正式推出个人版权银行应用产品，其通过简单的使用场景设计，内嵌增信监管和专业服务支撑，每个创作者只需将自己的版权托管，就可以实现个人版权的快速授权使用。❶ 其基本的运行模式是：任何个人只要关注"创作客"公众号，开通个人版权银行账户，绑定导入自己在微信、微博、优酷、土豆等平台和云存储中的原创内容，快速设定授权规则，再将版权银行的 logo 二维码放到自媒体和云存储中作为头像即可。当别人想要转载文章时，只需扫描二维码就能链接到原创者在该中心的个人版权银行账户，在线一键式获得原创内容的合法使用授权，该中心帮助原创者收取授权费用，然后转交给其个人账户。

二是权利人集聚许可模式。将权利人集聚起来的方法有很多种，包括到高校毕业生典礼现场，向硕士、博士分发论文授权协议书，以及建立联盟合作模式。此外，新兴媒体交易平台也可以与图书馆、行业协会等进行合作，或者与政府合作，形成更为便捷的著作权人授权机制。例如，龙源期刊网参与全国县级在线图书馆的建设，中国知网以"国家学术工程"的名义进行建设等。这些商业授权模式，已发挥出了一定的商业作用。

三是多终端许可模式。新兴媒体在获得授权时，往往要求获得在网站、微博、微信公众号、手机客户端等不同终端之间的授权。一些传统媒体在著作权人投稿时就做出相应约定，要求许可甚至转让作品的信息网络传播权，构建立体多元的内容分发模式。经由约定，新兴媒体交易平台要面向多个渠道、多个终端、多重版权开发与销售。❷ "一次生产，几次分发"和"一个节目，几个终端"已经逐步成为新兴媒体交易平台运作的基本形式。

---

❶ 中国文化报 . "互联网＋"时代个人版权快速授权成可能 ［EB/OL］. ［2016 – 07 – 10］. http：//www. china. com. cn/legal/2015 – 04/27/content_ 35427694. htm.

❷ 李宇 . 传统电视与新兴媒体：博弈与融合 ［M］. 北京：中国广播影视出版社，2015：104.

（二）著作权开放式许可的探索

开放式许可协议是指著作权人放弃部分或全部著作权权项，将其作品在新兴媒体上自由上传并传播，允许社会公众免费获取使用，但使用者必须尊重作者保留的部分权利进而形成的协议。此种许可协议鼓励著作权人让渡大部分权利给社会公众，既降低利用成本，又方便社会公众获取信息资源。然而这种许可方式的局限性在于作者需要放弃许多财产性利益，著作权作为一种无形财产，其私有财产的属性就意味着作者对其收益、处分具有绝对的权利，很多作者可能就是以写作获取报酬维持生计的，所以开放式许可协议较多应用在科学研究成果和学术类成果，其基本要旨是提升人类社会的知识水平。新兴媒体的开放式许可协议中最为典型的是知识共享许可协议（CC 协议）。不过，随着数字权利管理技术的发展，CC 许可协议在数字媒体中的使用已经没有过去那么普遍，推行的难度不断增大。

（三）著作权一揽子许可的探索

近些年来，为了加强版权保护、提升自身竞争力，越来越多的新兴媒体开始签订著作权一揽子许可合同。所谓新兴媒体著作权一揽子许可合同，往往是指传统媒体或者著作权集体管理组织等将其拥有的或者管理的作品以非专有的方式许可给新兴媒体使用，后者按照约定支付相应的费用。新兴媒体与消费者建立年度用户或者月度用户的 VIP 关系，允许消费者在一定期限内观看或者下载平台内的所有作品，这也是一揽子许可的体现。一揽子许可的标准通常需要由政府主管部门进行监管，实现标准合理化，让使用人容易接受。最初签订的一揽子许可合同，主要是音乐作品方面，相比文学作品、摄影作品，音乐作品的创作和使用频率更高，传播范围也更广。现今，一揽子许可在新闻界也开始受到热捧，《南方日报》《楚天都市报》都开始将旗下的作品一揽子许可给新媒体，提高作品传播效率的同时，也加强了自家作品版权的保护力度。

总体而言，一揽子许可之所以越来越受欢迎，主要是因为其能带来诸多益处。一方面，一揽子许可可以节省缔约双方的交易成本。作品单件许可或者部分作品许可，不仅版费交易复杂、成本高，事后的版权许可监督也要耗费大量的人力、财力，使著作权运营成本增加，从而阻碍版权交易的顺利成交。另一方面，一揽子许可能够促进作品的传播效率。虽然一揽子许可的效率不及单件作品或者部分作品的许可效率，但是一揽子许可带来的传播效率却是单件许可和部分许可无法匹及的。一揽子许可协议达成后，大量的作品将以各种方式快速地推向市场，极大地提高了作品的传播效率。与此同时，通过一揽子许可实现全面授权，可以满足消费者的物质文化需求。例如，2017 年 9 月，在国家版权局的约谈下，阿里音乐与腾讯音乐就曾达成版权转授权合作。2018 年 3 月 6 日，阿里音乐又与网易云音乐通过一揽子许可，将旗下的滚石、SM、BGM 等优质音乐版权转授许可给网易云音乐；网易云音乐的华研、天娱音乐资源也一揽子许可给阿里音乐。对于热爱音乐的消费者来说，各大音乐平台相互间的一揽子许可使得消费者的海量音乐需求得到满足，在一定程度上弥补了独占许可带来的各种弊端。

一揽子许可虽然可以很好地解决版权交易中存在的一些问题，但是在实际操作中，由于制度设计上的弊端，一揽子许可制度的优越性还没有完全体现出来。一般而言，不同的作品拥有不同的权利主体，而一揽子协议涉及的作品往往既包括职务作品、非职务作品，也包括合作作品、汇编作品，其涉及的权利主体复杂多样。一揽子协议的授权者往往并未取得信息网络传播权，也无权将其作品的版权进行转授权许可。

四、新兴媒体著作权交易平台的法律规制

新兴媒体著作权交易平台在我国运行时间不长，整个行业和具体的交易平台的交易规则和行业规范在不断成熟发展之中，其固有的特殊性以及实践中形成的一些经验规则还没有得到现有法律制度的认可。这就需要在新兴媒体著作权交易平台建构中及时总结行业规范，通过法律明确其法律地位，确认和引导其功能，不断拓展交易合同形态，提高该领域的著作权交易效率，推动形成较为稳定而有收益的新兴媒体著作权利用模式。

（一）不同类型著作权交易平台的法律性质

新兴媒体著作权交易平台具有合理性，在法律上应该予以肯定。新兴媒体可以通过建立著作权交易平台与著作权人、消费者之间进行著作权交易。根据前文的分析，应该针对两种不同类型的著作权交易平台确认其法律性质：（1）著作权人与使用者之间进行著作权转让和许可的新兴媒体著作权交易平台。其法律性质应该根据其建立的背景、是否从事营利活动以及实际从事的活动性质进行区分。第一种情况，新兴媒体著作权交易平台以国家政策为导向，是政府推动下逐步建设起来的非营利性的机构。这种公益性的新兴媒体版权交易平台往往并没有提供非常明确的著作权交易信息，而且没有从交易活动中直接获得相应的收益，所以可以认定为信息存储空间服务提供者。第二种情况，由营利性的机构建立的新兴媒体著作权交易平台，该类平台一般属于技术服务提供方，不参与买卖双方的合同，具有电子商务平台的属性，应该认定为网络交易服务提供者。（2）新兴媒体与消费者之间进行著作权利用的交易平台。由于平台直接参与交易条款的制定，不论该种平台是否属于著作权人或者合法取得著作权授权，消费者都是从其设定的权利管理系统中获得作品，并且为此支付相应的费用，所以这种情况下的新兴媒体交易平台即便只是提供平台服务，也应该被认定为内容提供者。

（二）著作权交易平台的业务范围

新兴媒体著作权交易平台的业务范围具有多元性，考虑到新兴媒体著作权交易平台的多元化发展具有可行性，立法上可以明确其功能和业务范围，具体包括：（1）著作权交易服务。新兴媒体著作权交易平台的首要职能是交易服务，包括著作权人与使用者、新兴媒体与消费者之间的交易服务两种情况。无论是哪种交易，都需要标示作品和权利人的相关信息，包括作品的名称、价格、类型、出产地、作者简介、联系方式等。在著作权人和使用者之间搭建的著作权交易中，使用者还可以反复报价，多次磋商。在新兴媒体和消费者之间的著作权交易平台中，消费者往往没有选择作品使用价格的权利，而是根据新兴媒体提供的格式条款进行有偿下载，新兴媒体甚至为此限定了下载的次数、再次复制的要求以及向其他人传播的限制。如果该平台不向文化消费者提供下载服务，应该在显著位置进行说明，从而区别于仅仅提供浏览观看服务的交易平台。（2）著作权代理登记服务。所谓的代理登记服务就是由新兴媒体著作权交易平台代理著作权人向国家或地方著作权行政管理部门提出著作权登记申请，并办理相关手续。（3）信息查询服务。信息查询服务就是著作权交易平台提供一些服务性的消息，以便使用者或消费者进行挑选拟出售的作品的版权信息，以及著作权以往的交易记录，还包括一些著作权交易的相关法律法规、政策流程等，其次还会有一些行业动态、媒体相关报道等，著作权交易平台提供这些信息有助于提高其交易透明度，使得版权交易更加清晰明了。（4）著作权价值评估服务。交易平台组织交易方进行作品的价值评估，让著作权人和使用者更好地把握产品的价值，推动版权交易顺畅进行。（5）转授权服务。特殊情形下，新兴媒体交易平台会与著作权人签订协议，或者发表的声明被权利人接受后，作为受托人向其他使用者、文化消费者提供转授权服务。无论是以新兴媒体自己的名义还是权利人的名义开展此项业务，新兴媒体交易平台都必须客观记录作品授权的次数和具体情况，并且根据约定的比例向权利人提供比例分成。

（三）建立著作权交易公示制度

新兴媒体著作权交易平台的交易程序比较复杂，至少涵盖作品公示、使用者申请进入、审核登记、挂牌准入、洽谈撮合、成交签约等。我国著作权法应该根据其实际操作的需要，确立著作权交易公示制度。通过该制度增加交易双方的信息透明度，避免因信息不对称而产生不必要的纠纷。按照该制度，著作权交易平台应该在比较显著的位置公示作品的登记信息以及交易信息。虽然著作权采取自动取得制度，但是考虑到新兴媒体上的信息量巨大，因此应该对其利用的信息进行自愿登记，即便没有登记的，也有义务对作品的著作权人、作品过往的交易情况等信息进行标注和说明。

（四）完善 DRM 著作权许可合同

DRM 著作权许可合同借助技术措施和权利管理信息，实现了新兴媒体交易平台与消费者之间的作品浏览、下载的可交易化，目前呈现出较为强劲的发展势头，在数字影视、音乐作品的传播中发挥重要作用。按照技术措施保护的法律规则，能够采取技术措施的主体是权利人。虽然也有研究者认为，只要对作品有某些方面的权利，甚至是从版权人处得到的授权，就可以基于维护该权利，而对作品施加技术措施。但技术措施毕竟不是从物，现行法也并未明示采取技术措施的资格与权利许可同时进行，这就对著作权许可提出新的要求，以免出现纠纷。例如，甲许可乙交易平台上传自己的作品，但是双方并未就乙平台能否采取技术措施做出约定，那么，一旦乙建立 DRM 系统而甲对此提出异议，乙并不能基于法律规定而直接进行抗辩。与此同时，权利人也不能在无约定情况下强行要求数字媒体交易平台采取 DRM 系统。因此，权利人与数字媒体在签订授权合同时，应该增加条款，明确双方采取技术措施、实施数字权利管理系统的权利、义务和责任。建议修改《著作权法》第 26 条，将许可使用权利的在线或离线环境、是否采取技术措施、是否通过技术途径保证作品传播的地域范围等作为许可使用合同的主要内容。具体来说，"使用他人作品应当同著作权人订立许可使用合同，本法另有规定不经许可的除外。许可使用合同包括下列内容：（1）许可使用的权利种类；（2）许可使用的权利是专有使用权或者非专有使用权；（3）许可使用权利的在线或者离线环境；（4）许可使用的地域范围、期间；（5）付酬标准和办法；（6）违约责任；（7）技术措施的采用；（8）双方认为需要约定的其他内容"。

（五）明确著作权交易平台声明的法律效力

在 GPL、CC 协议以及特定网络空间特别协议、要约授权协议和交叉许可模式中，权利人或者媒体往往以声明的形式要求对方接受合同条款，或者要求对方放弃某些权利，或者要求权利人选择退出。对于这种声明，在法律性质上应界定为要约邀请，一般情况下不应该认定其法律效力。但是，在某些特殊情况下，新兴媒体交易平台的经营活动依赖于这些声明，而且这些声明被认定具有法律效力其实也符合权利人和使用者的主观意愿，这种情况下应该肯定其具有要约的法律效力。具体来说，下列意思表示一经对方接受，合同成立并生效：（1）对于媒体明确要求作者一旦进入该网站或布告栏传播作品，即放弃作品或者转授权该平台行使著作权的意思表示，为要约；（2）权利人以声明形式放弃著作权的，媒体可自由传播该作品、表演、录音录像制品和广播节目；（3）权利人以声明、权利管理信息等方式明确说明缔约条件和方式、期限、报酬等内容，为要约。

第三节　新兴媒体著作权商业运营的正当性及其制度应对

著作权商业运营是指由专门的运营机构对著作权进行包装和整合，借助营销平台、诉讼威胁等手段以实现作品价值最大化的利用模式。新兴媒体融合发展中，传统媒体越来越多地借助第三方机构对著作权进行开发，利用商业平台、诉讼威胁等手段向新兴媒体发起著作权收费诉求，在我国也出现了诸如"维权骑士""三面向公司"等专门开展商业化运营的企业，一些律师事务所、文化网络公司也敏感意识到其中可能存在的商机，将向新兴媒体收取著作权使用费、开展商业运营作为主要业务之一，试图开发更为广阔的著作权市场。与此同时，成长起来的新兴媒体也开始利用便捷的传播渠道优势，凭借存储空间、定位发布等优势，将自己包装成为可以对所在平台作品进行商业运营的合法机构。现实中，甚至出现著作权集体管理组织委托商业运营机构收费并发生纠纷的诉讼。❶ 著作权商业运营的大量出现也引爆关于"版权蟑螂""版权流氓"之类的批评和质疑。2019年引起广泛讨论的"视觉中国黑洞照片"事件，使得"商业运营"再次成

---

❶　例如，在 2018 年 11 月 1 日，中国音像著作权集体管理协会发出公告，要求 KTV 终端生产管理商和卡拉 OK 经营者在今年 10 月 31 日前删除并不再向消费者提供 6000 多部音乐电视作品，其中包括陈奕迅、张惠妹、邓紫棋、Twins、毛宁等多位知名歌手的热门 KTV 曲目。但是不少 KTV 经营者反映他们已经通过广州天合文化发展有限公司与音集协签署了著作权许可协议。天合文化的官网也明确表示，该集团是受中国音像著作权集体管理协会及中国音乐著作权协会共同委托作为中国大陆地区唯一的代收卡拉 OK 版权使用费机构，并开展卡拉 OK 版权使用费收取和交付提供服务。

为人们关注的焦点。❶ 本节拟讨论新兴媒体融合发展中的著作权商业运营的地位、功能，通过分析商业运营的基本途径解析其合理性及其弊端，提出制度应对和变革的对策建议。

一、新兴媒体融合发展与著作权商业运营的正当性

著作权利益分享理论承继劳动论和激励论的合理元素，以利益平衡理论为基础进行改造调整。在该理论的观照下，著作权不仅是对权利人智力劳动成果的保护，也不再仅仅是文化创新的激励和保障，也不限于成为维系相互对立的主体利益的平衡器和调节器，它是在市场选择和政策选择的基础上，以战略思维去调整各方利益关系，促进多元主体的利益共享，实现各方利益的最大化。随着知识经济和现代信息技术的发展，著作权中的商业利益持续增长，市场配置利益的功能增强，著作权经济利益借助网络链条有效延伸，版权产业链和价值链随之不断扩展。著作权商业运营是著作权价值实现的有益探索，也是版权产业链延伸的重要途径，有利于保护权利人的合法利益，客观上也使传统媒体和新兴媒体的收益均有所增加，不仅致力于促进著作权增量利益成长，而且有助于盘活著作权中的存量利益。

（一）著作权商业运营有利于著作权人利益的实现

新兴媒体发展中，著作权人实现利益的基本途径不应是权利被侵犯后的维权，相反，良性的著作权利用机制更具有实际价值。借助著作权商业运营，著作权人不仅可以减少谈判成本，而且也从本质上增加了一条获得收益的渠道。例如，视觉中国的图库收罗摄影师的照片，按照授权许可的实际情况向权利人支付报酬。在黑洞照片事件发生后，摄影师的收入受到

---

❶ 2019 年 4 月 10 日，人类历史上首张黑洞照片诞生。11 日上午网上开始流传视觉中国拥有"黑洞"照片版权，并要求商业用途使用该图片必须征得其同意，否则将被追究损害赔偿责任。当天下午，共青团中央官方微博质疑并配图称："国旗、国徽的版权也是贵公司的?"之后，苏宁易购、凤凰网、360、联想、海尔、健力宝等纷纷在其官微下配图留言互动。同时，视觉中国发声明称"此图片是编辑类图片，不得用于商业用途"，并将来源标明为欧洲南方天文台（The European Southern Observatory，ESO）。当天晚上天津市互联网信息办公室依法约谈网站负责人，责令该网站立即停止违法违规行为，全面彻底整改。第二天凌晨三时左右，视觉中国发布致歉信，称：公司已采取措施对不合规图片全部下线处理，并根据相关法律法规自愿关闭网站开展整改。

严重影响，这实际上也反映出视觉中国的经营模式有利于著作权人经济利益的实现。

（二）著作权商业运营有利于传统媒体的发展

新兴媒体技术的不断发展，对于传统媒体而言既是机遇也是挑战。长期以来，我国传统媒体对于作品的著作权运营并不重视，传统媒体所具有的内容优势并没有转化为版权价值。随着现代信息技术的发展，各种新兴媒体不断成长壮大，其所拥有的渠道优势和吸引消费者的能力给传统媒体带来巨大的冲击，传统媒体的创新成果被新兴媒体大量使用，但是却没有获得相应的利益，很多传统媒体经营困难甚至已经到了生死存亡的边缘，但是这些传统媒体在运营版权方面却并无经验，也没有相对良性的管理机制。长期以来的公益思维和发行渠道垄断惯性阻碍了传统媒体在信息网络领域开辟市场、获取利润，引入商业运营机构是其成本较低、收益最大的市场化选择。

（三）著作权商业运营有利于新兴媒体的成长

从目前的信息创作方式看，社交媒体和各种自媒体空间拥有大量的用户原创内容（User Generated Content，UGC），新兴媒体在管理这些用户生成内容时也需要进行更加便捷的商业运营。新兴媒体既为这些网络用户提供创作的存储空间，也能够成为接触并运营这些作品的最佳平台。通过合同的约定，新兴媒体完全可以充当商业运营机构的角色。例如，《新浪网络服务使用协议》中第4.5条❶就通过强制性的要求和格式内容，将新浪公司打造成著作权商业运营机构，虽然是对著作权人利益的一种重要限制，但是按照意思自治的原则，也并不违背当事人的本意。

---

❶ 新浪科技. 新浪网络服务使用协议［EB/OL］.［2016-04-30］. http：//tech. sina. com. cn/i/2004-09-15/1733425916. shtml.《新浪网络服务使用协议》中第4.5条规定："对于用户通过新浪网络服务（包括但不限于论坛、BBS、新闻评论、个人家园）上传到新浪网站上可公开获取区域的任何内容，用户同意新浪在全世界范围内具有免费的、永久性的、不可撤销的、非独家的和完全再许可的权利和许可，以使用、复制、修改、改编、出版、翻译、据以创作衍生作品、传播、表演和展示此等内容（整体或部分），和/或将此等内容编入当前已知的或以后开发的其他任何形式的作品、媒体或技术中。"

（四）著作权商业运营有利于发展著作权服务产业

著作权商业运营有助于发挥各种代理机构甚至专业化运营公司的作用。著作权运营贯穿作品的开发和布局、管理和交易、诉讼和维权的各个流程，无论是传统媒体还是新兴媒体，往往不具有这样的专业实力支撑。例如，著作权的价值评估是著作权运营中的关键环节。正确合理地评估著作权价值是企业交易和做出科学运营决策的重要前提，也是著作权能够顺利获得融资和实现开发的保障，离开商业机构的操作，媒体往往难于自行确定作品的市场价值，即便进行定价，也会因为价格畸高或畸低而阻碍交易。再例如，网络时代的著作权运营需要借助诉讼或者以诉讼相威胁，从事著作权诉讼的律师事务所在这个方面具有天然优势。由于一些新兴媒体大量、长期未经授权使用传统媒体的作品，由传统媒体自行运营或者提起诉讼实现作品价值，往往不会形成规模效益。通过打包的形式授权商业机构进行整体性的运营，反而可以达到以组合拳的方式实现利益最大化的目的。

（五）著作权商业运营有利于弥补著作权集体管理的不足

著作权商业运营的出现还有利于填补当前著作权集体管理中存在的一些缺漏。我国并没有形成专门的新兴媒体著作权集体管理组织，传统的著作权管理协会关注的重点也并非网络空间，无论是传统媒体还是新兴媒体一般并不能轻易通过著作权集体管理实现著作权的利用。即便是存在著作权集体管理的场合，已有的经验表明，著作权集体管理机构的人员、设置以及运行上也会存在一定问题。例如，著作权集体管理组织人员偏少，不够公开透明的著作权管理费用等因素，也会让著作权人加入集体管理组织的积极性下降。著作权人对于我国具有"唯一性"特征的著作权集体管理制度的不满，使得越来越多的著作权人开始寻求以其他方式让自己的著作权作品创造出更大的经济效益。❶ 相反，著作权商业运营的机构选择完全

---

❶ 我国的《著作权集体管理条例》规定，"除依照本条例规定设立的著作权集体管理组织外，任何其他组织和个人亦不得从事著作权集体管理活动"，"不与已经依法登记的著作权集体管理组织的业务范围交叉重合"，即用法律条款的方式赋予著作权集体管理组织的"全国性"和"唯一性"。参见《著作权集体管理条例》（2013）第6条、第7条第2款。

取决于权利人，运营模式和管理费用由当事人自主协商，权利人可以随时解除委托关系，其利益会得到更为直接的尊重。由于商业运营机构的营利价值取向，也会有更大的动力帮助权利人获得更大的利益，作品的市场价值会因为商业运营而得到更大限度的开发。随着新兴媒体的日益兴盛以及随之而来的著作权侵权纠纷层出不穷，庞大的消费市场使得专业化的著作权运营机构越来越多，例如深圳市声影网络科技有限公司、阅文集团、维权图盾等，这是基于著作权市场对于著作权交易高效率的需求，从本质上来说是对于经济效益最大化的需求。

（六）著作权商业运营有利于推动开发著作权利用模式

著作权商业运营还会推动各种综合性的著作权利用模式的出现，有助于实现作品价值的最大化。例如，通过著作权布局和著作权盘点，挖掘最为市场欢迎的各种作品样态，帮助权利人实现作品创作的早期规划和商业化利用安排，在实现社会效益的同时关注经济效益。在商业机构的统一运行下，可以形成版权组合和作品库，建立更为广泛的一揽子授权机制，挖掘不同类型作品可能带来的组合效益。商业运营机构通过诉讼或者以诉讼相威胁，精准选择目标对象，发起具有商业价值的维权策略，最终在调解、仲裁或者诉讼中得到最大化的赔偿甚至是惩罚性的赔偿，从而给媒体发展注入新的活力。从这个意义上讲，媒体融合中出现的商业运营机构其实也有助于提升社会整体的著作权意识，有助于打击网络上频繁发生的各类侵权行为，尤其是对于惩治恶意侵权、多次侵权具有重要意义。

二、著作权商业运营的基本类型

著作权商业运营主要包括两种类型：第一种类型可称为著作权的资本化运营。运营机构将著作权作为投资的对象，经过包装、盘点和整合后，再以更高的价格转让或者许可给其他使用者，从而获得相应的经济收益。在这个过程中，著作权本身并没有变化，但却产生了资本化的收益。例如，国内影视新媒体版权运营机构华视网聚、盛世骄阳、世纪优优和一言一默等，在著作权资本化运营中积累了丰富的经验。第二种类型可称为诉讼运营，也有学者称之为商业化维权。运营机构通过诉讼或诉讼威胁的方式实现作品、表演、录音录像制品等信息的利用，包括在判决中获得惩罚性赔偿、支付许可费以及转让费等，最终实现作品等信息的商业价值。例如，视觉中国、东方 IC、全景网络等专业图片运营公司起诉总量多、占比高，这是专业化运营的必然结果，也由此形成商业化维权的现象。❶ 不过在现实中，上述两种模式也经常交织在一起，从事著作权资本化运营的公司，同样会发起针对特定对象的商业诉讼；在进行商业诉讼时，运营公司为获得更高的赔偿金额或者取得更大的谈判优势，也会对著作权进行整合，以实现其利益的最大化。而且，版权商业运营机构更多地希望通过诉讼促成和解甚至是合作进而实现资本化运营。

　　著作权商业运营中资本化运营不同于著作权的交易，两者的区别在于：（1）主体不同。著作权资本化运营中往往会有专业化的运营公司介入，这些公司通过委托、信托甚至是受让的方式，从著作权人手中获得著作权后，再与使用者进行联系和交易。一般的著作权交易往往发生在权利人和使用者、传播者之间，即便存在版权经纪人，也只是为双方牵线搭桥，并不会对整个交易条款产生主导作用。（2）过程管理不同。著作权资本化运营以追求利益最大化为目的，对作品、表演、录音录像制品进行打包、组合，所以在具体的许可方式上也会采取多元化策略，涵盖了一揽子许可、关联许可以及定制化许可等；而一般的著作权交易则并不是以过程为导向，而多是基于权利人和使用者、传播者的意思自治考量。（3）各自的优势不同。著作权资本化运营能够推动作品的流动，减少交易成本，形成规模效应，同时也便于将著作权人从烦琐的作品利用环节中解放出来，将某些作品的市场价值唤醒，深度挖掘作品的利用渠道，推动版权产业上下游之间的对接。著作权交易则只是在单个链条上发生的作品利用，更能尊重权利人和使用者的意志自由，也避免了资本化运营中可能出现的"作品囤积"等弊端。

　　著作权商业运营中的诉讼运营不同于著作权诉讼，两者的区别包括：（1）目的不同。著作权诉讼存在多种目的，最为核心的目的是捍卫权利，

---

　　❶ 任晓宁. 图片侵权案件呈现三大特点 ［EB/OL］. ［2017 – 08 – 14］. http：// www. ncac. gov. cn/chinacopyright/contents/4509/346824. html.

也就是制止各种侵权行为和违法行为，确保著作权法中的分配利益。著作权商业维权的目的虽然各种各样，但最集中表现为营利性的效益目标。通过诉讼的方式获取惩罚性赔偿金，获得超出正常许可的额外利益或者推动著作权的许可、转让，也可以是借助诉讼打击竞争对手。现实中，一些律师事务所接受委托，代理著作权人提起诉讼，如果并未由此获得额外的利益，应该被理解为构成正常的著作权诉讼，而不是诉讼运营。（2）主体不同。著作权诉讼的主体一般是权利人，或者是获得专有许可的被许可人。著作权诉讼运营的主体常常表现为第三方经营实体，在制度允许的空间里，著作权集中管理组织、网络服务提供者、信托组织以及集体管理组织也可以成为诉讼运营的重要主体。（3）制度环境不同。著作权诉讼是在激励创新的理念上，由司法机构权衡争端的必要方式，它所依托的是解决纠纷的一系列制度规则，包括侵权判定规则、损害赔偿规则等。著作权诉讼运营是在建设知识产权强国、提升著作权价值的背景下形成的特殊经济活动方式，它的制度设计更多依赖于惩罚性赔偿制度、著作权商业运营主体制度、著作权集中许可制度以及专门的知识产权法院制度等。（4）发起诉讼的数量不同。著作权诉讼运营一经发起，往往是多起案件，或者在不同法院针对同一行为发起诉讼，或者是在相同法院针对不同的作品发动连环诉讼。例如，"杭州快版科技有限公司"是一家商业维权公司，就曾经以"侵害作品信息网络传播权"为由向杭州市西湖区人民法院提起诉讼，状告100家微信公众号。相反，著作权诉讼并不具有这样的特征。

著作权资本化运营与著作权诉讼运营之间也存在一定的区别，具体包括：（1）行使权利的方式不同。著作权资本化运营公司自己会主动行使著作权，通过著作权资源的聚集开发相应的产品，推动著作权产业的发展，例如中国知网也会开发相应的文化产品，便利文化消费者获得相应的社会利益。著作权诉讼运营时并不主动开发相应的文化产品，往往是受权利人委托或者基于自己的利益需要，通过诉讼威胁或者诉讼的方式谋取商业利益。（2）利益分成不同。著作权资本化运营公司可以直接从原创作者处购买获得版权，版权费以双方商定结果为准，最后所获增值全部归运营公司所有。著作权诉讼运营公司与原创作者的合作模式一般是版权归原创作者所有，运营公司接受权利人委托或者信托，以著作权人的名义或者自己的名义代理维权，并承担所有花费，最后所得赔偿费进行分成。

当然也应该看到，著作权资本化运营和著作权诉讼运营往往是紧密联系在一起的，从事资本化运营的公司会将诉讼运营作为最后的法律保障，资本化运营公司也将诉讼运营作为其发展的业务方向之一。例如，视觉中国公司的核心业务是著作权的交易和服务。在这个交易平台上，公司与作品的内容贡献者（权利人）达成代理与分成协议，公司获得分销权；作品的内容使用者可以通过付费获得使用该作品的授权，公司收取授权许可费，并按照协议分摊给内容贡献者。与此同时，针对潜在的使用者或者未经许可的新兴媒体，视觉中国也会以诉讼相威胁或者直接发起诉讼，通过促成调解协议等方式获得收益并且与著作权人进行分成。在这种"代理—销售—诉讼—分成"的模式下，"视觉中国"具有了资本化运营和诉讼运营的双重性质。

总体来看，我国的新兴媒体著作权商业运营已有较大的市场空间，尤其是在图片作品及影视作品等领域已取得较为成功的经验，运营收益不断增多。但在新闻作品、网络文学作品等领域仍存在较大的市场空间，运营主体也正在筹建或者合纵连横之中。当然，著作权商业运营更多地把控在少数大企业手中，它们资源联通，总能抢占先机，并且凭借丰富的运营经验获得版权方的青睐，这就使得实力弱小、缺乏资源优势的小企业难以生存，给运营市场竞争带来不利影响。同时，由于商业运营公司在实际运行中往往囤积资源，歧视不同的使用者，而商业维权更会浪费司法资源，打压使用者，所以在实践中饱受非议。因此有必要分析当前著作权商业运营中的法律问题，提出应对之策。

三、新兴媒体著作权商业运营的法律问题

由以上分析可知，著作权商业运营的类型和模式比较复杂，简单描述其运营手段，资本化运营一般是通过一定的平台展示、包装整合、营销推销，再将其许可、授权、转让给其他使用者，从而获得额外的商业利益；诉讼运营则是以诉讼或者诉讼相威胁，进而从使用者处获得额外的商业利益。在实际操作中，商业运营与商业交易、版权诉讼交织在一起，会出现著作权滥用的问题，所以带来相应的法律难题。不过，这些难题有些是著

作权商业运营的问题，有些却并不仅仅是商业运营带来的问题。

（一）著作权商业运营机构的法律地位不明晰

尽管著作权运营的商业手段比较清晰，但运营机构的类型却比较繁杂。总体来看，著作权商业运营机构主要有三种：（1）著作权运营公司。主要业务即从事著作权的收集或者运营业务的公司，或者以著作权交易联盟、著作权交易中心的名义从事著作权收购运营业务。（2）著作权代理机构或者律师事务所。部分律师事务所开展著作权运营业务，集中代理某几家权利人的所有作品著作权，并在维权诉讼中获得超出代理费的收益。（3）著作权网络交易平台。诸如书生数字图书馆、豆丁网、豆瓣网、中国知网、超星、龙源期刊网、人大书报资料中心等著作权资源集聚中心也从事相应的著作权运营业务。甚至淘宝、拼多多等电商平台也会开展著作权运营业务，并且遭到"京版十五社反盗版联盟"的多次投诉。

上述三种著作权运营机构的法律定位之所以性质不明，这与其开展运营时的权利来源性质不同有关。著作权商业运营的权利来源有三：权利人的信托、权利人的委托以及自有权利。著作权信托就是把著作权视为一种信托财产，著作权人作为委托人把自己合法享有的著作权转移或者处分给受托人，受托人基于委托人的利益或者委托合同的约定对标的著作权进行管理和处分。这里的受托人即为著作权商业运营公司。著作权委托即著作权人把自有著作权委托给著作权商业运营机构，使得著作权人和著作权商业运营机构形成委托代理关系，但该作品的著作权仍属于委托人所有。作为著作权商业运营机构权利来源之一的"自有权利"，即著作权商业运营机构以创作者的身份"生产"著作权作品，并以著作权人的身份对这些作品进行运营。截至 2019 年 6 月 1 日，在中国裁判文书网中搜索"北京三面向版权代理有限公司"近几年（2016—2019）的判决书、裁定书共有 3869 份，其中著作权商业运营公司的权利来源为信托的有 829 个，权利来源为委托的有 701 个；搜索"视觉（中国）文化发展股份有限公司"近几年（2016—2019）的判决书、裁定书，共有 449 个结果，其中权利来源为信托的有 341 个，权利来源为委托的有 28 个；搜索"视觉中国"的前身——"华盖创意（北京）图像技术有限公司"近几年（2016—2019）

的判决书、裁定书，共有 2964 个结果，其中权利来源为信托的有 1934 个，权利来源为委托的有 207 个。由此可见，著作权商业运营机构一般是通过信托的方式以自己的名义提起著作权诉讼。

一般情况下，著作权商业运营机构对外活动时以权利人的名义或者以委托代理人的身份从事活动，只要谈判时不超出权利范围和代理权限，运营机构在此底线下追求利益最大化，具有法律依据，就应该受到尊重。在出现信托取得权利运营资格时，运营机构以自己的名义开展运营活动，必然会与著作权集体管理的设立要求发生冲突。在著作权运营机构代替著作权人起诉作品使用者的案件中，大多数法院把著作权运营机构看作"非法著作权集体管理"，不承认著作权运营机构有权利代替著作权人行使相关权利。❶ 例如，江苏省高级人民法院在深圳市声影网络科技有限公司诉无锡市侨声娱乐有限公司一案中认为，以自己的名义独家管理授权、发放许可及向侵权者提起诉讼的行为，违反了《著作权集体管理条例》关于"除著作权集体管理组织外，任何组织和个人不得从事著作权集体管理活动"的禁止性规定，属于未经批准从事著作权集体管理。❷ 除国家版权局批准成立的著作权集体管理组织外，在音乐、音像、摄影、文字等领域都不同程度地存在未经批准从事商业运营行为。有鉴于此，经由信托开展版权运营的机构在现有的法律框架下缺乏存在的合理空间。

（二）著作权商业运营中的程序合法化问题

著作权商业运营中的程序问题主要表现为以下方面：（1）钓鱼式维权。也就是著作权运营公司故意将享有著作权的作品散布到各种所谓的免费图库网以及公共网络上，让一些不知情的网络用户下载并使用这些图片，然后商业运营公司再伺机发起索赔。（2）向使用者发放带有威胁性质的诉前警告函。商业运营公司会选择弱势的使用者，一般是中小企业、个体工商户等经营主体，在发出许可意向书遭到拒绝后，会转发带有威胁性质的警告函。目标公司在收到警告函以后往往因为诉讼成本或者其中的威

---

❶ 胡姝阳. 非法著作权集体管理被叫停 ［N］. 中国知识产权报，2016 – 11 – 27（9）.
❷ 江苏省高级人民法院（2015）苏知民终字第 00100 号民事判决书。

胁性语言而被迫接受其许可意向。（3）先维权后授权。著作权运营公司通过自动全网爬虫、自动图像比对、自动生成报告等技术措施先行发现目标公司，然后进行事后授权，也就是在提起诉讼之前，运营公司并没有得到权利人的许可，但是当出现维权胜诉或者有可能获得利益时，再与权利人回签相关的协议。由于这种协议带有明显的"投机"性质，其实也违背诚实信用原则和合同法的基本原理，所以这样的程序机制阻碍了商业运营公司的发展，也成为使用者批评的重要内容。

（三）著作权商业运营中滥用版权的法律问题

"视觉中国"事件之所以受到广泛关注，一个重要的因素是使用者认为其滥用著作权，属于"版权蟑螂"。"版权蟑螂"（Copyright Troll）是指专门通过诉讼向他人发起版权侵权诉讼或者以发起版权侵权诉讼为要挟，让使用者支付较高的使用费，以此获得利益的主体。"版权蟑螂"的商业运作模式源于美国，起因是美国的版权侵权损害赔偿额度高，权利的保护力度大，在利益的驱动下，利用网络空间的版权权利边界不清晰的缺点，一些公司滥用诉权以获得经济利益。近年来，随着新兴媒体技术的发展，我国的一些著作权商业运营公司得到发展，传播速度快、图片复制便捷、一些作品的著作权主体界定困难等问题都会导致盗版现象严重，而"版权蟑螂"正是把新兴媒体平台当作其"觅食"的渠道，一点点地啃食原创资源、侵犯著作权人和使用者的利益。例如，上海映脉文化传播有限公司（东方 IC 网站）曾以著作权侵权的理由对北京百度网讯科技有限公司提出上诉，最终北京市海淀区人民法院裁定百度败诉，赔偿东方 IC 21.4 万元，百度公司随后指出东方 IC 以法律诉讼谋求高额赔偿，称其为勒索式商业模式。❶

具体来说，著作权商业运营公司滥用著作权的表现形态主要有三个方面：（1）本身没有获得著作权，但是谎称有著作权，公开散布各类作品，抓取侵权信息，并且向使用者索取著作权使用费。例如，一些著作权运营公司广泛搜罗无主图片后加上自家水印，然后将上述图片大量地以无水印

---

❶ 北京市海淀区人民法院（2018）京 0108 民初 22860 号民事判决书。

的方式提供，公众通过搜索引擎即可获得，然后图片社以此来进行维权诉讼。（2）著作权人支持免费使用，但是商业运营公司进行勒索维权，漫天要价。例如在"黑洞照片"事件中，有消费者披露该照片的著作权人实际上支持在尊重其精神利益基础上的免费使用，然而却被运营机构作为收费作品四处主张权利。（3）将作品载体的使用费歪曲为著作权使用费，通过诉讼或诉讼威胁的方式要求使用者支付高额使用费。例如视觉中国在"黑洞照片"事件发生后，故意将通常消费者理解的"编辑图片"版权费，重新解释为资料费、素材费、（电子）图档费等服务费。

四、新兴媒体著作权商业运营的对策建议

在新兴媒体著作权商业运营的过程中，出现了较多的法律问题，例如运营机构的法律地位模糊不清、经营活动饱受争议、权利行使程序不规范、存在滥用著作权的嫌疑，等等，但新兴媒体融合发展离不开著作权商业运营的加持，片面否认著作权商业运营的做法并不正确。值得赞许的立场是通过制度规则的完善，为新兴媒体著作权商业运营提供发展空间，并将其纳入合法化的发展轨道。

（一）保障著作权商业运营机构的合法地位

现今的著作权商业运营机构已成为著作权市场中必不可少的部分，新兴媒体融合发展必须借助商业运营机构提供的各类服务。虽然不乏纠纷，但整体而言，著作权商业运营机构仍具有合法性。

首先，著作权资本化运营公司是市场经济下推动著作权交易的重要主体，有助于著作权市场的健康发育与稳固发展。对于那些专门从事电影电视剧音乐引进、发行然后再进行许可、收费、分账、维权的著作权资本化运营公司，其业务覆盖创造、运用和保护等环节，其著作权权利的获取借助清晰可见的合同流程，在具体的利用过程中使用者对于背后的权利人及其利益关系也并不含糊，所以这类资本化运营公司的存在对于权利人和使用者均无危害，反而有效促进了版权产业链和价值链的延伸，所以这类资本化运营公司的合法性不容置疑。

其次，对于专门从事诉讼运营的著作权经营实体而言，由于其本身并

不开展著作权关联业务，只是替著作权人以诉讼或诉讼威胁的方式获得经济利益，如果是委托型或者自有型的诉讼运营公司，维护权利的依据清晰，自然并没有否定其合法性的理由，但是信托型的著作权诉讼运营机构，在一定程度上已经具备了著作权集体管理的典型特征，在现有法律框架下确实有加大管控力度的必要性。为确保这种运营机构的运营活动不至于偏离权利人的实际诉求，同时也为了保护消费者和使用者的知情权，可以建立登记制度，要求该类商业运营机构在著作权行政管理部门的指导下办理登记备案程序后方能开展相应业务。如此一来，我国可以逐步建立起与著作权集体管理这一社会团体非营利性管理相并存的著作权利用机制，不仅可以最大限度帮助权利人实现其作品中日益增多的商业利益，也可以更为快速、便捷地帮助各类新兴媒体获得著作权授权。所以，不可因为从事了类似于著作权集体管理组织的活动，就将信托型的著作权诉讼运营公司界定为非法经营行为。

（二）区分正常的商业运营与敲诈勒索

应该指出的是，著作权商业运营机构伪造相关资料，谎称拥有相关作品的著作权等，抓住受害人在网店上的商品宣传内容可能在互联网下载的把柄，通过投诉逼迫受害人与其协商并支付所谓的"授权使用费"，超出了商业运营的范畴，甚至已经构成敲诈勒索，依法应当接受法律的惩处。但并不是所有的著作权商业运营都要被扣上"敲诈勒索"的帽子，应该区分正常的商业运营应与敲诈勒索。一些著作权商业运营机构在合法拥有著作权作品的前提下针对网络平台的侵权行为进行诉讼维权，并不是敲诈勒索行为。例如，在上海富昱特图像技术有限公司诉上海地铁第二运营有限公司侵害作品信息网络传播权纠纷案中，上海市黄浦区人民法院认为涉案摄影图片作品公开刊载原告的网站，图片有该公司相应水印，网页标注有原告版权声明，在被告没有相反证据的情况下，运营机构有权提起诉讼。❶由此可见，对于合法经营的著作权运营公司的合理诉求，一般情况下法院还是会支持其正当维权。

---

❶　上海市黄浦区人民法院（2016）沪 0101 民初 12490 号民事判决书。

（三）查明著作权的权利来源

无论何种类型的著作权运营模式，诉讼都可以成为实现运营目标的最后手段。一旦启动诉讼程序，著作权运营公司就必须证明其拥有相关作品的著作权。法院在案件审理中，也应该严格审查作品首次公开发表的时间，确认真正的权利人。例如，2014 年最高人民法院再审华盖公司诉正林公司侵害著作权纠纷案件中❶认为，"华盖公司一审时以确认授权书、网站权利声明以及图片上的水印共同主张权利，应认为已经尽到了初步的举证责任，一审法院在没有相反证据的情况下认定其为主张权利的适格主体并无不当"，"二审法院采信了正林公司提交的相反证据，有三个网站公开销售涉案图片并分别印有自己的水印，在此情形下认为华盖公司未能进一步举证，从而不能证明其享有相关权利，二审的认定也是正确的"，"华盖公司在申请再审阶段向最高人民法院提交的补充证据能够回应正林公司二审中所提交的相反证据，进一步补充了权属的证明，能够证明 Getty 公司为涉案图片的著作权人、华盖公司经授权享有在中国大陆的相关权利，并有权提起本案诉讼"。由此可见，著作权运营公司提起诉讼后，法院并不能仅以水印当作认定著作权权利归属的唯一证据，而是应该结合相应的证据链，全面评判其提起诉讼的主体资格。

（四）追究恶意诉讼的民事责任

著作权运营公司举证证明版权的合法来源，不能举证而恶意提起诉讼的，被告方可以提起反诉，并且要求运营公司承担损害赔偿责任，因为原告的恶意给被告带来损害的，应该承担双倍赔偿的法律责任。证明版权运营公司是否构成恶意的考量因素包括：（1）是否有专门的审核人员，是否对审核人员进行培训并将审核责任落实到人；（2）是否多次故意针对某一竞争对手或者使用者进行反复投诉；（3）是否在运营公司尤其是运营平台设置举报功能键，针对敏感有害信息建立举报处理举措；（4）是否建立日志留存、值班巡查和应急处置机制；（5）是否多次在没有权利或者权利不

---

❶　最高人民法院（2014）民提字第 57 号民事判决书。

明时发起诉讼威胁或者提出诉讼；（6）其他可以判断具有恶意的情形。如果权利人同意进行免费使用，在一揽子信托的情况下，著作权运营机构更应该尊重权利人的意志，不能在此特定作品的著作权利用中收取费用。

（五）判赔金额应当以市场价值为基础

著作权诉讼运营能否实现并不取决于运营者个人的主观故意。所谓的"碰瓷维权"之类的说法其实偏离了法律事实。因为在诉讼运营中判决赔偿的数额由实际损失、违法所得、法定赔偿、惩罚性赔偿共同构成。如果诉讼运营成功，一般是借助于惩罚性赔偿实现，这时恰恰证明侵权人的主观恶意较大，而不是出现运营者本身的问题。如果运营者通过打官司直接获得高额赔偿，在没有实际损失或者较高的违法所得作为证据支持的话，法定赔偿数额也不会太高，这时一般只能认定为著作权诉讼而非著作权诉讼运营。因此，著作权诉讼运营中的判赔金额仍应当以市场价值为基础，谨慎使用惩罚性赔偿。

第四节　新兴媒体利用新闻作品的著作权制度建构

随着互联网技术以及现代传播技术的飞速发展，移动客户端、新闻聚合 App 等新兴媒体已成为新闻作品传播的重要渠道。传统环境下，囿于传播技术的限制，传统媒体在新闻作品的传播方面处于垄断地位，新闻作品的利用模式也十分有限，往往仅体现为单一的新闻报道及其转播、转载。尽管我国传媒体制正由"意识形态的媒介"向"产业经营的媒介"转变，多数的新闻媒体已实行企业化经营，事实上传统新闻媒体的市场化程度却依旧相对较低。在这种情况下，新闻作品并不是传统媒体获取收益的直接对象和主要途径，由新闻作品利用而产生的著作权纠纷较为少见。然而，新兴媒体的出现改变了当代传媒格局，自由、开放、竞争俨然成为媒介市场的主流。与报纸、杂志等传统媒体相比，新兴媒体在传播速度、传播途径和作品容量等方面具备无可比拟的优越性。便捷的传播渠道促使社会公众的文化消费需求得到了充分的满足，多元化的运营模式使得新闻作品的价值不断开发与挖掘，新闻作品逐渐演变为"新闻商品"，此时由新闻作品的利用而产生的著作权纠纷愈演愈烈。例如，作为新闻聚合媒体的代表，今日头条一直备受争议与批判，《现代快报》更是与今日头条进行了旷日持久的诉讼。❶ 新兴媒体环境下，新闻作品的利用出现了一系列新的特点，权利人的利益更应得到充分的保障，深化媒体融合发展版权保护已成为"剑网2019"专项行动的重点工作任务之一。❷ 同时，新闻作品的利用涉及信息在网络空间的自由流通，这与社会文化消费者的利益息息相关。因此，在新兴媒体融合发展的环境下，如何充分维护新闻作者的利益，如何保障社会公众的文化消费需求，如何充分发挥新闻作品的实际价值，需要结合实践中出现的新闻作品利用的新方式，在现有制度规则的基础上，对新兴媒体利用新闻作品的著作权制度进行调整与创新。

一、新兴媒体利用新闻作品的特殊性

（一）新闻作品利用数量海量化

随着新兴媒体的蓬勃发展，作品创作与传播方式发生重大变革，便捷的传播渠道、精彩的资讯内容使社会公众的文化需求不断提高。由于信息传播与知识消费呈"快餐式"的特点，作品的消费速度不断加快。为了满足文化消费者的需求，新兴媒体不断加大新闻作品的利用数量，新闻作品的利用时刻处于动态更新之中。新兴媒体通过超文本链接，汇聚海量新闻作品，借助多种传播手段、方式和载体，对文字、图片、声音、视频等众多新闻作品进行利用。例如，今日头条通过搭建平台，对海量新闻、资讯进行24小时推送，涵盖报纸、杂志、广播、电视等多个渠道的新闻作品。相比而言，传统环境下新闻作品的利用受限颇多，报纸、杂志需要受到报道空间篇幅的限制，电视节目需要受到节目播放时间的限制，新闻作品载

---

❶　江苏省高级人民法院（2018）苏民终588号民事判决书。

❷　"剑网2019"专项行动的重点工作任务包括深化媒体融合发展版权专题保护，严格院线电影网络版权专项整治，加强流媒体软硬件版权重点监管，规范图片市场版权保护运营秩序，巩固网络重点领域版权治理成果。赖名芳. 严格保护网络版权、提升管网治网能力——中宣部版权管理局负责人就"剑网2019"专项行动答记者问［EB/OL］.［2019－06－03］. http：//www. ncac. gov. cn/chinacopyright/contents/518/398831. html.

体空间的限制使得新闻作品的利用数量有限。在信息爆炸的当下，海量化的新闻作品是新兴媒体得以发展和运营的基础，也是新兴媒体维护现有用户群、扩展市场份额的重要保障。

（二）新闻作品利用性质商业化

传统环境下，新闻传媒业的文化属性十分显著，新闻作品侧重于作为一种文化范畴的精神产品而非经济范畴的物质商品进行流通。尽管大部分传统媒体已实现企业化经营，但作为党和政府的喉舌，归根结底都是为党和国家服务，因此在长期的发展中，传统媒体之间形成了免费互相转载的习惯，新闻作品的利用往往也被打上了特殊的社会文化烙印。随着现代传媒技术的飞速发展，新兴媒体的产业化运营程度不断提高，市场竞争也越发激烈。目前，新兴媒体通过商业化运作，将新闻作品这一商品销售出去，或者利用新闻作品所带来的高点击率、高用户流量吸引广告商，进而获得满意的经济收入。此外，新兴媒体将市场化运作机制引入新闻作品的利用中，有针对性、有选择性地向社会公众投放个性化的新闻作品，不断开拓与抢占市场。在"内容为王"的环境下，优质的新闻作品早已成为新兴媒体争夺的资源，交易、互换、共享已成为新兴媒体利用新闻作品的新模式，新闻作品不再单纯地被赋予文化传播的属性，而是作为一种商品活跃在媒介交易市场之中，新闻作品的利用被深深地打上了商业化的烙印。❶

（三）新闻作品利用方式多元化

传统媒体语境下，新闻作品主要通过报纸、杂志、广播和电视进行报道，囿于传播渠道的限制，往往表现为自上而下的精英新闻，新闻作品的利用方式以正文刊发、转载、播报为主。新兴媒体的发展打破了传统新闻作品单一的利用形式，网络新闻媒体在新闻报道方式方面不断创新，结合消费者的需求与爱好，开创了一系列特色鲜明、形式多样的新闻栏目，例如新闻吐槽、新闻动画、新闻短视频、新闻脱口秀等，新闻作品的利用愈

---

❶ 郝雨. 新闻学引论［M］. 上海：上海交通大学出版社，2013：320－321.

然从专业化向社会化转变。❶ 以腾讯新闻出品的《新闻哥》为例，《新闻哥》自创设之初就以"换个姿势看新闻"的特色吸引用户的关注，除了传统的传递新闻外，还将新闻作品与音乐、视频相结合，通过诙谐幽默的方式对新闻作品进行演绎、整合、辛辣点评等。由此可见，以往单一的新闻报道往往衍生出形态丰富的资讯产品，新闻作品的利用方式逐渐向多元化方向演变。

二、新兴媒体利用新闻作品的授权主体

现行《著作权法》首次将媒体职务作品纳入"特殊职务作品"范畴，明确规定该类作品的作者只享有署名权，其余权利归属于单位。互联网技术下，新型全媒体、数字化的传播体系正在加速形成，明晰媒体职务作品的权利归属有助于清晰划定传统媒体和新兴媒体的行为边界，解决传统媒体为代表的著作权人维权艰难的困境，也有助于新兴媒体更加便捷高效利用新闻作品。

首先，媒体职务作品不再奉"作者主义"为圭臬。媒体职务作品著作权所涉及的利益主体包括作品实际创作者和媒体单位。随着互联网技术的推广，以数字化为基础的现代传媒体系打破了传统媒体"单一垄断"的传播方式；丧失了渠道优势的传统媒体需要强化自身的"内容资源优势"，防止创作者对作品的自行传播。媒体单位已经把新闻作品视为单位的无形资产，作为媒体核心竞争力和品牌影响力的重要来源。❷ 媒体职务作品权利配置不应以"作者主义"为原则，否则媒体单位的合法利益会受到侵害，其所存储的媒体资产就会被稀释。

其次，媒体职务作品中"意思推定单位享有"基本立场的法定化。按照民法学的基本原理，一般职务作品和特殊职务作品均可借助意思自治原则，实现各自权利配置的转化。作者和单位可以通过合同约定著作权的权利归属。通过抽样统计分析，从 2015 年 1 月到 2021 年 2 月，1332 个涉及

---

❶ 李良荣. 新闻学导论［M］. 北京：高等教育出版社，2016：196－197.
❷ 崔保国，徐立军，丁迈. 中国传媒产业发展报告（2020）［M］. 北京：社会科学文献出版社，2020.

媒体职务作品侵权诉讼的司法判例中，我国媒体职务作品普遍通过合同约定的方式将著作权归属于单位。❶ 可见，近年来媒体职务作品依据合同约定上升为特殊职务作品已经成为行业惯例。现行《著作权法》强化了这种行业内的"意思推定"立场，把媒体职务作品法定为特殊职务作品，在法律上承认媒体单位对作品著作权的原始取得。

最后，媒体职务作品的著作权配置集中体现了"职业身份论"的判断标准。通常而言，特殊职务作品之特殊，在于利用本单位物质技术条件，所以会背弃"作者主义"而选择"单位主义"。特殊职务作品相比于一般职务作品增加了某些附加性特征。例如，《著作权法》规定当工程设计图、产品设计图、地图、计算机软件等职务作品满足"主要利用单位的物质技术条件创作"的要求时，才构成特殊职务作品。媒体职务作品构成特殊职务作品不需要"利用单位物质技术条件"，其根本原因在于记者与单位关系的特殊性。没有媒体单位，不可能存在记者的创作行为。换言之，任何新闻作品的创作都是限定在一定的媒体单位权限范围之内。媒体职务作品把作者"职业身份"作为唯一判断要素，即只要存在雇佣关系，以媒体单位工作人员身份创作的职务作品，都属于特殊职务作品，这符合媒体职务作品创作的内在逻辑。

三、新兴媒体利用新闻作品的授权许可模式

新兴媒体获得新闻作品的授权，包括著作权集体管理和一对一授权这两种授权许可模式。首先，著作权集体管理是指权利人通过授予著作权集体管理组织相关权利，使著作权集体管理组织在授权范围内，代表权利人与使用者签订许可合同、收取使用费等。尽管新闻作品的集体管理看上去是一个双赢的结果，然而著作权集体管理组织功能的缺位却影响了新兴媒体获得新闻作品的授权，行政化、垄断化严重，导致信息公开不透明并引发一系列信任问题。事实上，很少会有新兴媒体通过著作权集体管理获得

---

❶ 数据统计来源于"知产宝"。检索关键词"职务作品、著作权、新闻、记者"，对获得的1332 个一审判决进行抽样统计分析，每 5 个案例随机抽取一个作为样品；267 份判决组成的样本里，263 份判决书中作者都与单位约定职务作品的著作权归属于单位。

新闻作品的授权。其次，一对一授权远远不能满足新闻作品大规模、高效利用的需要，自然不能成为新兴媒体时代新闻作品授权利用的主要途径。

为了解决新兴媒体利用新闻作品授权许可的效率问题，更好地发挥新闻作品所蕴含的价值，设立新闻出版行业媒体联盟著作权集体协商和管理制度十分必要。实践中，越来越多的主流媒体选择媒体联盟的形式解决新闻作品的授权问题。例如，2017 年 4 月，人民日报社、新华社、光明日报社等 10 家主要媒体共同发起成立中国新闻媒体版权保护联盟，对新闻作品版权合作规则、价格制定等进行统一管理，为新兴媒体利用新闻作品构建公平便捷的版权交易渠道。2018 年 12 月，由中国行业报协会召集，国内 30 多家行业、财经媒体共同发起成立了中国财经媒体版权保护联盟，该联盟以媒体发展需求和共同利益为基础，形成具有约束力的共同体，致力于实现各主体之间的资源共享与互利合作。

媒体联盟著作权集体协商和管理制度的优势主要体现在以下三个方面：第一，不同于传统的著作权集体管理组织，媒体联盟著作权集体协商和管理制度建立在公平、开放、自主的基础之上。在联盟内部，联盟成员通过新闻作品的互换，建立公共稿库、数据库，便于新闻资源的共建共享，形成聚合式的优势。对联盟外部而言，能够为其他媒体提供统一的版权交易服务平台，便于获得新闻作品的版权信息并在线进行交易。第二，媒体联盟著作权集体协商和管理制度能够有效缓解当前混乱的商业性新闻作品授权模式。2019 年 4 月，在中国网络版权保护与发展大会上，中国新闻媒体版权保护联盟与中国财经媒体版权保护联盟共同提出，坚决抵制虚假授权行为，进而营造健康的新闻作品版权交易秩序。第三，媒体联盟能够有效解决新闻作品大规模授权的困境，为新兴媒体利用新闻作品提供有效的制度保障。有鉴于此，著作权法应当承认媒体联盟著作权集体协商和管理制度的正当性，并为其设置相应的法律义务与行为准则，规范媒体联盟的行为，避免联盟因实力壮大而演变成为垄断性组织。

四、新兴媒体利用新闻作品的付酬机制

新兴媒体经由授权许可或者默示许可获得使用新闻作品，都会涉及许可费的支付问题。新闻作品利用的核心是在内容生产方与使用方之间建立一个合理的对价机制，建设一个良性发展的版权市场，形成一个传统主流媒体与新媒体"共融共生、共享共赢"的新生态。❶ 我国新闻作品交易市场处于起步阶段，尚未形成科学、成熟的付酬机制，有关新闻作品授权许可费的问题尚处于空白地带，建议如下。

第一，引入多元化的许可费支付方式。我国目前涉及新闻作品付酬的官方文件主要是《使用文字作品支付报酬办法》，并规定了报刊刊载作品只适用一次性付酬方式。尽管一次性付酬具备简单、便捷的优点，考虑到一次性付酬金额的确定受主观性因素影响颇多，这一方式并不能够充分保障作者获得合理的经济报酬。在国外的立法中，有关作品利用许可费的支付除了一次性付酬之外，还包括根据使用作品收入的某一百分比进行付酬和混合付酬这两种方式。《西班牙著作权法》规定，作品利用应当按净收入的百分比来付酬，合同中应列出从毛收入中扣除费用的详细清单，并应标明这些费用的最高数额。❷ 混合付酬则是指一部分进行一次性支付，另一部分根据作品收入比例支付的方式。我国应当对新闻作品的许可费支付方式进行规定，并授予著作权人自由选择的权利。

第二，增加权利人对新闻作品定价的修改权。新兴媒体时代，新闻作品的价格往往难以预估与计算，对于一篇优质的新闻作品而言，其背后可能蕴含着巨大的社会价值与商业价值，前期的授权价格可能无法充分保证权利人获得适当的经济报酬。《德国著作权法》第 32 条第 1 款规定，以约定的报酬不合理为限，作者可以请求另一方合同当事人允许更改合同，以给作者提供合理的报酬。❸ 我国应当借鉴这一规定，对授权许可费的修改权进行确认，保障权利人利益的实现。

第三，适当提高新闻作品利用授权许可的付酬标准。司法实践中，新闻作品侵权赔偿数额不断提高，在南方周末诉新浪网案中，法院按照"千字千元"的标准进行判赔。在《现代快报》诉今日头条案中，今日头条未经授权转载《现代快报》4 篇文章，最终获赔 10 万元。我国著作权法对于

---

❶ 赵新乐. 传统媒体："原力觉醒"之后，更要抱团维权［EB/OL］.［2019 - 06 - 02］. ht-tp://www.ncac.gov.cn/chinacopyright/contents/4509/392391.html.

❷ 胡开忠. 使用作品付酬标准探析［J］. 法商研究，2012（1）：100.

❸ 德国著作权法［M］. 范长军，译. 北京：知识产权出版社，2013：45.

侵权行为一贯坚持"填平原则",即以作品实际受损价值为依据进行计算,判赔数额的增加体现出新闻作品的经济价值不断提升,也从侧面反映出付酬标准理应提高。因此应当结合实际,适当上调付酬标准,同时结合市场机制,通过界定新闻作品的市场价值确定实际损失,并针对恶意侵权和重复侵权构建惩罚性赔偿标准。

第四,借鉴营销学中累计数量折扣的定价方法,给予大规模利用新闻作品的新兴媒体价格折扣,可以采用一揽子授权、包年服务等多种模式,鼓励建立长期固定的合作关系,减少新闻作品后续的交易风险。

五、结　语

新闻作品的利用涉及权利主体、权利客体、授权许可模式等多方面的内容,与新闻记者、新兴媒体、传统媒体以及社会公众的利益密切相关。著作权法应当因应时代进行调整与创新。尽管新兴媒体的发展改变了原有新闻作品的利用模式,然而坚守著作权的私权属性,保护权利人利益不受侵犯仍是著作权法一贯坚持的准则,也是著作权制度正当性的基础,缺乏对权利人利益的保障,作品的创作将会成为"无源之水、无本之木"。因此,著作权制度应当遵循授权许可的原则,对新闻作品的范围进行清晰的界定,在便于新兴媒体找寻合适交易对象的同时,维护权利人的精神利益和经济利益不受侵犯。

此外,对于新闻作品而言,优质的内容固然重要,倘若缺乏便捷的传播渠道,新闻作品的价值也终究无法得到释放。媒体融合发展环境下,合作、互利必将是新闻作品利用的新趋势,因此,应当构建促进新闻作品权利人与新兴媒体协作、共赢的著作权规则,明确媒体特殊职务作品的著作权归属,创设媒体联盟著作权集体协商和管理制度,为新闻作品的自由、畅通传播提供制度支持,本质上亦有助于新闻作品的传播,有助于保障社会公众知情权。

第五节　新兴媒体利用音乐作品的著作权制度应对

随着数字音乐市场的快速发展,我国涌现出 QQ 音乐、网易云音乐、酷狗音乐等新兴媒体，并逐渐成为数字音乐产业链的中心枢纽。近年来，音乐新媒体之间的侵权诉讼频繁发生，平台侵权面临的歌曲下架现象也在不同程度上给使用者带来损害。新兴媒体之间的版权之争深层次地反映了著作权利用制度存在的问题。例如，2018 年网易云音乐下架周杰伦歌曲事件，既引发舆论风波，同时也暴露出音乐作品版权授权模式的缺陷。❶ 本节拟探讨新兴媒体利用音乐作品的特殊性，分析新兴媒体利用音乐作品的制度困境，提出制度构建的路径。

一、新兴媒体利用音乐作品的特殊性

随着新兴媒体技术的发展，主流的音乐消费模式逐渐从有形唱片购买发展到网络下载播放和在线欣赏。与此同步发展的是各类提供音乐下载和在线欣赏的新兴媒体的兴起，这在一定程度上冲击了传统媒体的地位，影响著作权人和唱片公司利益的实现。新兴媒体利用音乐作品的模式、对象和消费者的体验等方面有其特殊性。

（一）利用模式复杂化

新兴媒体利用音乐作品不是简单地采取发行音乐唱片的模式，也不是如同广播电视台那样仅仅向听众、观众播放音乐作品。与传统媒体不同，新兴媒体通过搭建音乐作品的存储空间、传播平台和下载通道等形式向消费者提供音乐作品。由此产生了两个层次的利用机制：新兴媒体与音乐著作权人、唱片公司签约获得著作权授权许可；新兴媒体通过搭建的互联网平台向公众提供试听、浏览、下载等服务。新兴媒体向公众提供音乐作品时，已经形成较为庞大的数据库，公众可以在该平台上自由选择所中意的歌曲。新兴媒体不再是单纯以某个歌手或者某类作品进行音乐作品发行，而是通过各种标准集聚起平台上的所有资源，既可以免费向公众提供，也会开发出各种有偿使用的新模式。例如，海量的云端音乐库中免费的大多是低品质的 MP3，部分用户为了获得高品质的视听享受、更好的音乐欣赏

---

❶ 邹银娣. "转授权"，音乐版权之争的解药［N］. 中国文化报，2017 - 09 - 23（4）.

效果而选择付费。● 从新兴媒体提供的服务来看，更是涵盖试听、欣赏、下载等多个方面，并不限定于单一的发行模式。过去，唱片公司既是录音制品的制作者，又是发行者，现在，新兴媒体则成为音乐作品的平台打造者和各种音乐作品需求的服务者。

（二）利用对象多元化

新兴媒体利用的音乐作品首选专业唱片公司制作的音乐作品，收录有音乐质量较高、传唱已久的经典金曲，也推送当今新手新创的时代佳作。然而，相比于传统媒体，互联网平台上的音乐作品创作门槛比较低，任何人都可以利用网络软件制作音乐作品并按照一定流程发布到音乐平台上。因此，新兴媒体上不乏各种来自专业用户生产的音乐作品以及各种业余用户生产的音乐作品。新兴媒体为此还可以打造自媒体创作和传播的存储空间，作为用户生产的音乐作品发布平台。由于新兴媒体具有传播渠道上的优越性，不少著作权人和歌手也将新兴媒体作为新曲推广的首选，有的甚至绕开唱片公司自行生产各类音乐作品上传到数字音乐平台。与文字、电影作品不同，新兴媒体音乐平台更需要拥有大量充足的资源，几十首、几百首的音乐作品资源不足以满足大众的需求。正因为新兴媒体所累积起来的音乐作品数量必须非常庞大，才导致平台与平台之间的竞争更为激烈。

（三）消费体验特殊化

新兴媒体利用音乐作品完全脱离了有形载体，实现数字技术与音乐内容相结合，在其平台上通过数字化的存储方式提供各类音乐作品，实现了利用方式的互动性。这种传播方式相对过去而言，传播力度更强、传播渠道更多元、传播受众也在不断增加。● 与此同时，新兴媒体给消费者带来的是对音乐作品的便捷下载和播放，个性化定制与推送的独特体验。这种体验包括免费和付费的形式，是需求较大的集群式体验。与传统媒体不

● 张晓梅. 新媒体与新媒体产业 ［M］. 北京：中国电影出版社, 2014：171 – 173.

● 周智慧. 基于网络背景下的著作权保护研究——以音乐作品为例 ［J］. 现代交际, 2016（10）：29 – 30.

同，新兴媒体利用音乐作品带来的体验是主动的、自由的、多样化的，同时具有即时性和便捷性，对喜欢的音乐会选择循环多遍反复欣赏。来自网络服务提供者的音乐开始以"应用软件"（Application Program，APP）的方式出现，且一般允许用户免费获取。❶ 消费者数字化体验的特殊性也要求音乐平台提高自身服务质量，创新营利模式，通过各种服务吸引和留住消费者并且为自己带来收益，确保可持续发展。

新兴媒体利用音乐作品的特殊性带来优越性，其全新的传播方式和消费体验给传统的音乐市场带来严重冲击，也对传统的著作权制度提出挑战。新兴媒体利用音乐作品的特殊性还反映出不适应性，著作权人、传播者和文化消费者都必须重新审视个体利益并进而提出制度安排主张。因此，有必要结合新兴媒体发展带来音乐作品利用的特殊性面向，梳理由此出现的著作权制度困境。

新兴媒体利用音乐作品的著作权制度困境包括两个层次：其一是新兴媒体利用所有类型作品都会遇到的制度困境，例如著作权交易平台的定位、DRM 著作权许可中的合同条款、商业化运营机构参与著作权利用带来的制度不适等，对于这些共性问题，前文中均有涉猎，此不赘述。其二是新兴媒体利用音乐作品所遭遇的特殊制度困境，这既与新兴媒体利用音乐作品的特殊性相关，也与现行制度主要针对传统媒体利用音乐作品进行制度设计有关。

二、新兴媒体利用音乐作品的独家授权模式

（一）独家授权模式带来的主要隐患

基于新兴媒体利用音乐作品的特殊性和复杂性，各家平台建构能够持续发展的有偿许可模式至关重要，独家授权模式逐渐成为从事音乐传播服务的新兴媒体的新宠。这些新兴媒体通过争购不同唱片公司的独家版权和数字分销权，扩大自己的资源储备库，吸引用户流量，提升市场竞争力。

---

❶ 熊琦. 数字音乐之道：网络时代音乐著作权许可模式研究［M］. 北京：北京大学出版社，2015：31.

在独家授权模式下，新兴媒体往往会对市场上的作品进行分析，判断其潜在价值和营利空间，选择自己认为有潜力、有价值的音乐作品。然后，新兴媒体与这些作品的著作权人（主要是唱片公司）签订独家授权协议，就双方在被授权者平台宣传推广、销售这些作品的合作事宜达成一致，并规定被授权者享有作品的著作权专有使用权，未经被授权者许可，授权者不得以自己的名义或授权第三方以任何形式使用作品。独家授权模式对新兴媒体平台和著作权市场的发展起到促进作用。音乐平台享有独家版权可以享受垄断溢价带来的巨大收益，也在一定程度上培养消费者付费使用作品的习惯，给著作权市场的健康发展带来一定的积极影响。但是从长远角度来看，独家授权模式对于繁荣网络音乐市场、促进市场的长期健康发展也会带来一定的危害。各大网络音乐平台对音乐资源的垄断，给消费者寻求海量资源带来障碍，为了满足自己的音乐需求，很多消费者不得不下载登录多个音乐平台，极大地降低了消费者的使用满意度，也阻碍了音乐作品的广泛传播。2017 年，我国国内多个音乐媒体争夺"独家版权"许可，哄抬授权价格的现象严重，致使最高出价较以前出价高出整整十倍，最终这些成本都会转嫁给消费者，这势必阻碍网络音乐产业的健康发展，对著作权运营也会产生很大的负面影响。

（二）独家授权许可模式的改革

我国国家版权局在新兴媒体音乐作品独家授权许可现象大量发生后，明确表达了不支持的态度，并且采取行政措施进行积极干预。2017 年 9 月，国家版权局分别约谈主要网络音乐服务商、音乐公司和权利人组织，要求各方按照著作权法要求，抵制各类侵犯网络音乐著作权行为，建立完善的内部版权管理制度，促进网络音乐全面授权、广泛传播。❶ 在国家版权局的牵头约谈下，腾讯音乐、阿里音乐、网易云音乐三家音乐巨头之间形成两两交叉授权，用户在使用和选择音乐平台的问题上享有更多的自主权，也能享受到更多更好的音乐作品和服务。

---

❶ 窦新颖. "剑网 2017" 对哪些重点领域版权进行了专项整治？一文让你弄明白［EB/OL］.［2019 - 06 - 05］. http：//www.ncac.gov.cn/chinacopyright/contents/518/358349.html.

　　诚如前文所述，独家授权模式有其存在的价值，但是却带来一定的危害。面对数字音乐版权独家授权模式，著作权法可以通过适当限制数字音乐版权独家授权的数量与期限，通过适当限制数字音乐的著作权以缓解利益冲突。❶ 例如，美国 1995 年通过的《美国录音制品数字表演权法案》要求，录音制品版权人授权交互式音乐服务商独家版权许可的期限不得超过 12 个月。2018 年 10 月 11 日生效的《美国音乐现代化法案》继续坚持这一规则，并且对其进行完善。美国的上述立法值得借鉴和思考。具体来说，我国新兴媒体著作权独占许可的乱象治理应该回到立法的源头，通过制度完善明确以下内容：首先，新兴媒体音乐平台与著作权人、唱片公司的信息网络传播权独家授权许可期限为 12 个月，超过该期限的为无效授权。著作权这一制度设计的目的在于建立新兴媒体竞争优势、倡导音乐有偿消费的同时，避免各大音乐平台之间的恶性竞争，维护消费者的合法权益。其次，新兴媒体音乐平台加强合作，建立著作权联盟，实现彼此转授权。不仅可以推动作品的有效传播，满足消费者寻求海量资源的需求，还可以避免天价版权的出现，还著作权交易市场一个健康良好的风气。最后，新兴媒体音乐平台的特色服务受到保护。各大平台应该致力于开发自身的特色服务，以特色服务吸引消费者，进行差异化竞争，在推动市场良性竞争的同时，也给用户带来更多更好的体验。

三、新兴媒体利用音乐作品的法定许可模式

（一）数字技术带来的挑战

　　新兴媒体利用音乐作品以明确获得著作权人授权为原则，音乐作品著作权授权的特殊性在于，不仅词曲作者具有著作权上的地位，而且录音制作者也是授权主体。新兴媒体利用音乐作品需要多层授权，本身就存在程序上的复杂性。随着网络技术的发展，借助录音技术与网络传播技术，个人创作、传播音乐的成本降低，音乐由原来的少数人创作变为有广泛平民

---

❶ 叶明，张洁. 利益平衡视角下的数字音乐版权独家授权模式研究 [J]. 电子知识产权，2018 (11)：32 – 42.

参与的大众娱乐。❶ 在此过程中，词曲作者、制作人、混音师、录音师、表演者等都可能是不同的著作权人，新兴媒体获得音乐作品授权许可的难度进一步增加，搜寻、协商的许可成本也会不断增多。

法定许可的制度设计，不仅是对著作权的限制，而且有助于协调著作权人和新兴媒体之间的冲突，平衡音乐作品创作和传播过程中出现的各种利益分歧，在网络环境下需要重新审视这一制度在音乐作品利用中的价值和问题。首先，新兴媒体传播音乐作品，涉及信息网络传播权而非广播权，因此不能享有传统媒体播放音乐作品而带来的法定许可便利。根据我国著作权法的规定，广播电台、电视台播放他人已发表的作品，可以不经著作权人许可，但应当支付报酬。显然，这条规定不适合于新兴媒体的流媒体互动式播放。但是如果进行利益衡量，新兴媒体传播音乐作品对著作权人产生的市场影响，与广播电台、电视台产生的市场影响并无本质不同，厚此而薄彼的制度设计缺乏更为深厚的正当性支撑，由此带来的不公平竞争不利于新兴媒体产业的成长。其次，新兴媒体利用已经出版的录音制品制作音乐作品然后在平台上向公众提供，不能够适用录音制品再制作的法定许可规则。现行著作权法❷规定了后续录音制作者可以制作录音制品，但是新兴媒体在利用音乐作品时可能提供了相应的录音设备、软件，或者在数字环境下的传播渠道，却并不是通常意义上的录音制作者。如果是由其他后续录制者制作出新的音乐作品，制作录音制品后是否可以在新兴媒体平台上传播，法律规定语焉不详。最后，新兴媒体平台上出现大量绕开唱片公司而进行推广的音乐作品，新兴媒体之间互相传播这些作品并不违背著作权人的利益，采取授权许可的原则反而阻碍网络原创音乐的推广和传播。

此外，我国法定许可制度实际运行的效果不佳，美国版权法上的强制许可规则运行经验也让研究者对这一制度的存在合理性提出质疑。在法定

---

❶ 郑淑凤，沈小白. 版权保护后时代互联网音乐平台营利问题的分析与对策——数字版权许可模式改进与新商业模式之探索 [J]. 科技与法律，2017（6）：18.

❷ 现行《著作权法》第 42 条第 2 款规定，录音制作者使用他人已经合法录制为录音制品的音乐作品制作录音制品，可以不经著作权人许可，但应当按照规定支付报酬；著作权人声明不许使用的不得使用。

许可框架下，权利人失去了对其音乐作品的定价权以及双方自由设定交易条件、协商交易价格的权利，其带来的行政管理成本往往高于自由议价所产生的成本。学者进一步指出，我国法定许可费率定位不准，很难准确反映网络市场上音乐作品的供求状况，严重低估版权作品价值的现象普遍存在，权利人极难依此获得收益。❶ 至于法定许可想要解决的垄断问题，考虑到音乐作品之间的较高替代性和音乐市场的集中化程度，现阶段似乎也并不存在正当性。

（二）法定许可模式的再造

一般来说，新兴媒体和传统媒体在网络空间进行非交互式的音视频播放，都不应该适用法定许可规则。至于新兴媒体在某些情况下提供软件或数字设备由用户制作音乐作品上传，可以视为录音制品的制作；新兴媒体在后续录音制作者使用他人已经合法录制为录音制品的音乐作品制作录音制品，并且将其上传到新兴媒体进行传播的，不需要征得权利人的同意，但需要支付报酬。这一支付报酬的机制必须建立在意思自治的基础上，同时能够通过备案的方式打造较为完备的作品使用数据库。《美国音乐现代化法案》建立的"强制性一揽子许可"（Compulsory Blanket License）允许新兴媒体直接从词曲作品著作权人那里一次性获得词曲作品许可，而不是单个进行法定许可；上述做法中的合理元素也值得借鉴。我国在立法中也可以扩大录音制品制作法定许可的范围，使之延伸到新兴媒体的数字化传播领域，但同时要求法定许可费必须在国家版权局的指导下，由代表新兴媒体、著作权人和唱片公司的第三方组织（可确定为后文的中国在线音乐著作权协会）共同先行确定，许可费率建立的基础包括一揽子许可可能产生的费用。自行协商不成的，由主管部门根据市场价值、以往的许可费率以及通行的行业惯例等予以确定。由于数字化传播涉及的法定许可费是针对唱片公司和著作权人的信息网络传播权进行使用的费用，因此可以采取贯穿式许可（Pass-through License）程序，新兴媒体不必直接将法定许可费缴纳给音乐作品版权人，唱片公司在与网站的许可交易过程中，可以代

---

❶ 刘家瑞. 论美国数字音乐版权制度及启示［J］. 知识产权，2019（3）：89.

为收取音乐作品的法定许可费，然后转交给音乐作品版权人。❶ 这一制度设计有助于简化法定许可中许可费的支付环节，在确保著作权人利益实现的同时，减少了新兴媒体的交易成本。

四、新兴媒体利用音乐作品的集体管理模式

传统媒体借助特定的著作权集体管理组织进行音乐作品集体许可，集中表现为复制权、表演权和广播权的集体管理。在我国，中国音乐著作权协会在维护音乐作品著作权人利益方面发挥着不可替代的作用，既为权利人省去亲力亲为的烦恼，也节约了音乐作品传播者的交易成本，确实发挥了桥梁和纽带的功能。

新兴媒体利用音乐作品借助中国音乐著作权集体管理组织进行有偿授权许可固然是不错的选择，但是却面临一些新的问题，加之新兴媒体利用音乐作品有其特殊性，利用模式跟传统媒体相比较更为复杂和多元，著作权人对于新兴媒体的差异化期待同样带来经营功能上的挑战和弱化。首先，新兴媒体集聚大量音乐资源，由其与著作权人、唱片公司进行一对一的授权谈判具有可行性。很多新兴媒体选择与唱片公司建立合作关系，或者直接与著作权人保持联系，这导致音乐著作权协会的功能越来越淡化。主要的原因是，唱片公司地位的转变和定价能力的增强，以及集体管理组织所代表的词曲作者群体影响力的减弱。❷ 其次，新兴媒体利用的音乐作品很多并不是由中国音乐著作权协会管理的会员享有权利，在缺乏延伸性集体管理制度设计的情况下，新兴媒体没有办法借助中国音乐著作权协会进行明示授权。再次，新兴媒体提供的音乐作品一般是一揽子许可给消费者进行在线欣赏或者下载，针对单一作品收费的集体管理模式很难有效发挥作用。最后，音乐作品著作权人的海量化、多元性，也决定了不少著作权人并不把集体管理组织作为获取著作权收益的首选。实践中，一些新兴媒体通过建立数字权利管理系统，主动与著作权人签约，根据点击量等较

❶ 刘家瑞. 论美国数字音乐版权制度及启示 [J]. 知识产权, 2019 (3)：89.
❷ 郑淑凤, 沈小白. 版权保护后时代互联网音乐平台营利问题的分析与对策——数字版权许可模式改进与新商业模式之探索 [J]. 科技与法律, 2017 (6)：18.

为精准的方式计算个人收益。有些新兴媒体甚至通过合同要求著作权人将自己上传到新兴媒体上的音乐作品交由其管理。这种更为便捷的著作权授权许可方式应该与著作权集体管理模式并存。如果著作权集体管理组织根据相应规定阻止著作权人的授权,❶ 或者打压新兴媒体的准集体管理功能,❷ 反而会阻碍音乐作品的有效传播。

　　面对新兴媒体利用音乐作品出现的一些新情况,国外立法中出现创设新的著作权集体管理组织的做法,也就是通过建立一家全新的新兴媒体音乐作品著作权集体管理组织实现快速高效的著作权运营。《美国音乐现代化法案》创造性地将设立一个新的集体管理组织(Mechanical Licensing Collective)作为流媒体点播和数字化下载的许可机构,借助市场的力量建立更为公平的付费机制。日本自 2015 年起开始筹建"音乐集中管理中心",该中心不仅承担网络音乐权利信息统一处理窗口的功能,还将具备使用许可合同申请窗口的功能,办理手续将进一步简化,纳入管理的作品将更多。❸ 我国的新兴媒体、唱片公司和著作权人共同发起成立中国在线音乐著作权协会,作为新兴媒体音乐著作权集体管理组织,用以弥补中国音乐著作权协会的缺陷与不足,同时与其形成良性竞争,提升双方运行的效率,实现传统音乐产业和网络音乐产业的双重驱动。著作权人可以自行选择加入音乐作品的集体管理组织。新成立的中国在线音乐著作权协会可以集聚新兴媒体的各种数据资源,建立更为完备的著作权集体管理的数字平台,在平台上既可以让权利人快速高效地管理自己的音乐作品;亦可以让新兴媒体便捷地检索查看所需要的音乐作品,甚至实现著作权的实时授权。该集体管理组织在运营中坚持交易透明化且授权非专有化的原则,不阻止著作权人根据自身需要进行授权许可。著作权人绕开该集体管理组织进行授权许可的,应该在其平台上备案标注,避免出现重复授权和多次收费。

---

　　❶ 《著作权集体管理条例》第 20 条规定,权利人与著作权集体管理组织订立著作权集体管理合同后,不得在合同约定期限内自己行使或者许可他人行使合同约定的由著作权集体管理组织行使的权利。

　　❷ 《著作权集体管理条例》第 6 条规定,除依照本条例规定设立的著作权集体管理组织外,任何组织和个人不得从事著作权集体管理活动。

　　❸ 黄钱欣."互联网 +"时代著作权集体管理组织整合问题 [J]. 现代出版,2017 (1):28.

第六章
新兴媒体融合发展中的著作权保护

　　新兴媒体融合发展带来的著作权影响非常深远，不同技术应用和各种产业形态的发展都会带来一些新型的著作权侵权行为，对这些特定空间、特定技术背景支持或者特定领域发生的著作权侵权责任进行认定，需要结合著作权法的基本原理，针对新兴媒体的类型进行综合分析。无论从立法还是司法层面来看，法律责任对于权利的保障以及法律义务违反的矫正都起着至关重要的作用，在整个法律体系中占据着举足轻重的地位。本章将从新兴媒体侵犯著作权行为的类型化分析、新兴媒体深层次链接的行为性质、新兴媒体的著作权义务体系、新兴媒体侵犯著作权损害赔偿责任和行政责任等方面讨论新兴媒体融合发展中的著作权保护问题。

第一节　新兴媒体侵犯著作权行为的类型化分析

　　著作权法将未经著作权人授权也没有法律依据而擅自行使著作权的行为认定为侵犯著作权的行为。侵犯著作权行为的形态相较于其他领域的侵权行为更加复杂且多样，而在新型媒体层面，由于其传播内容、传播方式等方面的特殊性与多样性，其侵权行为的类型相较于传统的著作权侵权行为又显得更为复杂。

一、新兴媒体侵犯著作权行为的特征

　　新兴媒体侵犯著作权行为一般表现为新兴媒体对于传统媒体著作权的

侵害，随着新兴媒体自身拥有著作权数量的不断增多，不同的新兴媒体之间相互侵权的情况也时有发生。侵权问题的频繁出现和不断加剧，阻碍了新兴媒体产业的合法化发展，也影响传统媒体与新兴媒体进行利益分享的积极性。新兴媒体是文化产业和互联网产业融合发展的产物，正确认识新兴媒体的侵权行为对于推动著作权保护和促进作品传播均具有重要意义。

（一）新兴媒体侵权现象更加普遍

现代信息技术的发展不但催生了一大批新兴媒体，而且吸引了大量传统媒体向新型媒体平台转型。今日头条、抖音、微博、优酷等新兴媒体的出现，改变了人们信息获取、交流及存储的方式，报纸、杂志等传统纸质媒体为应对市场环境的变化，纷纷采取相应措施，推出自己的官方网站或是移动客户端。无论是新兴媒体还是用户，往往能够很快地适应新型的信息传播方式，但对于全新环境下著作权保护模式的认知却相对滞后。新兴媒体通常无法意识到自己的侵权行为及其危害性，甚至认为只要不直接从事营利活动，各种上传、下载、分享行为都不会侵犯著作权人的权益。一些中小型媒体运营商容易忽略版权管理系统的构建，缺乏著作权侵权监督机制，对于其用户的侵权行为不能及时发现和制止，或认为侵权行为与自己无关。一些大型的媒体运营商虽然法务体系较为完善，法律意识也相对较强，但在巨大的利益面前，它们常常心存侥幸，明知故犯，传播他人受著作权保护的作品，或是纵容用户实施侵权行为。

（二）新兴媒体侵权方式更加多元

在传统的信息传播模式下，作品往往借助于纸质媒介进行传播，它可以直接被人类触摸和感知，媒介作为作品必要的也是唯一的载体，与作品相互依存，不可分割，这使得复制作品不可避免地需要花费更多的人力、物力、财力，并且仿制品和原作品之间总会存在或多或少的品质差异，侵权行为所获得的利益也会受到很大程度的影响。但当新兴媒体作为传播媒介时，有时只需简单地点击几下鼠标，便可以瞬间复制他人作品，并且可以跨平台、跨地域进行传播，所有形式的作品均以数字化的形态存在，复制过程简单，传播途径迅速，而这种简单复制并且传播的"作品"又与原作品无异，在一些情况下，侵权媒体比原作品的传播媒体用户体验甚至更好。在具体的传播手段上更是不断推陈出新，任何一种新的媒介技术的发展都会带来侵权手段和方式的变化，各类网络盗版技术日新月异，云计算、P2P、网络聚合、文字转码、网络电视、快速建站等新型技术都被用于盗版，新兴媒体侵权方式更加多元化。实践中，用户在选择获取信息的途径时，通常不会刻意关注谁是真正的著作权人，或者所使用的新兴媒体平台是否侵权，其选择依据往往只是自己长久以来形成的习惯和媒体平台的用户体验，这导致"合法性"这一市场竞争中最为基本的准则在新兴媒体环境下遭到忽视。

（三）新兴媒体侵权后果更加严重

网络环境下的信息传播具有广泛性和迅捷性的特点，新兴媒体的侵权行为较之传统的著作权侵权行为来讲，波及面更广，造成损害更加巨大，作品被侵权之后，就会被迅速地重复侵权，给权利人造成的经济损失会呈现指数级的增加，侵权行为在较短的时间内就会造成更加严重的损害后果。以网络为传输途径的新媒体，由于传播快速、容易分享，导致侵权行为加速扩散。[1] 新兴媒体著作权纠纷案件中，文字作品和摄影作品侵权纠纷所占比例较大，涉及的诉讼标的额虽然不高，但是数量通常惊人；视频作品、软件作品和音乐作品等著作权纠纷所涉及的诉讼标的额不仅高，而且也会对权利人的竞争优势带来明显的冲击，有时甚至是致命的影响。

（四）新兴媒体侵权行为更加隐蔽

新兴媒体著作权侵权行为通常比较隐蔽。新兴媒体侵犯著作权的方式已从复制、非法转载、盗用等基本手段转向技术化的侵权方式，如采用隐蔽性的转码、深度链接，借助于合理使用的外衣而私下采用非法的技术手段，让侵权更难以发现。[2] 由于网络技术的发展，尤其是链接技术的兴起，信息资源的传播方式从点到点逐渐发展为从面到面，这使得新兴媒体著作

---

[1] 尹章池，等. 新媒体概论［M］. 北京：北京大学出版社，2017：159.
[2] 李月红. 自媒体著作权保护的困境与对策［J］. 出版发行研究，2015（10）：72.

权侵权行为具有极强的隐蔽性。新兴媒体常常采取一些技术性手段规避监督管理，而网络自身的特征也使得这些侵权行为变得更为隐蔽、难以察觉。此外，新兴媒体在使用他人作品时，往往存在多方利益相关者，导致一个侵权行为可能涉及网络内容提供商、网络服务提供商、网络信息或产品销售商等多方的行为，需要对各方行为性质进行区分，对其进行侵权认定及归责的工作量大，某种程度上也产生蒙蔽效应，让真正的侵权者躲进所谓的"避风港"，甚至最终得以逃避法律责任的追究。

（五）新兴媒体侵权后权利人维权更加困难

在具体的维权过程中，证据问题始终是一个重要的瓶颈。侵权证据隐藏在虚拟服务器的海量信息之中，当著作权人发现自己的作品被侵权时，却通常因为调查取证困难，即使诉诸法律，也常常会屈服于高昂的诉讼成本而不得不放弃维护自己的合法权益。在自力救助机制方面，新兴媒体尤其是对作品负有较高注意义务的平台，在投诉机制、协调机制、删除机制等各个方面还不够健全。在损害赔偿方面，权利人的损害也难以得到有效补救。新兴媒体的侵权行为并未产生实体产品，这使得其侵权收益不明确，赔偿数额不易确定。法院在审理此类案件时，往往较为保守，判决的损害赔偿金额与侵权者的获利与权利人的损失相距甚远。侵权纠纷审理的难度以及侵权赔偿数额的低廉，降低了新兴媒体侵犯著作权行为的成本，从而变相提高了侵权行为的可期收益。

二、直接侵权行为与间接侵权行为

新兴媒体侵犯著作权包括直接侵权和间接侵权两种。《信息网络传播权保护条例》将网络传播行为区分为内容提供行为与技术服务提供行为（提供通道、缓存、定位、存储空间等服务），实际上为新兴媒体侵犯著作权行为的分类划定了标准：直接提供作品的行为构成直接侵权；为他人侵权提供网络技术服务的行为构成间接侵权。

（一）直接侵权行为

新兴媒体的著作权直接侵权主要是指新兴媒体未经过正当渠道授权而

直接对作品进行的使用，也就是直接实施了受到著作权人权利控制的行为却没有法律上的正当理由。新兴媒体的直接侵权行为主要表现为将未被授权的作品置于其平台之上，供其用户浏览、播放或下载。如果新兴媒体在作品传播中被认定为构成网络内容提供者，其未经许可直接将作品上传至服务器的行为，一般可以认定为构成直接侵权。以视听新媒体为例，若用户在某视频分享网站未经著作权人许可上传了某段视频，则该用户行为构成直接侵权。若该视频分享网站自主上传了该段视频，其行为亦构成直接侵权。遵循不同的标准，新兴媒体直接侵权行为可以被划分出不同的类型。

1. 从侵犯的作品类型分析

由于现代信息技术传播的基础是作品的数字化，所以无论是在理论上还是在实践中，各种类型的作品都可以上传至互联网上。随着"三网融合"技术的发展，电信网和广播电视网也具有上传各类作品的能力和传播相应作品的途径，所以，无论是文字作品、口述作品、艺术作品、美术作品还是建筑作品、摄影作品、计算机软件等其他类型的作品，都可以成为新兴媒体侵权的对象。实务中，比较常见的是新兴媒体侵犯文字作品、摄影作品、视听作品和音乐作品著作权的情形。

首先，新兴媒体侵犯文字作品的著作权。比较常见的是未经许可复制、转载、摘编、传播他人的文字作品，不管这种文字作品是否发表，以及是否在其他传统媒体或网络媒体上登载。例如，著作权人李某在其搜狐博客上发表了自己创作的文章，被告于某在未经李某许可和支付报酬的情况下，在自己的博文中整段复制了李某的内容，且没有注明引文的作者和出处，侵犯了原告对该文字作品所享有的署名权和信息网络传播权。

其次，新兴媒体侵犯摄影作品著作权。如广州舒氏坊母婴用品有限公司、宁波某化妆品公司等在官方微博中使用了原告华盖创意图像技术有限公司享有著作权的摄影作品，侵犯其信息网络传播权；网易公司在网易新闻中未经原告授权而使用原告乔天某的摄影作品，引起著作权纠纷；❶ 重

---

❶　北京市西城区人民法院（2016）京 0102 民初 14755 号、北京知识产权法院（2017）京 73 民终 752 号民事判决书。

庆金刀峡旅游开发有限责任公司未经原告同意，在其微信公众号平台上使用了原告的摄影作品《鹅公岩大桥立交》，并去掉了作者署名，侵犯了原告的著作权；❶ 柳州某科技有限公司在其微信公众号上非法盗用原告梁某某的摄影作品，构成侵权。❷ 上述案例中，摄影作品不仅可以单独被使用进而造成侵权，而且还可能被整体置放到其他文字作品或影视作品之中，也同样存在侵权的可能。

再次，新兴媒体侵犯视听作品著作权。例如，一些侵权行为人通过在国外的服务器开设网站，将国内一些正在上映的热门电影上传至互联网，供用户下载或播放。❸ 由于电影作品著作权保护构成电影产业发展的基础，如果新兴媒体盗播、盗链的行为得不到及时制止，必然会严重影响电影作品的同期票房收入，也会打击电影制片人创作和投资的积极性。

最后，新兴媒体侵犯音乐作品著作权。在我国，不仅出现著作权人针对阿里音乐、酷狗音乐等平台发起的著作权侵权诉讼，而且也连续发生过多起音乐平台之间的著作权侵权纠纷。例如，2015 年 5 月 26 日，某网络平台享有涉案 260 首歌曲的信息网络传播权，另一家网络音乐媒体擅自向公众提供涉案歌曲。法院认为，该案侵权歌曲数量较大，在网络环境下，该行为如不及时制止，将会使被告不当利用他人权利获得的市场份额进一步增长，对原告造成难以弥补的损失，因而签发禁令。❹

2. 从侵犯的权利类别分析

新兴媒体侵权行为一般涉及信息网络传播权、发表权、署名权、保护作品完整权和改编权等权利内容。新兴媒体因未经著作权人同意，未支付报酬，非法上传或转载他人作品，或引用、复制、传播、改编他人作品，从而侵犯他人信息网络传播权及其他财产权的现象非常普遍。信息网络传播权是以有线或者无线的方式向公众提供作品，使公众可以在其个人选定

---

❶ 重庆市渝北区人民法院（2015）渝北法民初字第 04330 号民事判决书。

❷ 李颖. 柳州中院公开宣判首例"自媒体"著作权侵权案件 [EB/OL]. [2019 - 07 - 17]. http：//lzzy. gxcourt. cn/info/1067/14617. htm.

❸ 王坤宁. 部分全国政协委员呼吁：为知识产权创造和使用构建良好环境 [EB/OL]. [2019 - 07 - 17]. https：//baijiahao. baidu. com/s？ id = 1594993833445069135.

❹ 阿里音乐诉前禁令获准，酷狗被判侵权 [EB/OL]. [2019 - 05 - 16]. https：//www. tisi. org/Article/lists/id/4020. html.

的时间和地点获得作品的权利，凡是未经作者授权而在自媒体平台上公开传播他人作品使公众可以在选定时间地点获取的行为即构成对他人信息网络传播权的侵犯。在侵犯信息网络传播权的认定时，必须结合信息网络传播权的"按需传播"特征，在排除法定许可、合理使用等权利限制情形的基础上，将直接提供作品并且使公众可以"交互式"获得作品的行为认定为侵犯信息网络传播权的行为。

　　新兴媒体侵犯作者署名权和发表权的情况也非常多见。主要是未经作者许可将他人原创作品署上自己的姓名并发表，或者将他人未发表的作品公开发表等。依照我国著作权法规定，使用他人作品的，应当取得著作权人的许可，并指明作者姓名、作品名称，而不论是在纸质出版物抑或网络媒体上使用。实践中，著作权人发现侵犯其署名权和发表权的，应该及时存留相关证据，在一般情况下会选择以自力救济的方式解决问题。由于新兴媒体擅自发表或者不按照规范署名会给著作权人的精神利益带来损害，其实也会破坏著作权人的后续使用，在职称评定、社会评价等领域都会带来负面影响，因此，加大对这一类侵权行为的打击力度也非常必要。

　　随着 UGC 等创作形式的涌现，各种小视频中擅自篡改、歪曲他人作品或者改变作品表达形式的情况越来越多，新兴媒体侵犯保护作品完整权、改编权也成为主要的侵权类型。著作权人享有保护作品完整的权利，即未经著作权人许可，不得对作品进行实质性修改，更不得故意歪曲、篡改原作品。改编权是改编作品，创作出具有独创性新作品的权利。未经著作权人同意擅自改编他人作品视为对改编权的侵犯。对此，著作权人可以结合法律上侵权责任标准的认定要求，区分作品的表达和思想，对实质性相似进行比对，进而增大著作权侵权诉讼发起后的胜诉率。

（二）间接侵权行为

　　新兴媒体的著作权间接侵权通常是该新兴媒体没有实施受到著作权人控制的行为，但是却在侵权行为中起到一定的作用，这种作用可能表现为帮助、引诱，例如提供存储空间或者定位服务，也可以表现为合作共同侵权。例如，社交媒体及视听媒体的间接侵权行为，主要表现为用户在自己的社交账号或视听平台账号中发布未经授权的文章、照片、音频、视频等作品，而新兴媒体未尽到及时制止其用户侵权行为的责任。具体来说，若用户在某社交平台未经著作权人许可上传了某段视频，而该社交平台的运营商在自己所需承担的义务范围内未及时制止该侵权行为，甚至进一步帮助行为人实施侵权行为，则该社交平台构成间接侵权，需承担间接侵权责任。

新兴媒体著作权间接侵权行为的主要特征是：第一，间接侵权行为不直接侵犯著作权人根据著作权法享有的专有权。第二，直接侵权的存在是间接侵权的前提。第三，在追究间接侵权损害赔偿责任时，一般要求该新兴媒体具有主观过错。第四，新兴媒体在被认定为构成提供存储空间服务或者定位服务或者电子商务平台时，可以在满足一定条件时按照"通知—删除"规则进入"避风港"。对于其他性质的新兴媒体能否进入避风港，立法上并没有规定。

三、不同类型新兴媒体的著作权侵权行为❶

新兴媒体依靠其强大的网络技术及先进的运营模式的支撑，对于文字、图像、音乐、视频等各种信息的传播都产生了颠覆性的影响，呈现出多元化的发展趋势。在各种新兴媒体中，著作权的侵权行为也都具有不同的表现形式以及行为特征。以下结合最为典型又较为特殊的四种新兴媒体类型进行具体分析。

（一）新闻聚合媒体侵权

新闻聚合是一种新型的新闻传播方式，新闻聚合媒体自身不创作新闻作品，而是借助数据挖掘、自然语言处理等计算机技术，对于全网新闻信息进行筛选、整合、归纳，根据服务商或者用户的选择，将结果呈给用

---

❶ 课题组在研究中组织硕士研究生完成5篇调研报告和6篇案例综述，并与中国知识产权协同创新网合作，发表在该网站的"综述盘点"栏目。调研报告分别是《视听新媒体融合中的著作权问题调研》《数据媒体融合发展中的著作权问题调研》《云媒体融合发展中的著作权问题调研》《自媒体融合发展中的著作权问题调研》《移动互联网媒体转型发展中的著作权问题调研》等。案例综述分别是：《微信公众号侵犯著作权案例综述》《版权服务公司诉100家微信公众号侵犯著作权案例综述》《侵犯电子游戏著作权案件综述》《APP软件侵犯著作权案件综述》《机顶盒侵犯信息网络传播权案件综述》《"今日头条"侵犯著作权案件综述》等。特别说明本部分的若干内容结合了调研报告和案例综述的相关分析进行提炼，但未一一指明其在网络上的出处。

户。虽然新闻聚合媒体为互联网用户带来了便利，但其聚合行为使得为新闻的搜集与创作付出大量成本的传统新闻媒体利益受到损害，二者间的利益失衡引发一系列的著作权纠纷。在新闻聚合应用中，虽然也有部分专业编辑对新闻作品进行人工聚合，但是大部分是由计算机程序操控的智能聚合行为，这些行为已经超出了一般意义上的"网络转载"，给新闻作品网络传播的著作权保护带来新的难题。

例如，"今日头条"宣传自己是"新闻的搬运工"，它的主要运营方式是将传统媒体、网络媒体上发表的作品予以分类、整理、编排，然后通过"深层次链接"向公众展示。这种参与式信息编辑不同于单纯地只提供搜索空白框的搜索方式。具言之，"今日头条"的链接虽标明内容的出处，但点击阅读时并未发生跳转，实际上已经形成一个自己的页面，实质性替代了原媒体向公众提供作品，即便没有构成直接侵权，也应该提供相应的补偿。前文分析的"链接税"制度，实质上也是为这类聚合媒体的合法性存在提供了一种可行性思路。对于此种"深层次链接"行为在我国的法律性质之争，后文还将详细分析，此处不赘。

（二）社交媒体侵权

社交媒体是人们彼此之间用来分享意见、见解、经验和观点的工具和平台，主要包括社交网站、微博、微信、博客、论坛等。社交媒体是自媒体的主要表现形态，已经成为个人及企业自我宣传和自我展现的重要通道及平台。社交媒体的出现，帮助用户和企业实现了随时随地发布信息的梦想。社交媒体具有碎片化、分享性、交互性等特点，同时信息、思想、言论能够不受限制地自由而迅速地表达和传播，复制、传播变得轻而易举，也面临随时随地侵权的风险。❶

当下关注度颇高的微信公众号便常发生著作权侵权案件，例如，白先勇的《游园惊梦》被微信公众号"话剧司令部"分期刊载❷、深圳"花边

---

❶　有关微信公众号侵犯著作权的部分研究内容作为阶段性成果已经在网络发表。梅术文．微信公众号侵犯著作权的案件综述［EB/OL］．［2019－05－01］．https：//wenku. baidu. com/．

❷　路艳霞．莫言小说被推上微信公众平台［EB/OL］．［2019－06－05］．http：//shizheng. xilu. com/20140317/1000150001270016. html．

阅读"和"多个维度看世界"两个原创微信号发表的《我执着，因为你值得》《谁将成为第五座直辖市》等文章被"文字撰稿人"和"酿名斋"两微信号公然抄袭等都是典型的案例。由于微信公众号是一种在信息网络中进行的交互式公开传播行为，因此其自然应当受到信息网络传播权的控制。

（三）视听新媒体侵权

视听新媒体是指利用数字技术传播电影类作品和广播电视节目的一种业务形态，包括交互式网络电视（IPTV）、互联网电视（OTT）、网络广播、手机电视等视听平台，以及视频分享网站、网络直播平台等。视听新媒体与传统的广播电视媒体之间最大的区别便在于其极强的互动性，融媒体技术的发展进一步打破了视听节目传播的疆域，5G 技术的未来应用也必将推动视听新媒体的持续发展。

最具代表性的视听新媒体是以优酷、爱奇艺等为代表的视频分享网站。所谓视频分享网站，是指提供信息内容存储和发布平台供用户上传、在线观赏或下载热门影视作品和体育比赛录像等即时进行分享的网站。❶这类视频网站最大的特点是用户只要在网站上注册，就可以将其想要分享的视频上传至网站供他人欣赏和交流。但是现实问题是，用户往往会将他人享有著作权的作品上传至视频分享网站，供他人欣赏和下载，这就直接构成对著作权人信息网络传播权的侵犯，极大地损害了著作权人的利益。而视频分享网站作为为用户提供上传和下载服务的平台，为直接侵权的发生提供了帮助，因此也存在侵权之虞。在这类纠纷中，争议焦点主要集中于如何认定视频分享网站的主观过错以及如何确定视频分享网站的侵权损害赔偿数额。我国视频分享行业在 2009—2011 年遭遇全面的"版权危机"，几乎所有的视频分享网站均卷入版权诉讼的风暴。❷ 在已审结的案件中，视频分享网站大多败诉，其主要原因是：人民法院认为视频分享网站知道涉案视频存在侵权事实，却未采取有效措施防止侵权行为的发生，不

---

❶ 马一德. 视频分享网站著作权间接侵权的过错认定 [J]. 现代法学，2018 (1)：60.

❷ 梅术文，温博. 探析"避风港规则"主观要件 [J]. 电子知识产权，2009 (11)：18 – 23.

符合《信息网络传播权保护条例》第 22 条规定的"避风港"规则的主观要件——不知道也没有合理理由应当知道侵权行为发生。视频分享网站为日常维护、管理以及用户使用需要，往往会对使用界面进行若干分类。用户在上传视频作品时，自行填写标题，选择所属分类等。人民法院在审理过程中认为，视频分享网站向公众提供数量巨大的视频文件在线播放服务，且将电影、电视和原创等设置为并列频道，使用用户上传的作品以丰富充实网站内容，吸引网络用户关注和增加浏览量，进而吸引广告投放并获得经济利益。在此种主观状态下，视频分享网站应对此部分非原创的电影、电视剧文件承担相应的更高的注意义务。❶ 可见，视频分享网站作为新兴视听媒体，具有很高的间接侵权发生概率。当然，我国视频分享网站逐渐调整经营模式并转化成为视频网站，直接向用户提供视频内容，获得 VIP 会员支付的使用费，不仅各类间接侵权行为得到遏制，而且在实质上推动了有偿付费模式的建立。

交互式网络电视即 IPTV，这是在"三网融合"背景下出现的一种视听新媒体，其可以实现从"电脑屏"到"电视屏"的跨越。互联网电视可分为两类：第一类是一体机，如乐视超级电视，第二类即智能电视＋互联网机顶盒类型，如小米盒子等。对于第二种类型的互联网电视，具体按照操作模式的不同还可分为两类：一是根据规定，互联网机顶盒生产者与集成播控平台签订合作协议，通过互联网机顶盒传播影视作品；二是互联网机顶盒内预置播放软件，通过播放软件传播影视作品。上述经营模式下，一般涉及 IPTV 软件播放者、设备生产商和播控平台侵犯著作权的问题。

对于 IPTV 软件播放提供者的侵权性质认定相对来说比较复杂，需要结合软件播放提供者的实际地位进行判断。有法院审理指出，兔子视频播放涉案电视剧不符合通常意义上的搜索链接服务的基本特征，实际上是一种内容提供行为，从而认定第三方播放软件提供者构成直接侵权。❷ 在湖南快乐阳光互动娱乐传媒有限公司诉同方股份有限公司侵害信息网络传播

---

❶　北京市海淀区人民法院（2008）海民初字第 14023 号、（2008）海民初字第 14022 号、（2008）海民初字第 31332 号民事判决书。

❷　北京市海淀区人民法院（2014）海民初字第 8406 号民事判决书、北京市第一中级人民法院（2014）一中民（知）终字第 08940 号民事判决书。

权纠纷案中❶，同样涉及硬件生产厂家同方公司与第三方播放软件开发者兔子视频，法院认为在该案中，由于涉案作品并未存储在兔子视频的服务器中，兔子视频提供被诉内容的行为属于链接技术服务行为，而非信息网络传播行为。

至于 IPTV 设备生产商的侵权责任，实践中也出现多种情况。若 IPTV 设备生产厂商仅生产销售单纯的硬件设施，或只是经第三方合法软件的授权而在播放器内预置软件，并未对播放内容进行实质的储存、编辑或整理，则可不构成直接侵权。但若明知或应知所生产的硬件产品上预装的播放软件涉及侵权行为，则应负间接侵权责任。生产厂商和内容提供商合作共同完成侵权行为，如果合作方之间具有过错，应承担合作共同侵权责任❷。例如，利用"计算机或机顶盒 + 电视"的互联网电视，电视生产商、机顶盒制造商、传播平台等分工合作提供侵权作品时，多方当事人可以构成合作侵权。在北京优朋普乐科技有限公司诉 TCL 集团股份有限公司、上海众源网络有限公司、深圳市迅雷网络技术有限公司、国美电器案❸中，法院认为"TCL 公司参与涉案互联网电视机播放内容的编辑和管理，构成合作型的共同侵权"。同样的道理，IPTV 播出控制平台和内容分发平台一般也会出现合作侵权的情形。例如，重庆市法院认为，"IPTV 业务无法由电信重庆分公司或上海百视通公司任何一家公司独立提供，而必须由电信重庆分公司与上海百视通公司合作提供，且分工明确，构成合作侵权"。❶

（四）App 应用商店侵权

从运营模式上看，App 应用商店包括"苹果型"和"三星型"，前者内容发布相对封闭，对应用程序的审查程序相对烦琐，周期较长；后者开放，内容发布流程简洁，只要注册成功，然后上传内容对其加以描述之后

---

❶　北京知识产权法院（2015）京知民终字第 559 号民事判决书。
❷　根据《最高人民法院关于审理侵害信息网络传播权民事纠纷案件适用法律若干问题的规定》，有证据证明网络服务提供者与他人以分工合作等方式共同提供作品、表演、录音录像制品，构成共同侵权行为的，人民法院应当判令其承担连带责任。
❸　北京市第二中级人民法院（2009）二中民初字第 17910 号民事判决书。
❶　重庆市高级人民法院（2014）渝高法民终字第 00316 号民事判决书。

即可发布。相比较而言，"苹果型"应用商店更容易被认定为应承担侵权责任。例如，在中国大百科全书诉苹果公司案❶中，法院认为 App Store 应与应用程序开发者承担共同侵权责任。在中国作家维权联盟诉苹果应用商店侵权案❷中，北京市高级人民法院认为，苹果公司是苹果应用程序商店的经营者，并且应对开发商的侵权行为负有较高的注意义务。由于苹果公司从涉案应用程序中直接获利，因此其行为不属于法定的网络服务商的免责事项。

　　此类案件的审判给公众三点启示：（1）苹果公司对苹果应用商店网络服务平台及通过该平台传播的应用软件具有很强的控制力和管理能力，并不适合"避风港"原则。（2）苹果公司在该经营过程中获得盈利。在某些情况下，还与提供应用软件的公司进行分成。（3）判断苹果公司承担何种责任，要结合其法律上的义务进行判断。如果苹果公司参与研发过程，或者有证据证明其与 App 开发者存在合作关系，则应该承担审查义务；如果苹果公司实际上无法监控在自身的平台发布的某种 App，由于其实际进行了筛选并且在这种经营模式中获得利益，所以也应该承担较高的注意义务。

　　以上是对较具代表性的新兴媒体侵犯著作权行为类型进行的梳理。由于新兴媒体是相较于传统媒体而言的动态概念，因此网络媒介技术的发展必将带来更多的新兴媒体形态，因而其侵权行为样态也会在不断变化之中。从现有技术特征上看，不同类型的新兴媒体侵权行为趋向多元化、复杂化以及隐蔽化，这需要结合新兴媒体在传播过程中的实际地位分析其行为性质。

第二节　新兴媒体深层次链接的著作权侵权性质判定

　　从互联网诞生之日起，链接就在纷繁复杂的网络世界中扮演不可或缺

❶ 李智涛. 版权纠纷又起狼烟，大百科诉苹果公司侵权［EB/OL］.（2011 - 05 - 26）［2019 - 06 - 22］. http：//m. dyzxw. org/? act = a&aid = 71600&cid = 1.

❷ 姜旭. 中国作家诉苹果公司侵权案尘埃落定［EB/OL］.（2015 - 09 - 01）［2019 - 06 - 23］. http：//www. iprchn. com/Index_ NewsContent. aspx? newsId = 91470.

的角色。链接技术提高了网络的交互性、便捷性、实用性，为互联网注入新的生命力，是现代互联网技术的坚实基础。新兴媒体"深层次链接"的兴起赋予信息传播以全新的定义，使得用户获取信息的过程更为简单、更为快捷。"深层次链接"作为新兴媒体的核心技术，对于新兴媒体的发展起到不可或缺的作用。新闻聚合类平台是一种近年来兴起的新闻内容供应商以各自方式进行整合的网站或客户端等新闻传播平台。❶ 这种新闻资源整合离不开深层次链接技术。然而，深层次链接是否构成侵权、构成直接侵权还是间接侵权引发大量的争议，目前仍然是司法实践中的一大难题。本节将结合深层次链接性质判定的主要标准，分析各种判断标准之利弊，提出构建"实质呈现＋补偿"机制。

一、新兴媒体深层次链接引发的著作权问题

网络链接包括普通链接和深层次链接两种类型。在普通的网络链接即浅层次链接中，设链网站为互联网访问者提供的是一个根据统一资源定位符（网页及图片、视频、音频等多媒体文件在网络中的访问地址），运用超文本标记语言，指向被链网站首页的链接。而在深层次链接中，设链网站所提供的链接能够绕过被链网站首页，直接跳转到其次级网页或多媒体文件。新兴媒体广泛运用深层次链接传递信息资源，加快了信息检索和获取的速度，提高了互联网的访问效率。深层次链接与普通链接最为显著也最为本质的区别便在于，普通链接能够完整地展现被链网站的首页内容及其网址，而深层次链接所展现的是被链网站的部分内容及其网址，甚至在一些深层次链接尤其是直接指向多媒体文件的深层次链接中，在未显示被链网站网址的情况下，新兴媒体用户也可以访问被链站点内容。正是技术呈现上的差异，设链网站与被链网站、著作权人之间出现利益的失衡，具体表现在以下方面。

首先，深层次链接易造成混淆，间接减少被链网站的流量。由于深层次链接所指向的是被链网站的次级页面或多媒体文件，往往缺乏网站首页

---

❶ 陈昌凤，王宇琦．新闻聚合语境下新闻生产、分发渠道与内容消费的变革［J］．中国出版，2017（12）：5.

能够用以区别于设链网站的显著特征，即使在地址栏中显示了被链网站的网址，访问者在通常情况下又不会给予其关注，因此极易让访问者产生混淆，使其误以为所访问的页面为设链网站所提供的内容，从而使设链网站在"原创内容"的外观下，"盗取"被链网站的内容，达到丰富网站资源、提高网站质量的目的，却造成网络访问者的分流以及被链网站潜在用户的丧失。

其次，深层次链接可能导致被链网站广告收入的减少。在当前互联网营销模式下，广告收入是互联网服务提供者收入的重要组成部分，以互联网巨头腾讯为例，其 2018 年第一季度网络广告业务收入达到人民币 106.89 亿元，在总收入中占比将近 15%。❶ 由于首页在一个网站中的主导地位，网站经营者通常倾向于把重点广告或收益较高的广告置于首页，以增加广告的访问量，从而提高广告收入。然而深层次链接在绕过被链网站首页的同时，也绕过了其所展示的广告，造成其广告收入的减少。

再次，深层次链接的设置可能会破坏被链网站的技术措施。这种深层次链接通过特殊的技术手段，在绕过被链网站首页的同时，破坏其次级页面或是多媒体文件中对于一些收费内容所设置的技术措施，使得用户可以免费获取这些内容。与一般的深层次链接相比，这种深层次链接具有明显的主观恶意性，性质更为恶劣，也给被链网站的利益造成更大的损失。

最后，深层次链接妨碍著作权人获得更多的经济利益。如果被链网站的信息网络传播行为得到著作权人的授权，设链网站侵犯被链网站的利益，最终自然也会损害著作权人的利益；如果被链网站本身就是未经著作权人的授权进行的作品利用，那么设链网站和被链网站同时构成对著作权人网络空间潜在传播利益的妨害，对著作人进行合法的信息网络传播并获得经济利益造成不利影响。因此，不管在哪种情况下，深层次链接行为都会给著作权人的利益带来冲击。

新兴媒体深层次链接侵犯著作权行为主要表现为对于信息网络传播权的侵犯。要认定一种行为是否侵犯信息网络传播权，其关键就在于提供作

---

❶ 刘瑞. 腾讯高管：近几年内拟将广告收入提升至腾讯总收入的 30%—40%［EB/OL］.［2019－06－11］. http：//finance. ifeng. com/a/20180623/16350050_ 0. shtml.

品的对象是否为"公众"以及"公众"获得作品的时间和地点是否按需选择。无论是深层次链接还是浅层次链接，其所处的都是一个开放的网络环境，面向的都是不特定的受众，而只要链接持续存在于设链网站，用户便可以在任何时间通过任何自己选择的终端对链接所指向的内容进行访问，从这一层面上看，深层次链接和浅层次链接都满足信息网络传播行为的构成要件。然而，在上述的论证过程中还有一个关键点，即对于"提供"行为本身的判断。我国著作权法没有对提供行为作出进一步的规定和解释，立法者和司法者在法律解释以及司法裁判的过程中，不断探索和阐释"提供行为"的内涵和外延。❶ 链接行为与一般的信息网络传播行为的一个重要区别是，一般的信息网络传播行为是用户或网络服务提供者对于作品的直接提供，而链接发挥的只是一个"中介"的作用，其依赖于被链网站所提供的内容，并无法直接向公众提供作品。换言之，脱离被链网站，链接将无任何实际作用，深度链接更是如此。这种特殊的"提供"行为是否可以纳入信息网络传播权所调整的"提供"行为范畴？解决这一问题需要结合当前对于信息网络传播权侵权判断标准的不同观点加以分析。

二、不同判断标准下深层次链接行为的性质

学界对于信息网络传播权中"提供"行为的的判断，主要存在"服务器标准""用户感知标准""实质呈现标准"三种标准。在司法实践中，法院的裁判依据也主要建立在这三种不同的判断标准基础之上。这三种判断标准运用到具体的案件裁判之中，结果往往截然不同。例如在北京易联伟达科技有限公司与深圳市腾讯计算机系统有限公司侵害作品信息网络传播权纠纷案❷中，易联伟达在其经营的"快看影视"手机端向公众免费提供腾讯公司享有独家信息网络传播权的电视剧《宫锁连城》。对于这一行为，一审法院采用实质呈现标准，判决易联伟达构成对腾讯信息网络传播权的直接侵犯；二审法院则否定了一审法院的观点，转而采用服务器标准，将易联伟达的行为认定为合法行为。由此可以看出，"提供"行为的判断标

---

❶ 王艳芳. 论侵害信息网络传播行为的认定标准［J］. 中外法学，2017（2）：462.

❷ 北京知识产权法院（2016）京 73 民终 143 号民事判决书。

准为深层次链接行为的定性发挥着举足轻重的作用，甚至直接决定司法裁判结果。

（一）服务器标准在深层次链接中的运用

服务器标准是长期以来我国司法实践中法院认定信息网络传播直接侵权的主流标准。该标准要求直接侵犯信息网络传播权的行为必须符合三要素：一是侵权作品存储于侵权人的服务器上；二是侵权人将侵权作品上传至向公众开放的网络；三是网络用户有实际接触的可能。❶ 从三要素的表述中可以看出，服务器标准对于信息网络传播行为所设立的一个前提条件便是作品来源必须是信息网络传播行为实施者的服务器。无论何种形式的深层次链接，其所提供的作品都不会上传并存储在设链者的服务器中，因此必然不构成信息网络传播行为以及对信息网络传播权的直接侵权。只有设链者具有主观过错，即明知或应知其他网站中存储的内容侵权仍然设置链接，或在知晓之后不断开链接的，才有可能构成间接侵权。❷

服务器标准之所以成为当下最为主流的观点，是因为其比较容易操作，也契合"提供"行为的直接含义。亦即只有自己服务器上拥有的对象才可以直接提供，如果所链接的对象是在他人的服务器上，他人掌握着所提供内容的上传与删除的主动权，设链网站当然不能构成提供。但是，经营者将作品直接置于服务器中传播，与对他人网站中的作品进行深层链接，在许多情况下，其在获得作品的外在表现和用户体验方面并无二致，给权利人带来的损失也并无实质的差异。有学者甚至较为极端地指出，我国当前关于信息网络传播权的司法乱象与困局应该与"服务器标准"有关，因为一个广泛适用的良好标准似乎不应该导致产生此等混乱现象。❸ 笔者是国内较早反对服务器标准的学者之一，认为从网络的技术特征来讲，深层超级链接实现了网络"转载"的功能和目的，应该被理解为属于网络传播行为。❹ 此后的技术发展也证明，深层次链接在新兴媒体中的应

---

❶ 马晓明. 网络视频深度链接侵权定性再探讨［J］. 中国版权，2015（4）：47.
❷ 王迁. 网络环境中版权直接侵权的认定［J］. 东方法学，2009（2）：14.
❸ 刘银良. 信息网络传播权问题研究［M］. 北京：北京大学出版社，2018：83.
❹ 梅术文. 著作权法上的传播权研究［M］. 北京：法律出版社，2012：22.

用给著作权人带来直接的利益损害甚至远远大于一般的转载。例如，"今日头条"等聚合媒体深层次链接带来的利益影响远远大于《读者》《参考消息》等媒体转载给权利人造成的损失。从外在表现形式上看，深层链接行为与信息网络传播行为确实难以区分，如认定深层链接行为不属于信息网络传播行为似有不合理之嫌。❶ 如果还固守所谓的服务器标准，信服其表面上具有的客观性而忽视法律调整的利益本质，那么这一标准不仅会继续带来更多的争论，而且也不可能得到著作权人和合法网络传播者的真正支持。

（二）用户感知标准在深层次链接中的运用

用户感知标准是指，网络服务提供者是否实施了信息网络传播行为，以网络用户的感知体验为标准。也就是说，用户在浏览网页过程中，基于一般的认知水平，其所认定的提供作品的特定主体，即为信息网络传播行为的实施者。具体到深层次链接行为中，网络用户在点击链接并浏览被链网站时，如果认为其所浏览的作品是由被链网站所提供，则认定被链网站实施了信息网络传播行为，反之则认定设链网站为信息网络传播行为的直接实施者。

1. 用户感知标准与加框链接

加框链接是一种将外部页面的全部或部分内容嵌套在被链网站的链接行为。❷ 这种链接多存在于贴吧、论坛等开放式主题交流空间以及内容聚合平台之中。在备受关注的腾讯诉今日头条案中，今日头条所传播的涉案作品中便存在加框链接的形式。加框链接与深层次链接之间并非包含与被包含的关系，而是一种交叉关系，加框链接所指向的对象有可能是某网站首页，也有可能是设链网站自身所提供的内容，因此只有当其指向对象为其他站点次级页面或多媒体文件时（大部分的加框链接所指向的是多媒体文件），才会落入深层次链接的范畴。对于网络用户而言，加框链接提供

---

❶ 北京知识产权法院（2016）京知民终字第 143 号民事判决书。

❷ 吕长军. 简析深度链接、加框链接与盗链——以信息网络传播权视角［J］. 中国版权，2016（2）：40.

了一种更为高效互联网访问方式。然而，正是由于在加框链接中，用户所获得的浏览体验与设链者自己直接提供相关内容时的体验大致相当，用户在一般情况下很容易将加框链接中的内容误以为是由设链网站所提供。虽然有的加框链接所提供的内容本身会显示被链网站的信息（例如优酷、爱奇艺等视频网站在其视频中加入的网站标志的水印），但通常情况下用户往往会忽略这一信息，从而依旧会造成混淆。因此，在用户感知标准之下，指向其他站点多媒体文件的加框链接一般都会被认定为信息网络传播行为。

　　2. 用户感知标准与聚合媒体

　　聚合媒体也是一种深层次链接，但其对于作品的呈现方式与一般的加框链接存在较大的区别。加框链接无论其展现形式如何，用户在网络空间里的访问对象都存储在被链网站的服务器中。在提供聚合服务的深层次链接中，用户既不是通过被链网站的服务器，也不是通过设链网站的服务器对作品进行浏览，而是将作品储存在一个整体的空间，再通过对本地存储器的访问来实现对目标作品的浏览。用户在访问这种类型的深层次链接的过程中，既不会看到被链网站的网址，也不会得到能够使用户意识到被链网站的存在的任何其他信息，其访问过程与下载设链网站提供内容的过程如出一辙，因此必然会给用户造成其所访问的资源来源于设链网站的假象，从而产生与系统化"转载"作品无异的观感。按照消费者标准，这种深层次链接当然属于信息网络传播行为。然而，用户感知标准以用户的主观感知作为判断依据，主观因素较强，不同的用户会产生不同的认知，想要找到统一的认知标准极为困难，也不符合行为评价的客观准则。用户感知标准只有回归其实质呈现出的客观状态，以及因为这一客观状态所带来的利益关系上，才更具有合理性。

（三）实质呈现标准在深层次链接中的运用

　　实质呈现标准是在学界的长期争议中衍生出的专门针对深层次链接的法律性质问题而提出的一种理论，是指通过信息网络向公众提供作品，使其可以涵盖设链网站通过自己控制的用户界面实质呈现他人作品的行为。实质呈现标准与实质替代标准在内涵上具有一致性。实质呈现标准侧重于从外在形式进行界定❶，实质替代标准侧重于从利益损害的角度进行判断，二者结合起来共同构成这一标准的判定要素。为简便起见，后文统一采用实质呈现标准指代实质替代标准，而且对其不做实质区分。

实质呈现标准与用户感知标准在本质上是相同的，只是侧重点不同，前者侧重客观提供行为，后者侧重用户主观感受。在用户感知标准中，判断深层次链接是否构成信息网络传播行为的根据是网络用户的主观感受，在此基础上再对不同类型的深层链接区别对待。而实质呈现标准则认为，无论是何种类型深层次链接，都实质性地改变了作品呈现方式，损害著作权人的利益，就算设链者以合理方式提示作品地址信息，可能可以消除用户的误解，但由于设链者控制的用户界面实质呈现他人作品，将他人作品作为自己网页或客户端的一部分向用户展示，使用户无须访问被设链的网站，设链者就应当被视为作品的提供者。❷ 这其实与所谓的"新用户感知标准"不谋而合。事实上，运用实质呈现标准判定新兴媒体深层次链接行为的性质，得出的结论与前述用户感知标准进行的分析完全一致。目前司法实践中还存在一种趋向，法官会要求深层次链接的设链者承担举证责任，证明自己是提供"链接"而非"提供"行为，如果不能证明，就直接推定该经营者将涉案作品置于自己的服务器中传播，进而认定其构成直接侵权。这种举证责任上的分配表面上是尊重服务器标准，但实际上实质呈现标准才是分配举证责任的合理依据。

三、构建新兴媒体深层次链接的"实质呈现 + 补偿"机制

对于深层次链接的法律性质，产生争议的根源就在于设链网站与被链网站之间对于同一内容所带来的利益分配不均。在"流量为王"的新兴媒体时代，深层次链接丰富了设链网站的内容，增加自身访问者数量，却没有给被链网站带来任何好处，反而会减少其潜在用户流量、损害其潜在利益。当深层次链接被广泛运用而成为聚合媒体、音乐播放平台、小视频聚合平台时，这种损害甚至具有致命性。

---

❶　北京知识产权法院（2016）京知民终字第 143 号民事判决书。
❷　王迁. 论提供"深层链接"行为的法律定性及其规制［J］. 法学，2016（10）：25.

　　针对深层次链接的著作权侵权行为的性质，国际社会有两个趋势：其一，越来越多的国家放弃对"服务器标准"的坚守，而是采用更具有实质利益考量的"实质呈现标准"或者具有这一标准实质内涵的相关标准。例如，美国最高法院在 2014 年判决的"美国广播公司诉 Aereo 公司案"中，被告采用特殊的技术手段使用户可以通过互联网同时观看电视并收听广播节目，该技术手段使被告并不控制或占有电视广播信号的来源。而美国最高法院仍然认定被告实施的传播行为侵犯版权，其判决意见的核心在于，单纯技术上的区别不能使行为人免于版权侵权的责任。版权侵权责任不能取决于观众无法感受到的隐形技术手段，从这点来看，提供嵌入式深层链接也应当属于公开传播权所控制的行为。2018 年 2 月 15 日，纽约南部地区法院在"贾斯汀·戈德曼（Justin Goldman）诉布赖特巴特（Breitbart）公司等新闻出版商案"中作出认定，通过内嵌式链接使推特（美国社交网络平台 Twitter）上发布的帖子显示于自己的网站上，侵犯美国版权法中的展示权，而涉案内容存储于无关第三方的服务器这一事实不能使其规避侵权结果。弗雷斯特法官认为，深层链接构成侵权的一个主要障碍则是美国司法实践中的服务器标准，而该标准并不符合版权法的条文及其原意。❶瑞士法院在审理有关案件中采取"新公众"标准。如果深度链接导致作品产生更多"新公众"，即作品被上传至网络公共空间以后产生的用户所接触使用，那么这种链接实际上产生了扩大传播范围的效应。由此看来，在新公众标准之下，设置深度链接的行为面向新的公众，就可以认定属于一种提供作品的行为。其二，绕过侵权发生后的判定，采取向新闻聚合媒体直接征收版权使用费的方式，恢复设链网站和被链网站、著作权人之间的失衡利益关系。2019 年通过的《欧盟数字化单一市场版权指令》第 11 条的"链接税"（Link Tax）条款，要求互联网平台在抓取新闻全文时需向原创者付费。具体而言，如果新闻聚合媒体在搜索结果中显示的内容超过了一则新消息的单个单词或非常短的摘要，则此内容的出版商有权要求搜索引擎付费。诚如前文所述，"链接税"的基本逻辑中暗含有"实质呈现"

---

❶　阮开欣. 美国法院：深层链接不能规避版权侵权［EB/OL］.［2018 – 05 – 26］. http：//www. ncac. gov. cn/chinacopyright/contents/519/363296. html.

标准的元素，但是它对于这种以"深层次链接"为业者，课加先行付费的标准和义务，从而避免动辄侵权和授权成本过高带来的困境，在源头上解决了新闻作品传播中的利益失衡问题。

由此可见，针对深层次链接著作权行为性质的判断可以采取二分法予以对待：（1）针对一般的深层次链接采取"实质呈现标准"进行个案判断。换言之，设链者实施深层链接通过自己控制的用户界面实质呈现他人作品，使网络用户无须访问被链接网站就可获得作品，由此得到的收益以及对著作权人所造成的损害，与直接向公众提供作品的行为并无实质差别，就可认为其行为直接侵犯了信息网络传播权。（2）对于新闻聚合媒体这种特殊的深层次链接行为，采取补偿标准。也就是说，当设链者实质替代被链网站，并且其经营模式依赖于该深层次链接行为，这时可以不去追究设链者的直接侵权责任，而是通过立法要求该类特殊的新兴媒体对这一使用行为进行一揽子的事前补偿。这既是对著作权的限制，也是对传统媒体和新兴媒体利益的保护。

第三节　新兴媒体的著作权法律义务体系[*]

法律义务是法律关系主体依据法律规范必须为一定行为或不为一定行为，以保证权利人的权利得以实现。新兴媒体的责任认定过程中，合理界定其义务范围具有重要的制度价值。当新兴媒体不履行或不适当履行自己的义务时，要受到国家强制力的制裁，承担相应的责任。判断新兴媒体的行为违法性、主观上的过失和进入"避风港"的可能性，也需要借助义务的范围进行判定。由于现代信息技术正在不断发展，新兴媒体法律义务的范围也是一种政策考量，义务范围过宽，不利于新兴媒体产业的发展，义务范围过窄，又不利于传统媒体的良性发展。就此而言，新兴媒体究竟应承担哪些法律义务，各类义务出现的场合及条件，其实质也是一种市场博弈和政策应对工具，反映出传统媒体和新兴媒体之间利益分享的合理需求。

＊ 本节作为阶段性研究成果已经发表。梅术文，李涛. 新兴媒体著作权法律义务的体系构建 [J]. 苏州大学学报（法学版），2021（1）：80－91.

一、构建新兴媒体著作权法律义务体系的意义

关于新兴媒体著作权法律义务体系的认识，目前尚存在两个方面的缺陷：（1）将新兴媒体的法律义务等同于注意义务。学者在讨论新兴媒体的法律义务时，往往对注意义务与行为人的其他义务不加区分。注意义务是指义务主体谨慎、小心地作为或者不作为而不使自己的行为给他人造成损害的义务。其核心内容包括行为致害后果预见义务和行为致害后果避免义务。❶ 注意义务本质上是能力维持规范，其机能在于将行为人遵守行为规范的能力维持在一定的水平之上。❷ 因此，注意义务对于新兴媒体而言是一种基础性的义务，是履行其他义务的基石。与之不同的是，新兴媒体的义务是指其须谨慎、小心地行为，避免发布的作品或用户上传的作品内容侵犯他人著作权，涵盖审查义务、信息披露义务、注意义务、删除义务以及断网义务等多个层次，有些义务出现在纠纷发生前，有些义务出现在纠纷发生后，有些义务针对大多数新兴媒体，有些义务则只针对特殊的新兴媒体。（2）没有区别新兴媒体的性质而空泛讨论其法律义务范围。新兴媒体与传统媒体在传播内容、传播方式、传播速度上都存在巨大差异，这也导致其著作权法律义务具有特殊性。目前对于新兴媒体法律义务的研究常常忽视其特殊性，无视媒介技术发展带来的法律义务范围拓展之客观事实。为克服认识上的局限，建立新兴媒体法律义务体系具有以下三个方面的制度价值。

首先，建立新兴媒体法律义务体系，有利于形成较为客观的过错认定标准。在早期的侵权责任法中，由于侵权现象少，加之侵权对象为统一的人身权或财产权，可以通过探求主观心理判定侵权人是否存在过错。在现代社会，新兴媒体处于不断扩张之中，从客观的标准来衡量主观世界，要求新兴媒体承担明确的法律义务，否则就认定其具有过错，有利于形成更具说服力的侵权责任构成依据。《民法典》第 1197 条规定，"网络服务提供者知道或者应当知道网络用户利用其网络服务侵害他人民事权益，未采

---

❶　屈茂辉. 论民法上的注意义务［J］. 北方法学，2007（1）：25.

❷　陈璇. 注意义务的规范本质与判断标准［J］. 法学研究，2019（1）：140.

取必要措施的，与该网络用户承担连带责任"。这里的"知道或者应当知道"如何判定？一般认为，新兴媒体接到通知后没有履行删除义务是判断"明知"的基本要件，而新兴媒体没有尽到合理注意义务则是判断其"应知"的基本手段。正如罗杰斯所说，过失是行为人对其所承担的法定注意义务的违反。❶ 在确认行为人是否应该承担过失责任时，判断行为人是否对他人负担合理的注意义务以及行为人是否违反了该注意义务，往往成为原被告双方争论的关键所在。由此可见，构建新兴媒体著作权法律义务体系有利于为过错的判定提供更为明晰的标准。

其次，建立新兴媒体法律义务体系，有利于明晰数字化传播的行为边界。从法律的结构上看，权利的反面即为义务。新兴媒体发展中，面对著作权权利人和传统媒体的权利诉求，划定其义务范围也是在某种层面上对权利人权利边界的确认。义务是实现权利的基础，能够保障权利实现，与权利相互呼应。完善的法律义务体系包括多元化的义务主体、完善的义务内容、配套的义务监管和法律责任。在新兴媒体环境下，只有依靠完善的义务体系才能保障新兴媒体、传统媒体、用户及著作权人的不同诉求，维持网络秩序的平衡。新兴媒体著作权法律义务体系的构建能够为司法活动提供综合分析的基础，从而通过体系化的解释方法，使法律适用更为合理。对于经营管理而言，新兴媒体著作权法律义务体系的构建可以为新兴媒体提供一个规范的行业行为标准，为新兴媒体划定行为边界，对其经营管理行为进行著作权法上的规制，使其正常的上传、播放、提供下载等行为有法可依，同时使其盗版侵权行为有法可控。

最后，建立新兴媒体法律义务体系，有利于更为准确地理解和适用"避风港"规则。从字面上看，"避风港"规则是新兴媒体免除损害赔偿责任的具体条件，应属于典型的"免责条款"。按照大陆法系的法律适用习惯，侵权责任的认定需要从追责条款入手，按照"侵权行为—损害后果—因果关系—主观过错"的基本逻辑处理相应的纠纷。来自英美法系的"避风港"规则将"通知—删除"程序作为网络服务提供者进入避风港的条

---

❶　W. V. H. Rogers. Winfield and Jolowicz on Tort（16thEdition）［M］. London：Sweet & Maxwell，2002：103.

件，并没有特别强调对追责条款的先行适用。实践中又创建所谓的"红旗规则"对该免责机制进行限制，由此带来一定的认识混乱。新兴媒体是网络服务提供者的具体展现形态，不同的新兴媒体可能被认定为不同性质的网络服务提供者，能不能进入"避风港"事关其发展，因此对于新兴媒体产业的合规化运营也具有重要的意义。"避风港"规则是指在发生著作权侵权案件时，当网络服务提供者只提供技术服务，没有合理的理由知道侵权行为发生，如果网络服务提供者被告知侵权，则有删除侵权作品的义务，否则就被视为侵权。由此可见，新兴媒体进入"避风港"不仅要看权利人是否进行了"通知"，而且更为重要的是借助法律义务的体系，判定其是否没有合理的理由知道侵权的发生，同时也及时履行了删除义务。

　　此外，新兴媒体法律义务体系的构建，体现出较为精准的政策导向。公共政策是以政府为主的公共机构利用公共资源，达到解决社会公共问题，平衡、协调社会公众利益目的的公共管理活动过程。❶ 义务的设定，表现着国家引导新兴媒体在产业化方向发展的政策指引。如果要求新兴媒体承担太重的法律义务，比如要求各种互联网直播平台承担百密一疏的事前版权审查义务和过滤义务，势必会加重其经营成本，限制网络直播产业的发展。反之，也有可能带来版权内容产业的损失。由此可见，法律义务的体系化体现了新兴媒体融合发展中政策选择的标准，是利益分享制度安排的重要组成部分。

二、代表性国家关于新兴媒体著作权法律义务的实践

　　新兴媒体的发展对全球各国著作权法学理论都提出了挑战。以美国、德国和法国等为代表的国家较早出台网络服务提供者承担著作权侵权责任规范，而且在新兴媒体的不断发展过程中完善并拓展其义务范畴，并正在逐渐形成较为完备的法律义务体系。

（一）美　国

　　美国是世界上信息技术起步最早和相应的制度应对较具前瞻性的国

---

❶ 彭茂祥. 我国知识产权公共政策体系的构建［J］. 知识产权，2006（5）：32.

家。从发展历程上看，美国最早针对网络内容提供者设定其内容审查义务，并将其作为与传统媒体同等对待的网络媒体确认相应的法律义务规则。在具有标杆性意义的《数字千年版权法》（DMCA）中，又针对网络技术服务提供者设计出新兴媒体需要承担的法律义务。2018 年《美国音乐现代化法案》作为美国音乐历史上最重要的版权改革，回应了美国音乐产业主体需求，为音乐产业的未来构建了一个全新的框架，并且再次强调音乐媒体的各项著作权义务。

　　具体而言，美国建立了新兴媒体著作权法律义务体系的三项准则：（1）将注意义务作为新兴媒体法律义务体系的基石。作为代表性的英美法系国家，美国版权法中也秉承其一贯的传统，将过错的判定与注意义务紧密联系在一起。DMCA 所建立的"避风港"规则，实质上要求网络服务提供者承担一定的注意义务，接到权利人的通知后要履行删除义务。这种针对新兴媒体法律义务判定的基本立场，得到世界上的普遍认可，并在新兴媒体发展进程中成为基础性的法律规则。（2）为新兴媒体的审查义务提供豁免。美国 DMCA 第 512 条（m）款规定：网络服务商没有监视网络、寻找侵权活动的义务。但上述规定并不意味着在某些情况下❶，为某种类型的网络服务提供者设定监控义务。例如，可以要求网络服务提供者监控反复侵权活动，或者采纳通用技术标准和过滤技术等监控特定类型的作品。实际上，美国关于新兴媒体的著作权审查义务一直在扩张中。例如在 1999年的美国 Napster 案中，法院认定只提供 MP3 文件名和网络搜索服务不直接提供 MP3 文件的 Napster 软件必须在其网络系统的限度内对 MP3 文件的合法性主动进行合理审查。❷ 每当有视频上传到 YouTube，YouTube 内容识别系统便会自动将其与数据库的内容进行比对，即便是非法复制版权使用了原文件的一部分也可以被检测出来。❸（3）规定了若干其他的法律义务，为法律义务的体系化提供了开放式的窗口。例如，美国 DMCA 第 512 条

---

　　❶《欧盟电子商务指令》序言第 17 章指出，成员国可以根据本国立法在特定情形下为服务商设置监控义务。美国 DMCA 在规定"避风港"制度时，要求网络服务提供者采取符合行业要求的技术标准。

　　❷ A&M Records, Inc. v. Napster, Inc. , 239 F. 3d 1004, p. 1023（9th Cir. 2001）.

　　❸ 尹章池. 新媒体概论［M］. 北京：北京大学出版社，2017：254.

（h）规定：为了限制网络服务商的法律责任，著作权人可以从联邦法院获得一项要求网络服务商提供被诉从事侵权活动的人的身份资料的传票。在此种情况下披露其用户的个人信息不承担侵权责任。

由此可见，随着新兴媒体数量和侵权案件的不断增加，美国法律实践中尽管特别注重注意义务的运用，在"红旗规则""避风港"规则等制度设计中大量运用了注意义务的原理判定网络服务提供者的过错，但是这并不意味着"审查义务""删除义务""信息披露义务"等法律义务的完全缺失。相反，美国开始怀疑如今"避风港"制度的立法平衡目标是否依旧有效。因此，自 2015 年开始，美国版权局对此项制度实施了 5 年的调研，并于 2020 年 5 月发布"避风港"制度评估报告，希望国会能够对其具体运作制度进行调整。❶ 美国版权局建议在五大立法原则的前提下，对"新兴在线服务商的侵权责任""知道标准""漠视规则""侵权替代责任"的判定标准和"侵权作品名单""定位信息"等内涵予以明确。事实上，随着新兴媒体的不断发展，针对各种社交媒体、视听新媒体以及聚合媒体等网络服务提供者的法律义务体系化正处于立法调整的前夜。

（二）法　　国

通过《法国知识产权法典》《法国邮政与电子通信法典》《法国数字经济信任法》等一系列法律，法国逐步建立起较为完备的新兴媒体义务规范。2016 年修订的《法国数字经济信任法》规定，提供网络接入服务和平台服务的媒体可以占有和保存任何人的身份信息，但是法国最高法院通过判决确认只负有保存信息的义务，而无须审核。该法第 6 条规定，提供接入服务和存储服务的媒体不承担监督其传输和储存信息的一般义务，但是当发现任何可能引起其注意的最终用户将利用其服务从事非法活动时，有义务及时通知相应国家机关。对于媒体是否要承担监督义务的态度与《欧盟电子商务指令》完全一致，媒体应当强加"防止或制止非法行为"的监督义务只存在于特殊情况，这种谨慎的态度为司法机关在特殊情况下指令

---

❶ United States Copyright Office, Section 512 of Title 17—A Report of the Register of Copyrights, May 2020.

媒体履行临时的监督义务留有余地。❶

法国率先通过法案，规定了新兴媒体的断网义务。2009 年 10 月 22 日修改的《法国推动网络作品传播和保护法》（"HADOPI"法案）规定，如果侵权者收到第三封警告邮件后还继续侵权，网络服务提供商就有可能将侵权用户断网一年。在断网期间，互联网用户须继续支付上网的费用，且其他网络服务提供商也禁止向该用户提供互联网接入服务（以上措施简称"三振出局"）。此种"三振出局"的责任追究模式需要某些新兴媒体的积极配合，实际上也将新兴媒体的义务范围从事前、事中拓展到事后领域，成为责任追究过程中的必要环节。

需要特别指出的是，在监督义务方面，2019 年通过的《欧盟数字化单一市场版权指令》采取了更为强硬的立场。该指令第 13 条规定了分享和存储用户生成内容的互联网服务提供商应当对上传至其服务网站的内容承担过滤的义务，该指令强制要求互联网平台安装过滤器，以防止用户上传受版权保护的材料。这种前置审查责任，体现了对新兴媒体较为严苛的义务性要求，因此欧盟社会把该条款称为"过滤器"（Upload Filter）条款。变相要求每一家网络平台都要安装昂贵的和不可靠的上传过滤器，迫使媒体积极地监测用户发布内容的版权合法性，彰显欧盟最新立法更加重视监督审查义务，在制度安排上对著作权给予更加严格的保护。

（三）德　国

德国的互联网立法始于 1997 年 7 月 22 日的《德国信息和通信服务法案》。❷ 2007 年 2 月 26 日，联邦议院颁布《德国电子商务交易统一法案》。2017 年 10 月 13 日起施行的《德国电信媒体法》（修正案）则是将《德国电信服务法》《德国电信服务数据保护法》和《德国媒体服务州际协议》中有关电信媒体的规定进行整合，形成的目前德国规制互联网服务最核心的一部法律。《德国电信媒体法》通过规定服务提供者的一般信息披露义

---

❶　于波. 网络中介服务商知识产权法律义务研究 [M]. 北京：法律出版社，2017：59.

❷　韩赤风. 互联网服务提供者的义务与责任——以《德国电信媒体法》为视角 [J]. 法学杂志，2014（10）：22.

务、特别信息披露义务、数据保护义务和违反义务需要承担的责任，构建适合互联网发展的新兴媒体法律义务体系。

德国对于新兴媒体承担更多的信息披露义务有着明确的法律要求。《德国电信媒体法》已扩大网络服务提供者的信息披露义务，❶ 最新版本的《德国电信媒体法》在承继《德国电信服务法》规定的媒体应当提供姓名及营业地地址等基本主体信息、通信方式、主管监督机构、登记类型及号码、受监管职业的相关信息、营业税识别号或经济识别号、清算或清偿情况等信息的基础上，做出了排除那些没有经济活动背景的电信媒体按照《德国电信媒体法》履行"一般信息披露义务"的调整。在 2017 年发生的一起案件中，德国法兰克福高等地方法院判定视听新媒体优兔（YouTube）不需要披露电影盗版者的 IP 地址，但必须向版权受到侵害的受害者提供盗版者的邮箱地址。因为 IP 地址中尽管有"地址"一词，但它不是一般意义上的地址，因此不用提供。❷

《德国电信媒体法》中原则上除了内容服务提供商应当审查或探寻他人在平台上发布的内容是否合法，其他服务主体一般对他人的内容不需要负责。而对于存储信息服务提供者则需要作出区分。其包括像网盘一样单纯提供技术服务的平台和像论坛一样为用户发布内容提供框架的框架性内容提供者。第一种类型可以完全适用避风港规则，第二种类型在提供纯粹技术服务和纯粹内容之间。德国最高法院在"网络拍卖案"中续造了"妨害人责任"，试图要求这种框架性内容提供者承担"检查义务"。媒体网络平台由于对违法内容一般已经尽到了相应的注意义务，并不存在过错，无法要求其承担给予请求权为基础形成的侵权责任。但是由于其有意提供一定的内容技术框架，使得侵权人可以利用平台实施侵权行为，此时平台应当担负法律上和事实上都可期待的检查义务。❸

德国为了适应《欧盟数字化单一市场版权指令》的实施，也进行了相

---

❶ 颜晶晶 . 传媒法视角下的德国互联网立法 ［J］. 网络法律评论，2012（2）：264.

❷ 然茗 . 德国法院判决曝光盗版者邮箱地址 ［EB/OL］. ［2019 – 03 – 01］. http：// www. ncac. gov. cn/chinacopyright/contents/519/352318. html.

❸ 查云飞 . 德国对网络平台的行政法规制——迈向合规审查之路径 ［J］. 德国研究，2018（3）：80.

应的版权改革。2020 年 6 月，德国联邦司法和消费者保护部（BMJV）发布了对指令的第二份讨论草案，就服务提供者共享在线内容的版权责任等作了规定。❶ 其中草案第 4 条规定："服务提供者有义务尽一切努力获得合同规定的使用权，以便向公众传播，以及为实现这一目的而复制受版权保护的作品。"服务提供者也可以通过集体管理协会或附属机构颁发的集体许可获得使用权。此外，草案还载有"过滤义务"的适用主体范围、授权适用的预先标记、直接报酬获取权利、非授权使用的移除、内部投诉程序、外部投诉机构、仲裁机构争议解决、防止滥用的措施、信息获取权利和披露义务等具体事宜。

域外国家的相关立法实践表明，新兴媒体已不再局限于在"避风港"制度范围内承担对著作权的注意义务。"避风港"制度的当前适用甚至于有违实现不同主体利益诉求有机平衡的立法初衷。新兴媒体被要求超越"避风港"制度的基本要求，承担信息保存披露义务、审查注意义务、过滤监督义务等著作权法律义务，已成为各国著作权法改革的思考方向和关注重点。

三、我国新兴媒体著作权法律义务的适用

新兴媒体种类很多，包括门户网站、搜索引擎、虚拟社区、博客、QQ、微博、微信、网络文学、网络广播、网络电视、手机 App、手机电视、数字电视、IPTV、移动电视、楼宇电视等多种媒体类型。近年来我国新兴媒体快速发展，相关的著作权侵权纠纷也日益增多。司法实践中，新闻聚合媒体、社交媒体、视听新媒体、App 应用商店等四种新兴媒体法律义务体系的司法拓展尤其值得关注。

（一）新闻聚合媒体

新闻聚合媒体一般是指本身不生产新闻，通过网络转载和深度链接的

---

❶ The Federal Ministry of Justice and Consumer Protection, Discussion draft of the Federal Ministry of Justice and Consumer Protection—Second Draft Act adapting copyright law to the requirements of the Digital Single Market, June 2020.

方式，对分散在互联网平台上的新闻进行挑选、归类、整合，呈现在自营网站上的媒体形态。虽然由于多媒体技术在新闻传播中的广泛运用，新闻的呈现方式早已不局限于文字和图片，但由于新闻实时性的要求以及受传统新闻媒体的影响，文字作品在新闻聚合媒体的传播内容中依旧占据非常大的比例。文字作品相比视频和音频更为直观，其侵权判定较为简单，因此新闻聚合媒体理应承担更高的著作权法律义务。也正是出于这种原因，在司法实践中，法院往往对于新闻聚合媒体所需承担的义务提出更高的要求，也就是一般按照承担更高注意义务确认其主观上的过错。

在某些特殊情况下，如果新闻聚合媒体不能证明自己仅仅提供深层链接服务，那么就需要对其平台上出现的新闻作品承担审查义务。在《现代快报》诉今日头条案❶中，二审法院认定"今日头条"对于涉案新闻作品"未尽到充分的审查义务"，主观上存在过错，属于"明知或应知"的情形，并否定了其链接行为可受"避风港"规则保护。在该案中，法院认定"今日头条"未尽到"充分的审查义务"，体现了我国规范网络转载和加强聚合媒体审查责任的司法趋势。

（二）社交媒体

社交媒体是指经由数字科技强化、与全球知识体系相连之后，一种开始由普通大众提供与分享他们本身的事实、他们本身的新闻的途径。❷ 社交媒体掌握大量的信息资源，应该承担信息披露义务。数据不仅仅是作为简单的信息存在，而且已转化为一种经济资源。在需要注册登录才可使用的社交媒体平台上，个人信息合法的商业化利用及保护关系权利人的隐私，影响企业的竞争优势以及相关产业的可持续发展。信息披露义务意味着社交媒体需要在侵权发生前主动依法保存各种信息，在侵权案件发生后按照规定程序向权利人披露侵权人的身份资料。例如，在北京淘友诉新浪公司不正当竞争纠纷上诉案❸中，法院认为新浪公司应当采取防范计算机

---

❶　江苏省高级人民法院（2018）苏民终 588 号民事判决书。
❷　袁雪渊. 主体性视角下的自媒体传播特点分析［J］. 浙江传媒学院学报，2017（6）：15.
❸　北京知识产权法院（2016）京 73 民终 588 号民事判决书。

病毒和网络攻击、记录网络运行状态、留存网络日志、数据分类加密备份、及时处置安全风险等技术措施，主动承担事前的网络数据信息安全保护责任，防止用户数据泄露或被窃取、篡改。

社交媒体的审查义务大多数情况下没有得到法院的支持。例如，作为社交媒体代表的新浪微博，日活跃用户超 2 亿，视频、直播日均发布量超 150 万，图片日均发布量超 1.2 亿，已成为著作权侵权案件发生的集中地。在新浪公司被诉的司法判决中，法院大多认定新浪公司不需承担审查义务。其主要理由在于：第一，新浪公司作为信息存储空间服务提供商，并非侵权内容的制作者和上传者，对侵权内容不具有事先审查的义务；第二，涉案微博并非处于新浪微博的显要位置，在收到通知之后删除涉案微博，已履行适当注意义务，不存在过错，不构成侵权。❶

在侵权案件，社交媒体是否已经尽到合理注意义务，依然成为认定其侵权责任尤其是判定主观过错的基石。例如，在无讼案例网检索到的 100 份涉及微信公众号著作权纠纷案件❷，以全景视觉与微信公众号为当事人的 75 份裁判书中，在裁判理由中涉及注意义务的有 14 份，均认为公众号在转载或使用他人原创作品时，应当尽到审慎合理的注意义务。在 25 份公众号被诉的裁判文书中，虽然其中有 8 份将腾讯公司作为共同被告，但是法院均认为腾讯公司系为服务对象提供存储服务的网络服务提供者，不存在知道侵权事实后仍继续侵权的情况，认定不构成侵权。

社交媒体承担断网或封号义务是司法实践中的重要探索。我国司法判决并不支持原告对被告微信公众号封号的诉讼请求。通过北大法宝，以"封号"为关键词，筛选出原告诉讼请求包含对被告予以封号，除去一份判决认定被告不构成侵权和一份通过调解放弃诉讼请求的以外，检索到 80 份裁判文书。其中 78 份文书中，法院均不支持原告的封号处理并禁止被告再次申请微信公众号的相关诉讼请求。法院认为，微信公众号除了能够发布图片外，还具有发布信息、提供交流平台等多项功能，对原告要求被告

---

❶ 北京市海淀区人民法院（2018）京 0108 民初 4227 号民事判决书。

❷ 在无讼案例网上，以"公众号"为搜索条件，以"注意义务"为筛选关键词，除去 4 份无关判决，检索到 100 份涉及公众号著作权侵权的裁判书。

关闭涉案的微信公众号以及要求腾讯公司对微信公众号进行封号处理并禁止被告再次申请微信公众号的相关诉讼请求，法院不予支持。❶但是也有 2 起案件支持腾讯公司依照协议进行封号处理。例如，在深圳微源码软件开发有限公司与腾讯科技（深圳）有限公司、深圳市腾讯计算机系统有限公司垄断纠纷中，法院认定涉案微信公众号中反复多次发送大量违法信息，被告对其实施封号不仅是具有《服务协议》与《运营规范》的合同依据，也是被告作为微信公众平台运营方，保护广大微信用户不受垃圾信息的反复骚扰，维护微信公共秩序的职责所在。被告对原告涉案微信公众号的封禁，不仅没有产生排除、限制竞争的动机和效果，还有利于保障广大微信用户的用户体验和健康良好的微信使用秩序，具有积极意义。❷综上可知，法院一般不会直接支持原告要求对被告公众号封号的诉讼请求，但是却认可社交媒体运营平台根据自身制定的协议而做出的封号处罚。

（三）视听新媒体

视听新媒体主要包括交互式网络电视（IPTV）、互联网电视（OTT）、网络广播、手机电视等视听平台，以及视频分享网站、网络直播平台等。这类媒体的著作权法律义务争议焦点主要在于注意义务、审查义务和删除义务的选择上。

第一，作为信息存储空间的视听新媒体应在接到侵权通知后履行删除义务。在北京微播视界科技有限公司与百度在线网络技术（北京）有限公司著作权权属、侵权纠纷一案中，法院通过伙拍小视频平台和用户之间的协议以及用户上传视频的后台记录，认定被控侵权短视频系案外人上传，二被告为信息存储空间服务提供者，接到通知及时履行删除义务，不构成侵权。值得一提的是，法院虽然认为被告可以在该案中适用"避风港"规则，但是仍有责任更加积极有效履行平台义务。❸

第二，在承担注意义务的程度上，各地法院存在一般注意义务、较高

---

❶　广东省深圳市南山区人民法院（2017）粤 0305 民 17225 – 17234 号民事判决书。
❷　广东省深圳市中级人民法院（2017）粤 03 民初 250 号民事判决书。
❸　北京互联网法院（2018）京 0491 民初 1 号民事判决书。

注意义务、审查义务、审查与注意义务的多种表述。例如乐视网诉全土豆公司侵害作品（影片《预见未来》）信息网络传播权纠纷一案，一审法院认为全土豆公司负有更高的注意义务，二审法院认为全土豆公司负有更高的审查注意义务。❶ 另外，关于视听媒体是否应当承担事前审查义务，各地法院也存在一定争议。在乐视网诉全土豆案❷中，法院认为涉案作品《潜伏》在各电视台形成热播后，土豆网在日常的管理中应当可以注意到涉案电视剧的存在，却未对其有所关注，并及时予以删除，未能尽到合理的注意义务。而在华策影业（天津）有限公司与上海全土豆网络科技有限公司、上海全土豆文化传播有限公司侵害作品信息网络传播权纠纷案❸中，法院认为，如果要求网络服务提供者对视频内容进行完整的审查，即便其具有一定知名度，就等于要求其承担主动审查侵权行为的义务，不符合立法本意，也无法据此认定其具有主观过错，因此不能要求被告承担审查注意义务。这种司法的不确定，表明法院在视频分享媒体应该承担的义务性质上，仍在注意义务与审查义务之间摇摆与徘徊。

第三，法院在认定媒体的过错和义务时，比较重视将视听媒体的经营模式、分享作品类型、知名度以及获益与否等作为考量因素。在华策诉全土豆案❹中，法院认为，涉案视频《我的少女时代》非被置于土豆网的首页或其他显著位置，土豆网对涉案视频也未主动实施选择、编辑、整理、推荐或设置排行榜的行为，涉案视频之前所加的贴片广告系一般性广告，不属于直接获得经济利益，无须负有较高的注意义务。同时，全土豆公司在获晓涉案视频的存在后，于 24 小时内予以审查并删除了涉案视频，及时履行了删除义务，主观上并无过错。

（四）App 应用商店

随着移动网络的普及，作为手机等终端产品基础的 App 数量也逐年增加。2018 年，我国市场上监测到的 App 数量净增 42 万款，总量达到 449

---

❶ 上海知识产权法院（2018）沪 73 民终 121 号民事判决书。
❷ 上海市浦东新区人民法院（2009）浦民三（知）初字第 297 号民事判决书。
❸ 上海市闵行区人民法院（2016）沪 0112 民初 27718 号民事判决书。
❹ 上海市闵行区人民法院（2016）沪 0112 民初 27718 号。

万款；其中我国本土第三方应用商店的 App 超过 268 万款，苹果商店（中国区）移动应用数量约 181 万款。❶关于 App 应用商店应该承担哪些法律义务，成为移动互联网媒体著作权案件审判中较为特殊的内容。

法院普遍认为，以苹果公司为代表的应用商店应该承担较高的注意义务。截至 2019 年 7 月 1 日，在无讼网中以苹果公司为搜索条件，筛选注意义务为关键词，检索到 50 件侵害作品信息网络传播权纠纷案件。上述案件中，法院判决 App Store 应用程序商店经营者的苹果公司应当对涉案作品的著作权合法性承担较高的注意义务。❷与之不同的是，针对腾讯公司实际上也是各类微信小程序的应用商店，法院则认定不需要承担较高的注意义务，也不需要履行删除义务。❸

四、新兴媒体著作权法律义务体系的构想

义务体系的运行并非各种义务独立作用的过程，而是在统一的标准之下，对于义务主体在各种阶段、各种场景之下的行为，通过不同义务之间的相互联系，进行系统化规制的过程，因此对于新兴媒体著作权法律义务的判断应具有体系思维。具体来说，新兴媒体的著作权法律义务涵盖事前管理义务、事中配合义务和事后制止义务三个方面。

（一）事前管理义务

新兴媒体的事前管理义务是在侵权内容出现在新兴媒体平台之前所应该履行的审查、监督和过滤义务，以及在用户需注册登记场合进行信息保存的义务。审查义务是指新兴媒体对于其用户上传的所有作品负有合法性审查义务，以保证其未违反著作权法相关规定。监控义务是新兴媒体针对特定类型的作品或者有不良记录的作品进行定向检测，以防止这些类型的作品出现在其服务器或者平台空间。过滤义务是在现有技术条件下开发并安装过滤装置，将可能存在侵权的作品从服务器或者平台过滤并阻止其传

---

❶　2018 年互联网和相关服务业经济运行情况［EB/OL］.［2019 - 6 - 15］. http：//www. miit. gov. cn/n1146312/n1146904/n1648355/c6633265/content. html.

❷　天津市第二中级人民法院（2018）津 02 民终 2333 号民事判决书。

❸　杭州互联网法院（2018）浙 0192 民初 7184 号民事判决书。

播的义务。保存义务是针对内容媒体、社交媒体、聚合媒体等要求用户注册的媒体，有义务按照规定适度保存相应的用户信息。上述四种义务都是在网络共治理念下赋予新兴媒体的管理职责，因此可以合并称为事前管理义务。其中，审查义务具有一般性，指向每一个作品；监督义务带有特殊性，指向特定的作品；过滤义务具有工具性，并不能明确彰显出过滤的效果；保存义务具有先行性，构成后续信息披露义务的基础。新兴媒体通过履行事前管理义务，尽可能地将侵权信息在出现之前就阻止并排除掉，从源头遏制侵权，具有主动性。

新兴媒体承担事前管理义务，包括公法上的管理义务与私法上的管理义务两种。一般而言，公法上的管理义务具有广泛性和普适性。例如，新兴媒体都应该承担协助执法义务及色情、恐怖、赌博等明显违法信息的主动审查义务。相反，私法上的管理义务则是针对特殊的新兴媒体类别提出的要求，在没有明确法律依据的情况下，新兴媒体并不需要承担事前的版权管理义务。当然，在履行公法管理义务时，新兴媒体对内容进行事前审查、监督、过滤时，也会对其私法上的法律义务造成影响，因为进行公法管理过程中，管理人员基于常识和专业知识，完全可以对有著作权信息的内容是否侵犯他人著作权作出初步判断。❶ 但是私法上的违法性应排除在公法管理义务范围之外。

不同类型的新兴媒体，所应该承担的事前管理义务各不相同。一般来说，越是有机会接近侵权信息的新兴媒体，越是应该承担更为广泛的事前管理义务。（1）一般情况下，只有内容媒体承担审查义务。例如以"网易""新浪网"等为代表的门户网站，以微信公众号为代表的自媒体用户等，应当承担内容审查义务。至于仅仅提供技术服务或者平台服务的新兴媒体，例如视听分享网站、链接搜索媒体等，一般并不能课以事前审查义务。（2）特定情况下，新兴媒体应该承担监控义务。网络空间崇尚自由传播，公法上的事前管理旨在维护公共利益，私法上的事前监控却缺乏正当性的基础。因此，只有针对某些特定类型的作品和特定主体上传的作品，

---

❶ 姚志伟. 技术性审查：网络服务提供者公法审查义务困境之破解［J］. 法商研究, 2019（1）：33.

才可以要求新兴媒体承担监控义务。一般有两种情况：第一种情况是国家进行预警的作品，例如春节期间的贺岁片、春节晚会等；第二种情况是反复侵权和恶意侵权人上传的作品，可以适度进行监控。（3）一定范围内，新兴媒体应该承担过滤义务。随着过滤技术的不断提升，运用技术手段解决新兴媒体上大量存在的侵权内容是普遍趋势，因此，原则上新兴媒体都有义务开发适合其自身需要的过滤装置或软件。尤其是用户上传内容模式的商业性网络媒体，更应该通过安装"上传过滤器"，识别与拦截用户上传未获得版权人授权的作品。对此，我国著作权法也应该及时修改，委托相关部门开发适合不同模式新兴媒体的过滤器技术系统，确立相应的服务标准，对于未采用国家标准的新兴媒体追究法律责任。

（二）事中配合义务

事中配合义务是指新兴媒体在其网络空间出现侵权内容时，应谨慎小心行为而不使自己的行为（作为或不作为）给他人造成损害，并且在法定程序下及时披露侵权信息以帮助被侵权人维护自身权利的义务。事中配合义务本质上是基于诚信原则而产生的义务。在某些情况下，虽然新兴媒体没有事前管理的义务，但是却必须承担事中配合的义务，这是每一个善良经营者应该尽到的基本职责。事中配合义务主要包括注意义务和信息披露义务两种情况。

注意义务，是指行为人为避免造成损害而加以合理注意，包括注意义务的确立和注意义务的违反两个方面，前者探讨如何依据社会必要交易秩序之需要确立注意义务范围；后者在事实层面上研究危险避免的可能性，以及对可预见的危险是否有采取合理的预防措施加以避免。❶ 对于新兴媒体而言，注意义务是履行其他相关义务的基础，具体表现为在新兴媒体为用户提供服务时，当其经营的平台上出现侵权作品时，如果应该知道该侵权行为的存在，就必须采取适当应对措施进行制止，阻止损害结果的进一步扩大。注意义务不同于审查义务，它主要发生在侵权内容出现过程中，

---

❶ 廖焕国. 注意义务与大陆法系侵权法的嬗变——以注意义务功能为视点 [J]. 法学, 2006（6）: 30.

因而并不要求事前审查出侵权行为并预防该侵权行为的发生。具言之，只要新兴媒体客观上采取符合"善良管理人"的措施，最后仍有合理理由致使侵权内容存在，仍可认定已尽到合理注意义务；相反，如果侵犯信息网络传播权的事实是显而易见的，就像是红旗一样飘扬，网络服务者就不能装做看不见，或以不知道侵权的理由来推脱责任。❶ 换言之，新兴媒体空间出现"红旗"而故意采取"鸵鸟"政策，可以认定新兴媒体没有尽到合理注意义务。

新兴媒体的注意义务在设定时应当从可预见性、近因性、个案判断三个方面考虑。可预见性是指新兴媒体对于损害的发生具有可预见性。因为只有可预见的损害才有避免的可能性，对于没有阻止损害发生的行为才具有责难性。但是注意义务对应的是一种较轻的损害结果，并且对这种较轻的损害结果的预见性不应是高度盖然性，而仅仅是一般性的预见。近因性是指当事人之间存在一定的法律关系或者法律所认可的关系。也就是只有在新兴媒体与当事人之间存在普通或一般的法律关系时，才需承担注意义务，而不是必须要达到监管或者控制的程度。个案判断是指一般的注意义务不能一般地或笼统地确定，而必须根据案件的具体情况来确定。❷ 一般注意义务的内容和范围只能视具体的客体而定，因为该客体决定了特有的危险以及防范该危险所应当采取的预防措施。❸

信息披露义务是指当著作权侵权纠纷产生后，新兴媒体依权利人主张，根据法院或者行政主管机关的要求披露涉嫌侵权人相关信息的义务。信息披露义务具有以下特点：（1）主体特定。合法权利受到侵害的著作权人有权利要求新兴媒体履行信息披露义务，非直接受害人无权要求披露信息。此外，信息披露义务人是掌握侵权行为人相关信息的新兴媒体，对于网络接入服务提供者等新兴媒体如果事实上并不存在保存相关信息义务的主体，当然也就无法披露侵权人的相关信息。（2）理由正当。信息披露的事由必须是著作权人受到来自新兴媒体的侵害，为了请求损害赔偿或有其

---

❶ 王迁. 论"信息定位服务"提供者"间接侵权"的认定 [J]. 知识产权，2006（1）：17.

❷ 周友军. 交往安全义务理论研究 [M]. 北京：中国人民大学出版社，2008：78.

❸ 司晓. 网络服务商知识产权间接侵权研究 [M]. 北京：北京大学出版社，2016：100.

他正当理由需要掌握涉嫌侵权用户的相关信息。如果侵权事由与被请求新兴媒体无关，则该媒体可以拒绝披露。例如，某行为人在视频分享网站甲上传了一段侵权视频，其在视频分享网站乙也拥有账号，但未上传此视频，则乙网站并无义务披露该行为人的信息。（3）内容有限。被要求披露的内容，仅局限于新兴媒体服务提供者所掌握的侵权人在用户注册时所提供的信息，包括姓名、性别、住址、职业、出生日期、证件号码等个人身份信息以及 IP 地址、网络访问时间、网络访问次数等侵权行为相关信息。对于新兴媒体服务提供者所未掌握的信息，其不负有调查并披露的义务。❶（4）程序合法。鉴于权利人直接要求新兴媒体提供相关信息会损害到网络用户的信息安全，存在侵犯普通民众隐私权的风险，因此一般应该由权利人向人民法院申请，经法院裁定后责令新兴媒体披露用户个人信息；在行政机关依法执行公务、追究侵权人行政责任的时候，也可以直接由行政机关依照职权要求新兴媒体披露有关信息。

（三）事后制止义务

新兴媒体的事后制止义务是指在新兴媒体接到权利人通知后删除侵权信息、断开侵权链接或者根据有关机关的要求在一定期限内制止侵权人进入特定网络空间的义务。在"通知—删除"规则情形下，新兴媒体在收到权利人的通知后，应该立即采取措施制止侵权行为的扩大。一旦权利人发出有效通知，新兴媒体应该及时删除侵权信息或断开链接，否则就需要对损害的扩大部分承担连带责任。新兴媒体接到反通知后，应当立即恢复被删除的作品、表演、录音录像制品，或者可以恢复与被断开的作品、表演、录音录像制品的链接，同时将服务对象的书面说明转送权利人。权利人不得再为通知，新兴媒体也不会对错误通知带来的任何损害承担赔偿责任。

断网或封号义务是一种更为严格的事后制止义务，在我国法律中并没有规定。考虑到某些新兴媒体基本具备履行断网或封号义务的技术能力和经济实力，而且新浪微博、腾讯公司等新兴媒体在自身的服务协议或是网

---

❶ 鲁晓明. 论网络侵权案件中网络服务提供者的信息披露义务［J］. 时代法学, 2010 (3): 12.

络用户行为规则中也设定了封号的处罚方式，得到司法判决的认可。因此，著作权法可以规定具有监管条件的自媒体在为其用户提供服务时约定特定情形下切断其服务或者查封其账号的，应该及时将该规定在著作权行政管理部门备案，经初步审查不违背相关法律规定的，具备法律效力。此外，考虑到目前有关"三振出局"的规定引起较多争议，因此我国可以暂不规定新兴媒体的断网或封号义务。

总之，新兴媒体履行何种义务，与该媒体在传播信息中的实际地位密切相关，本质上坚持"共同而有差别"的原则。所谓共同的法律义务，是指任何性质的新兴媒体都应该承担一定的义务，承担义务也是其在网络空间进行合作共治的具体表现，这种义务可以根据网络治理的需要而分布在事前、事中甚至事后等不同阶段。所谓的有差别义务，是指新兴媒体承担义务的类型和程度，主要取决于新兴媒体接近作品的程度、控制侵权行为的能力、涉案作品所提供的信息量大小、侵权判断的难易程度、国家的政策考量等多种因素，因此，著作权法对不同的新兴媒体所应该履行义务的规定必然也不相同。

第四节　新兴媒体侵犯著作权的损害赔偿标准*

随着信息技术的快速发展，各种新兴媒体不断兴起。近年来，智能手机、平板电脑等终端的应用越来越普及，信息传播也变得更加方便和快捷，新兴媒体已经成为大众阅读和获取信息的主要途径。但是，新兴媒体的出现犹如一把双刃剑，在推动信息内容传播的同时，各类著作权侵权现象也频繁出现。在新兴媒体不断发展的网络环境下，侵权者只要动动手指就能够凭借几乎零成本的转载、链接、洗稿等方式获得巨大经济利益。这些侵权行为往往取证难、取证成本高，而法院在判决过程中也没有一个合理的可操作性的赔偿判断标准作为参考，导致大多数案件中原告方所获得的赔偿金额与其损失不对等。因此，新兴媒体侵犯著作权的损害赔偿标准

* 本节作为阶段性研究成果已经发表。梅术文，韩英昂．基于市场价值的新闻作品著作权侵权赔偿数额测度 [J]．南京理工大学学报（社会科学版），2020（6）：1－6．

关乎著作权人的合法权益，也直接影响新兴媒体著作权市场的健康发展。

一、问题的提出

2018 年 10 月 8 日，江苏省高级人民法院作出终审判决：今日头条所属北京字节跳动科技有限公司因未经授权转载《现代快报》4 篇稿件，被判赔偿经济损失 10 万元，另赔偿《现代快报》为维权支出的合理费用 1.01 万元。❶ 平均一篇文章 2.5 万元的赔偿金额，在侵犯新闻作品著作权的判决中尚属首次。❷ 无独有偶，2019 年 3 月 21 日，《南方周末》发布反侵权公告称，《南方周末》针对新浪网非法转载的文章发起维权，首批起诉的 76 个案件均获胜诉，并已确定生效。其中，76 篇稿件每篇字数不等，共判赔 365 800 元，判赔标准为"千字千元"。❸ 据《南方周末》称，新浪网大量侵权转载其文章，多达 1600 篇，涉及侵权链接 1.5 万个。首批起诉的 76 个案件获得胜诉，无疑对侵权者产生一定震慑作用，让传统媒体在今后的维权过程中更有底气。

上述两起针对新兴媒体侵权损害赔偿的案件无疑具有典型意义，而且损害赔偿的数额大幅提升，得到传统媒体的高度认可，甚至被认为具有"里程碑意义"。但是，平均一篇新闻报道 2.5 万元和"千元千字"的判赔标准并未将传统媒体长期形成的顾虑消解，两起案件判决的赔偿标准本身就不相同，说明法院裁判的自由裁量空间仍然很大。著作权法所规定的"实际损失""违法所得""法定赔偿"三种标准在适用到新兴媒体侵权领域时存在一定的特殊性，"赚了吆喝赔了买卖"是很多权利人的实际担忧，"同案不同判"也造成很多新兴媒体的高度警惕。如果损害赔偿标准不确定，本质上也会增加新兴媒体运营成本的不确定性，不利于新兴媒体和传统媒体共建良性的著作权利用机制。

---

❶　江苏省高级人民法院（2018）苏民终 588 号民事判决书。

❷　本节所讨论的赔偿额，不包括为维权而支付的合理费用。

❸　《南方周末》诉新浪网胜诉，让真正有价值的内容有价格 ［EB/OL］．［2019 - 07 - 01］．http：//media. people. com. cn/GB/n1/2019/0327/c40606 - 30998367.

二、新兴媒体侵犯著作权损害赔偿标准的特殊性

新兴媒体侵犯著作权具有侵权现象普遍、侵权方式多元、侵权后果更加严重、侵权行为隐蔽、侵权后维权困难等特征，使得其著作权侵权损害赔偿标准也呈现出实际损失扩大化、违法所得难以确定、法定赔偿参考因素复杂化、惩罚性赔偿合理化等特殊性，因此有必要结合这些特殊性进行制度反思，以期提出更加合理的损害赔偿标准。

（一）实际损失扩大化

新兴媒体侵犯著作权的行为发生后，对于著作权人带来的实际损失，并不限于侵权复制品出现后导致权利人自己售卖利益的损失。权利人实际损失中的直接损失纳入侵权损害赔偿范围毋庸置疑，其间接损失和预期利益纳入实际损失范畴也具有必然性。新兴媒体是以互联网为依托的媒体形态，权利人实际利益的计算不能限定在作品的固有价值范围，而是应该考虑其因为新兴媒体的传播而带来的潜在市场价值。一件作品在互联网上的扩散，会导致其非法转载、下载数量的指数级增长，权利人无法控制这种扩散，由此带来的实际损失跟模拟环境下的损失不可同日而语。此外，对于传统媒体来说，大量的新闻报道被新兴媒体未经许可转载，势必影响传统媒体广告商的赞助意向，尤其是新兴媒体所具有的渠道优势会冲击传统媒体的内容优势，由此带来的间接经济损失和累积经济损失也应该纳入实际损失的范围之内。因此，对于新兴媒体著作权侵权案件，如果以实际损失作为侵权损害标准依据，需要综合考虑权利人遭受的实际损失和预期利益收入，以及权利人因为新兴媒体持续传播而带来的内容优势丧失、消费者黏性减弱和广告商赞助减少等潜在损失，切实维护著作权人的合法权益。

（二）违法所得难以确定

按照我国《著作权法》第 54 条的规定，著作权人实际损失难以计算的，可以按照侵权人的违法所得给予赔偿。著作权作为知识产权，其本身所具有的高技术性和隐蔽性决定了权利人在很多情况下无法确切地计算出

损失，因此就需要引入侵权人的实际获利作为确定赔偿数额的方法。❶ 但是在新兴媒体侵权案件中，侵权人的违法所得同样难以确定。不少新兴媒体免费提供作品，虽然没有获得直接的经济利益，但却扩大了知名度，赢得了广告商。不同的著作权侵权者有不同的获利模式，其实际获利因其经营规模和经营模式的不同而存在差异，其违法所得难以准确评估。❷ 至于新闻聚合媒体侵权损害赔偿中，由于该类平台涵盖范围广、涉及面大，内容又都是免费向用户提供，几乎不存在收费的问题，新闻聚合平台所获利益，是基于聚合性展示而带来的整体获益，对于一篇新闻作品的获利，难以和其他作品区分开来进行测算。司法实践中真正运用违法所得确定侵权损害赔偿额的情况较少。这也说明，因为计算实际损失较为困难进而向违法所得进行逃避的思路，并不能在实践中起到实实在在的作用。

（三）法定赔偿参考因素复杂化

在著作权人实际损失和侵权人违法所得均难以确定的情况下，可以给予法官一定的自由裁量权，通过法定赔偿标准确定赔偿数额。有学者统计了北京法院 2002～2013 年著作权侵权损害赔偿的方式，其中法定赔偿占比高达 98.1%。❸ 法定赔偿最难说明的是法官自由裁量损害赔偿数额时所依凭的情节。最高人民法院在司法解释中指出，在确定法定赔偿金额时应当综合考虑作品类型、合理使用费、侵权行为性质、后果等情节。但是随着网络技术的发展和新兴媒体影响力的不断扩大，上述情节并不能完全真实地反映出一部作品的实际价值。例如，在新兴媒体侵犯影视作品著作权的损害赔偿中，需要考虑的法定情节至少包括作品上映的时间、新兴媒体传播影响力、新兴媒体规模等市场因素，而司法解释所认可的侵权行为性质、后果等情节对于影视作品侵权损害带来的影响其实比较有限，或者说

---

❶ 张友连. 论著作信息网络传播侵权赔偿数额确定中的"情节" [J]. 中国出版，2018（4）：46.

❷ 韩成军. 网络环境下著作权侵权行为的判定及损害赔偿研究 [J]. 郑州大学学报（哲学社会科学版），2010（2）：60.

❸ 谢惠加. 著作权侵权损害赔偿制度实施效果分析——以北京法院判决书为考察对象 [J]. 中国版权，2014（14）：38.

并不是主要的影响因素。因此，在适用法定赔偿标准确定著作权侵权损害赔偿额时，为了合理维护著作权人的利益，实际上还是要根据新兴媒体使用作品的情况，综合作品类型、侵权行为性质和后果、合理使用费、侵权方的传播力、被侵权方的品牌影响力、作品点击率减少情况、侵权人广告获利等诸多因素进行判定，而其中的市场因素已经取代非市场因素，成为更为重要的判定情节。

（四）惩罚性赔偿合理化

新兴媒体侵犯著作权更加方便和迅速，侵权者可以几乎不用付出太多的技术成本和诉讼成本就能轻易实施大量侵权行为，如果著作权侵权损害赔偿数额过低，在利益的驱使下，许多新兴媒体就会越发无视法律的规定而肆意侵权。一篇新闻报道的产生需要采访、选择、编排、取舍等步骤，必须经过一定的训练才能完成。一个赶赴俄罗斯报道世界杯新闻的记者，付出的绝不仅仅是写作时所谓的"独立构思"脑力活动，差旅费、器材费等都是巨大的开支。❶ 因此，一篇新闻作品的创作成本与一般文字作品创作也会有巨大差别。即使从创作成本角度出发，按照每千字 80 ~ 300 元为基数作为新闻作品判赔的标准，也不能体现权利人的实际损失，且对侵权人起不到威慑作用。对此，在新兴媒体环境下引入惩罚性赔偿就显得合理且必要了。引入惩罚性赔偿可以对侵权人起到惩罚功能，对他人起到警示作用，在一定程度上有助于减少新兴媒体上的著作权侵权现象，营造更为良性的媒体发展生态。与此同时，引入惩罚性赔偿可以在一定程度上弥补著作权人实际损失扩大化带来的影响，有助于矫正损失与赔偿之间的不均衡情况。惩罚性损害赔偿可以采用"不告不理"的原则，著作权人提出诉讼主张时，法院方可适用该标准。

现行《著作权法》中增加惩罚性赔偿制度，对故意侵犯著作权或者与著作权有关的权利，情节严重的，可以在实际损失、违法所得或者权利使用费等方法确定数额的 1 倍以上 5 倍以下给予赔偿。这一规定是我国《民法典》第 1184 条规定的知识产权惩罚性赔偿制度的具体展开。这彰显对

---

❶ 孙昊亮. 媒体融合下新闻作品的著作权保护［J］. 法学评论，2018（5）：82.

著作权侵权行为强硬的惩治立场，有利于遏制现阶段纠纷频发但赔偿金额过少的现象，有助于推动社会形成尊重著作权、尊重创新创造的良好氛围。

通过以上的分析可以发现，新兴媒体著作权侵权损害赔偿标准中，按照违法所得进行赔偿的标准没有实际的存在价值，而且也会存在以不当得利之债取代侵权损害赔偿之债的隐忧，建议予以废除。法定赔偿标准固然是一种广泛运用的损害赔偿标准，但是其考量的因素过多过杂，法官自由裁量的空间过大，说理的过程和力度都会偏弱。法定赔偿标准应该回归到对实际损失的界定之中，回归到传统民法的"填平"原则框架之下。因此，完善实际损失的计算标准，辅之以惩罚性赔偿标准，应该成为新兴媒体侵权损害赔偿的主要标准。

三、新兴媒体侵犯著作权损害赔偿中的市场定价

新兴媒体侵犯著作权损害赔偿额度计算应该回归实际损失的测度，而在知识产权强保护的背景下，要让著作权的损害赔偿数额体现作品等信息的市场价值。如果损害赔偿不能反映市场价值，就会损害创造创新的积极性，从而扭曲市场竞争和损害资源配置的效率。❶ 为了更好地保护著作权，促进作品的利用和市场交易，损害赔偿必须体现作品的实际市场价值，同时在必要时通过惩罚性赔偿机制惩戒故意侵权行为，矫正市场价值计算中存在的偏差。

（一）基本含义

"市场定价＋惩罚性赔偿"是指新兴媒体侵犯著作权损害赔偿额的计算应该根据作品在市场中的价值确定权利人的实际损失，根据权利人的申请，对于故意侵权行为辅之以惩罚性赔偿的计算标准。在这种模式下，权利人的实际损失通过作品的市场价值体现，市场价值计算出现偏差时，针对恶性侵权和多次侵权等行为，借助惩罚性赔偿机制让侵权人付出更大代价、让权利人获得更多赔偿。市场是资源配置最有效的方式，价格的确定

---

❶ 孔祥俊. 知识产权司法保护中的全局、市场和发展观念 [J]. 人民司法，2014（1）：8.

不仅与价值有关，也受市场上供求关系的影响。只有采用市场定价制度，才能体现商品的真正价值。司法确定赔偿时应当认真研究涉案作品的市场价值，尽可能准确地反映市场价格。[●]

"市场定价 + 惩罚性赔偿"标准的核心是"市场定价"。市场定价的起点是作品价值的市场法测度，也就是根据类似交易环境下类似作品的市场交易价格综合计算涉案作品的市场价值。运用市场法计算作品的市场价值有三个前提：一是作品交易的环境要相似；二是涉及的作品类型也要相似；三是要有相似作品的交易记录。由于新兴媒体通过网络传播作品，而网络没有地域性和时间性的差异，可以认为具有相似的市场环境。新兴媒体上的作品以数字化的形式存在，各种类型的作品具有相似性，相似作品也容易找到。至于第三个前提条件，尽管相似作品的交易记录是比较难得到的数据，但是可以借助许可使用费、和解结案的赔偿额或者对已经结案的类似案例损害判决赔偿额进行大数据分析，评估相似作品许可交易费的大致区间。因此，可以根据市场法的适用要求以及作品的市场价值主要影响因素，构建以许可费为基准，以交易主体、作品质量等因素为调整系数的计算模型，得出市场定价模式下，计算新兴媒体侵犯著作权损害赔偿金额的公式为：

$$S = \frac{\sum_{i=1}^{n} P_i}{n} \times ZL \times SJ \times YD \qquad (式6-1)$$

$$P_i = V_i \times \alpha \times \beta$$

其中：

S 为权利人的实际损失；

P_i 为第 i 个可比案例的交易价格；

n 为可比案例的个数；

ZL 为作品本身市场价值系数；

SJ 为市场检验系数；

● 蒋华胜. 知识产权损害赔偿的市场价值与司法裁判规则的法律构造［J］. 知识产权，2017（7）：61.

YD 为市场影响力系数；

α 为权利人调整系数，$\alpha = Q_1/Q_0$；

β 为侵权人调整系数，$\beta = Z_1/Z_0$。

需要说明的是，运用市场定价模式计算实际损失的准确性，依赖于合适的基准值，为此需要建立庞大的数据库并通过选取相近的可比案例进行分析。以新闻聚合平台上的作品为例，相似案例的选取应按照权利人知名度相近、涉案作品类型相近的要求，以减少计算的偏差。在案例选取中，对涉案双方采用百分制进行打分，求得 α 值、β 值，计算可比案例的价格。对于涉案作品质量、侵权时间、阅读量等调整系数，采用 5 分制打分，打分标准需要行业专家、法官根据已成交的作品记录、类似案例进行调整、量化，最终计算出权利人的实际损失。

（二）影响市场定价的因素

1. 作品本身的市场价值

作品本身的质量是作品市场价值的最重要因素，文章的价值体现在内容上。一篇质量高的文章不仅体现了作者为此付出的心血，更是一种能力的体现。质量上乘的作品能给权利人带来巨大的经济效益，其传播范围会越来越广，速度也会更快，形成正面良性循环。市场上同类作品的数量是影响作品市场价值的因素之一。在媒体融合发展的过程中，作品的同质化现象越来越严重，可替代性强的作品竞争力较小，市场价值也随之降低。相反，一些制作精良的独家栏目，可替代性较弱，市场价值也就相对较高。作品的市场价值不全然等于使用许可费，许可费是作品权利人和使用人双方谈判达成一致的结果，是权利人对作品投入劳动的体现，使用许可是否能够达成，取决于彼此的保留价格。而作品的市场价值包括对作品使用后获得的利润等。但是许可使用费能够反映作品的价值，作为作品市场价值的参考。

2. 市场影响力因素

市场影响力因素包括传统媒体的影响力因素和新兴媒体的影响力因素。首先，如果著作权人是传统媒体，则不同类型、不同规格、不同性质的传统媒体的影响力各不相同，这也会影响作品的市场价值。像人民日报社、新华社这样的主流媒体单位通过长期的积累获得较高声望，其发布的文章市场价值就高，平台的不同直接决定了发布的文章能够获得超额利润。当有实力和有影响力的传统媒体著作权被侵犯时，用户流失更严重，广告商的赞助减少得会更快，当然也就给权利人带来更大的潜在利益损失。其次，新兴媒体的品牌影响力和传播力是决定作品市场影响力的另一个重要因素。对于新兴媒体来说，其品牌影响力和传播力越大，吸引到的广告商投入就越多，经济收益也就越高，实施侵权行为后给权利人带来的损失就越大。以《南方周末》诉新浪网非法转载为例，新浪网作为侵权方，其自身传播力和影响力很强，使得《南方周末》损失大量的用户点击率和浏览量。而《南方周末》创建 35 年来已逐步形成自己的品牌效益和媒体影响力，因被侵权导致的用户流失和阅读量下降，在一定程度上影响其广告商的赞助，造成无法挽回的经济损失。虽然首批起诉的案件获得胜诉，但是法院依据"千元千字"判赔标准进行侵权赔偿数额的认定，其并未考虑到原被告的市场影响力，因此还有进一步检讨完善的空间。

3. 市场检验因素

市场检验因素主要指向的是作品被阅读、收藏、转发的实际消费情况，以及作品进入市场的时间和被消费者持续关注的时间等因素。借助于技术的进步，一篇文章浏览、收藏、转发等情况都可以被记录。这些阅读情况的指标直接反映了哪些作品更受欢迎、更能满足消费者的实际需求。一篇被广泛转发的文章能创造的市场价值相对较高，而发表之后无人问津的文章自然市场价值低。新兴媒体借助计算机算法对浏览量高、阅读时间长的作品进行推荐，其传播范围会更广，进一步提升了作品的市场价值。作品的传播范围反映了其市场价值的高低，因此在新兴媒体著作权侵权案件中应将这些阅读指数考虑在内。侵权的时间点以及侵权的持续时间是影响作品市场价值的因素之一。新闻作品、电影作品、软件作品等都具有时效性，作品一经发表就被侵权，给权利人带来的实际损失更大。法院在判决中指出，新闻类作品具有一定的时效性，一般受关注的时间较短，新闻作品带来经济价值的大小和发表后的时间长短有关。[1] 因此，测算作品的

---

[1] 北京市海淀区人民法院（2017）京 0108 民初 22602 号民事判决书。

市场价值，应该结合作品类型的不同，将各种市场检验因素考虑进去。

4. 其他市场因素

其他市场因素包括权利人带来的市场因素和侵权人带来的市场因素两个方面。例如，权利人知名度、权利人宣传工作力度等因素是典型的权利人调整系数。侵权人带来的市场因素包括侵犯作品的改编权和侵犯复制权、洗稿和抄袭等对于被侵权作品的市场价值等所造成的影响。侵权人在实施侵权行为的过程中，其侵权行为持续的时间和涉及的范围将直接影响侵权人侵权行为所获取非法利益的大小，也间接决定了权利人所遭受实际损失的轻重。侵权行为的持续时间越长，对作品市场价值的损害更大。因此，在运用市场价值模型测算实际损失时，还应该引入可比案件下权利人和侵权人的影响因子，通过尽可能完备的数据计算类似作品的市场价值。

四、"市场定价 + 惩罚性赔偿"模式的初步应用

"市场定价 + 惩罚性赔偿"模式的实际运用较为复杂，非本节有限篇幅所能完成验证。仅以开篇的《现代快报》诉"今日头条"案为例，运用市场法对权利人的实际损失进行计算。首先选取可比案例，为保证计算的准确性，尽量选取最近判决的案例，以及权利人相近涉案作品相似的案例。其次，模拟法官、行业专家对各项指标进行打分，求得调整系数。最后将各项数值代入公式进行计算（见表6-1、表6-2）。

表6-1　媒体影响力打分表

媒体	新浪新闻	腾讯新闻	今日头条	一点资讯	搜狐新闻	《南方都市报》	《现代快报》
安装量（亿次）	3	24	36	0.64	5	0.008	1
得分	83	95	100	70	85	60	80

注：根据华为应用市场软件下载量进行模拟打分。

表 6 - 2　可比案例判赔数额计算表

案例指标	原告	被告	V（元）	α	β	P
案例一	《南方都市报》	网易新闻	1800	1.33	1.2	2872
案例二	腾讯	今日头条	800	0.84	1	672
案例三	腾讯	一点资讯	1200	0.84	1.43	1441
案例四	今日头条	搜狐	1000	0.8	1.17	936

注：广州市越秀区人民法院（2018）粤 0104 民初 2368 号、北京市海淀区人民法院（2017）京 0108 民初 22577 号、北京市朝阳区人民法院（2017）京 0105 民初 73218 号、北京市海淀区人民法院（2017）京 0108 民初 35929 号民事判决书。

针对开篇案件作品的相关调整系数进行假设，ZL 为 1.5，SJ 为 1，YD 为 2。计算出实际损失 $S = \dfrac{\sum\limits_{i=1}^{4} P_i}{4} \times 1.5 \times 1 \times 2 = 4440.75（元）$

根据市场定价模型计算，《现代快报》诉"今日头条"案中每篇涉案新闻作品市场价值约为 4441 元。考虑到侵权人持续实施侵权行为、主观恶意明显，权利人可以要求适用不超过市场价值 3 倍❶即 13 323 元的惩罚性赔偿金。针对上述测算的数字做出以下评价。

首先，市场价值测算的最终结果实际上是以最终值为基准的阈值。也就是说，法院判决在 4441 ~ 13 323 元的区间进行赔偿，就符合市场价值标准。运用市场定价模式测算权利人的实际损失，并没有否定法官的自由裁量权。事实上，由于各类新兴媒体侵犯著作权案件的情况非常复杂，所以市场价值的测度只是为法院裁判说理提供了基准，最终的裁判数额仍可以由法官根据实际情况具体掌握。

其次，本节对"今日头条"侵权案的新闻作品市场价值测度存在明显的局限性。这种局限性主要体现在表 6 - 2 中可比价格的确定，并不是建立在已有的市场标准之上。本研究选取的案例较少，无法进行充分的大数据分析。实际上，建立更为完备的相似作品市场价格数据库，才是运用市场价值法的基础。在我国，这一项基础性的工作还没有完全定型。目前除在

---

❶　按照《著作权法》第 54 条规定，惩罚性赔偿一般在已经确定数额的 1 倍以上 5 倍以下给予赔偿，本节取中间值 3 倍进行验证。

摄影作品市场价值上已经经由法院裁判，初步形成比较充裕的市场价值数据可供比对外，在其他作品市场价值方面，还没有可信的参考标准。

最后，本研究测度出的新闻作品市场价值在 4000 元/篇左右，与法院最终的判决有一定区别，但是这也并不意味着法院的裁判是错误的。根据前面的分析可知，目前法院都是借助法定赔偿标准进行裁判，法官需要考虑的情节较多，自由裁量空间较大，不同法院依照自由心证的原则确立出法定赔偿数额，完全符合现行法律的规定。但是法定赔偿标准说理能力较弱，这也正是目前法院裁判中的弊端所在。例如，以"新闻作品、著作权"为关键词在裁判文书网上搜索 2015 年 1 月 1 日至 2018 年 12 月 31 日的相关案例，共获得 13 份判决书。考察判决书的赔偿数额部分，除常州市中级人民法院❶对涉案作品的类型、主观过错、浏览量、创作难易程度和赔偿数额的相关关系进行详细的论述外，其余案例的表述均为：本院综合考虑涉案作品的类型、独创性程度、篇幅、字数、被告侵权行为的性质和后果、相关稿酬支付标准，酌定赔偿数额。可见，法定赔偿参考标准采用格式化语言，在说理部分对于考量因素如何影响判决，其关联度和贡献率大小等，都没有做出说明，这样的判决书当然很难让原被告信服。因此，建立以市场价值为基准的实际损害赔偿标准，对于解决"同案不同判"的问题具有重要意义。这也有助于在法院判决之前，新兴媒体和传统媒体可以根据已有的市场价值进行和解，推动形成良性的著作权交易市场，减少法院诉讼压力和案件审理成本，真正推动媒体产业的融合发展。

第五节　新兴媒体侵犯著作权的行政责任及其发展趋势

随着新兴媒体的大众普及度迅猛提升，基于新兴媒体之上的作品创作变得更加普遍化、平民化，著作权侵权行为呈现出"大众化""业余化"的趋势，❷相应地，著作权侵权行为数量不断攀升。新兴媒体著作权侵权案件呈高发态势，短视频平台、直播平台等新兴媒体成为著作权侵权违法

---

❶　常州市中级人民法院（2017）常民初字第 123 号民事判决书。
❷　陈前进，代永生．新时代网络版权执法监管的新挑战［J］．出版广角，2018（15）：20.

行为的重灾区。据报道，2018 年我国在网络文学产业领域，因为盗版造成了近 60 亿元的损失，这个数字已经超过了市场规模的一半。❶ 我国对著作权实行"双轨制"保护，除了司法保护外，行政保护也始终作为一种重要的保护方式发挥着作用，并在实践中得到不断发展和创新。现行《著作权法》第 53 条和第 55 条是著作权行政保护的主要法律依据，明确了行政保护在整个著作权保护体系中的地位，因此，新兴媒体侵犯著作权当然也要承担行政责任。然而，实践中针对新兴媒体著作权行政责任仍存在质疑的声音。本节拟分析新兴媒体环境侵犯著作权追究行政责任的正当性，总结新兴媒体侵犯著作权行政责任的特殊性，预测未来发展的趋势并提出相应的对策建议。

一、新兴媒体侵犯著作权追究行政责任的正当性

新兴媒体侵犯著作权行为发生后，著作权行政管理部门采取行政保护措施，追究侵权者的行政责任，充分体现了行政执法的主动性和高效性，既是对司法保护的有力补充，也是对公共利益的必要维护。新兴媒体侵犯著作权追究行政责任不仅源于现实的需要，其背后的理论支撑更是其正当性的根本依据。

从法经济学视角出发，对新兴媒体侵犯著作权行为追究行政责任符合经济学中的"效率"标准。新兴媒体放大了著作权的开放性、可复制性特征，侵权形式更加多样、手段更加隐蔽，仅依靠具有滞后性的立法和被动性的司法无法充分保障著作权人的权利，对于科学文化传播之公共利益的实现也有局限性。同时，立法与司法所耗费的经济成本与时间成本远远大于行政保护所需的成本。对此，曾有学者经实证研究分别计算出知识产权行政保护与司法保护的绩效评价，并得出结论：知识产权的司法保护成本远大于行政保护，且当两者成本投入权重相同时，行政保护的效率性、效益性等指标优于司法保护，其所产生的社会影响也更为直接、覆盖面更

---

❶ 史竞男，袁慧晶. 一年"盗"走60亿元   打盗版怎成"打地鼠"？［EB/OL］. ［2019 – 05 – 15］. https：//news. sina. com. cn/s/2019 – 05 – 04/doc-ihvhiqax6575255. shtml.

广。❶ 同理可知，对新兴媒体著作权进行行政保护的"成本—收益"比显然高于司法保护，尤其是应对新出现的著作权侵权行为类型，开展行政保护是效率最高的途径。

从法政策学视角出发，对新兴媒体侵犯著作权行为追究行政责任符合我国建设知识产权强国的政策目标。博登海默有云："公共政策主要指尚未被整合进法律之中的政府政策和惯例。"❷ 公共政策与法律法规之间的辩证关系之一，就体现为法律法规时常是国家政策制度化的产物，隐含着某些政策目标，这一关系在现代行政法中表现得尤为突出。政策的出台与变革，已成为行政立法的重要驱动力。❸ 在知识经济发展迅猛、国家软实力竞争激烈的当今社会，我国建设知识产权强国的政策目标，符合推进经济高质量发展的现实需要，其正当性与合理性毋庸置疑。《著作权法》《信息网络传播权保护条例》等法律法规中著作权侵权行政责任的设置是知识产权政策制度化的具体规则，体现了"强保护"的政策目标，是"两条途径，并行运作"保护体制的法律彰显。

从法社会学视角出发，对新兴媒体侵犯著作权行为追究行政责任有助于维护社会公共利益。法律的功能在于"社会控制"，是保障各种利益的手段。在新兴媒体环境下，著作权行政保护首要维护的利益就是社会公共利益。著作权行政管理部门行政执法行为的目的也在于查处侵权违法行为，维护稳定和诚信的市场秩序。实践证明，近年来，随着著作权行政执法监管力度的不断加大，著作权保护环境明显改善。"剑网行动"连年收效显著，在良好网络著作权秩序的维护中起到举足轻重的作用。❹ 行政执法行为具有主动性、单方性、强制性等先天优势，兼具事前预防、事中监管及事后救济的功能，更有利于维护新兴媒体著作权市场秩序，从而能更及时、全面地保护不特定公众接受科学文化信息的公共利益。

可见，新兴媒体侵犯著作权进而追究其行政责任具有充分的正当性，

---

❶ 何炼红. 知识产权行政与司法保护绩效研究［M］. 北京：中国社会科学出版社，2018：62.

❷ E. 博登海默. 法理学：法律哲学与法律方法［M］. 邓正来，译. 北京：中国政法大学出版社，1999：465.

❸ 鲁鹏宇. 法政策学初探——以行政法为参照系［J］. 法商研究，2009（4）：112.

❹ 吴汉东，等. 中国知识产权蓝皮书（2017—2018）［M］. 北京：知识产权出版社，2019：104.

这种行政保护模式的存在与发展对于新兴媒体著作权市场秩序的有序运行至关重要。著作权虽然属于私权，❶ 但私权绝非天然排斥行政保护，不同的权利保护途径并无绝对的优劣之分，而取决于何种途径或搭配更具效率优势。❷

二、新兴媒体侵犯著作权行政责任的特殊性

著作权行政责任，其责任之严厉程度不及刑罚，亦不像民事责任局限于恢复权利义务的原状，但它可以超出原有的权利义务关系惩罚或预防违法行为，以此达到实现公共利益的目的。❸ 其以"损害公共利益"为责任追究之前提的特殊性对新兴媒体著作权侵权行为同样适用。作品的"公共物品"属性❹也决定其与公共利益有着密不可分的联系，为行政责任之规制奠定理论基础。对侵犯新兴媒体著作权之行政责任也应限定于关涉公共利益的范围内，在此前提下，新兴媒体侵犯著作权的行政责任具有如下特殊性。

（一）责任追究过程具有更强的主动性

著作权行政管理部门因其组织方式和职权范围而具有天然的信息优势和管理优势，当其主动进行行政责任追究时，依靠优势所达到的规制效果最佳。这些优势在新兴媒体环境下更为凸显，体现为其能够敏锐地发现侵权行为，既能有计划地进行事前预防，也能及时有效地针对突发的侵权事件作出回应，达到事中和事后的规制、惩罚和救济效果。质言之，著作权行政管理部门的内在优势决定其主要以主动执法的形式进行行政责任的追究，其主动性能够对侵权人产生更强的威慑力，有力地破除新兴媒体著作权侵权行为举证困难的维权障碍。

这种追责过程的强主动性不仅体现在常态化执法中，在近年来的"剑网行动"专项治理中更展现得淋漓尽致。自 2010 年启动至今，国家版权

---

❶ 金海军. 知识产权私权论［M］. 北京：中国人民大学出版社，2004：212 - 213.
❷ 谢晓尧. 著作权的行政救济之道——反思与批判［J］. 知识产权，2015（11）：4.
❸ 王云海. 日本的刑事责任、民事责任、行政责任的相互关系［J］. 中国刑事法杂志，2014（4）：143.
❹ 王重高，张玲. 中国的涉外知识产权法［M］. 北京：人民法院出版社，1999（2）：34.

局等四部门联合开展的打击网络侵权盗版专项治理"剑网行动"取得明显成效。四部门每年制定不同的实施方案，根据实际情况确定当年的工作目标、主要任务、重点工作等内容。通过对 2014—2018 年的"剑网行动"工作成果的比较（见表 6 - 3），可以看出"剑网行动"对网络这一特定领域治理的计划性与针对性较强、查处力度逐年增强、责任形式与时俱进，同时还能确保行政保护与刑事司法保护的衔接，其重要作用可见一斑。另外，著作权行政管理部门优先采取行政约谈、重点作品预警名单等执法方式，达到促成网络服务提供者"守法"的效果，❶ 同样体现了追责过程的主动性。

表 6 - 3 2014—2018 年"剑网行动"工作成果汇总

项目	年份				
	2014①	2015②	2016③	2017④	2018⑤
查处网络侵权盗版案件（件）	440	383	514	543	544
行政罚款（万元）	352	450	467	—	—
移送司法机关刑事处理案件（件）	66	59	33	57	74
涉案金额（亿元）	—	0.3845	2	1.07	1.5
关闭侵权盗版网站（家）	750	113	290	2554	—
删除侵权盗版链接（万条）	—	—	—	71	185
收缴侵权盗版制品（万件）	—	—	—	276	123

注：①罗皓菱. 国家版权局 2014 年关闭网站 750 家 [EB/OL]. [2019 - 05 - 05]. http：//money. 163. com/15/0115/11/AG0F7V0900253B0H. htm.

②"剑网 2015"专项行动取得显著成效 [EB/OL]. [2019 - 05 - 05]. http：//news. hexun. com/2015 - 12 - 31/181540442. html.

③国家知识产权局. 2017 中国知识产权年鉴 [M]. 北京：知识产权出版社，2017：101.

④国家版权局等四部委："剑网 2017"专项行动成果公布 [EB/OL]. [2019 - 05 - 05]. http：//news. sina. com. cn/c/2018 - 01 - 17/doc - ifyqtycw8628136. shtml.

⑤国家版权局通报"剑网 2018"专项行动工作成果 [EB/OL]. [2019 - 05 - 05]. http：//www. ncac. gov. cn/chinacopyright/contents/11205/394358. html.

（二）行政干预形式具有创新性

著作权行政责任追究形式之特殊性在于其灵活性、创新性，除罚款、

---

❶ 朱新力，李芹. 行政约谈的功能定位与制度建构 [J]. 国家行政学院学报，2018（4）：93.

没收违法所得等行政责任外，还在执法实践中创新出适应新兴媒体环境的责任形式，对新兴媒体著作权侵权行为进行打击、管控、干预。例如，"剑网行动"对行政干预形式的创新集中体现在以下方面：（1）集中查处大案要案。（2）加强大型视频网站、音乐网站、网络文学网站等重点媒体的重点监管。例如，上海市版权局加大对网络侵权盗版大要案件的查处力度，加强对上海市重点互联网企业的主动监管，通过网络版权监测平台，及时对网络侵权盗版信息进行监测，做好相关侵权信息收集、预警以及移转工作，有效提高网络版权主动监管与执法效率。❶（3）创新监管方式。针对典型热度影视电影的版权预警、针对视频分享网站的事前监管、针对网盘分享电影的监管、针对网络音乐服务商的主动约谈并敦促其下架侵权音乐等。"关闭侵权网站""删除侵权盗版链接"便体现了行政责任之强制性、效率性与技术之时代性的良好结合。重点作品保护"白名单"是权利人通过各地各有关部门书面申请，国家版权行政管理部门将优秀作品纳入重点作品版权保护"白名单"，行政机关审核后定期在门户网站公布的制度，也成为一种新型的行政干预手段。（4）推动引导建立良性的授权机制和优越的消费许可机制。例如，针对音乐独占许可带来的问题进行主动干预、规范网络转载版权秩序等，发挥企业主体性，推进互联网版权自律建设。

（三）责任追究效果具有更广的社会性

新兴媒体侵权行为追究行政责任必须以"损害公共利益"为出发点，也以实现维护社会秩序与公共利益为最终落脚点。新兴媒体侵犯著作权损害社会公共利益的具体表现包括：（1）将他人劳动成果窃为己有并谋取利益，属于违背诚信和商业道德的行为，有悖"善良风俗"；（2）使用或者传播盗版侵权产品，损害同行业经营者的竞争利益；（3）误导消费者购买盗版侵权品，严重损害了广大消费者的利益；（4）通过盗版产品降低成本，逃避税收，造成国家税收的流失。因此，关闭侵权网站、删除侵权盗

---

❶　任晓宁. 上海互联网企业积极响应"剑网行动"多举措营造互联网版权保护氛围［EB/OL］.［2019－04－08］. http：//www. ncac. gov. cn/chinacopyright/contents/518/362874. html.

版链接等行政责任形式不仅具有对著作权侵权人进行惩罚、对被侵权人进行救济的直接效果，还具有对社会公众进行引导、教育的间接效果。由于新兴媒体具有大众化、普遍化的特性，其侵犯著作权造成的社会公共利益损害覆盖面更广，追究行政责任所带来的社会效果也就更具有辐射效应。

三、新兴媒体侵犯著作权行政责任的发展趋势

新兴媒体侵犯著作权后由行政机关介入追究其行政责任，正成为一种普遍的趋势。例如，英国的专利纠纷行政处理制度，法国行政机关进行的"三振出局"，美国海关、贸易委员会等部门对知识产权的行政保护，泰国知识产权厅设有处理知识产权纠纷和打击知识产权侵权的专门机构，菲律宾国家警察局知识产权部门多次开展专项执法行动等。❶ 域外各国家或地区都基于本国历史传统和基本国情构建起知识产权行政保护制度，服务于本国的经济文化发展需求。综合当前我国新兴媒体侵犯著作权现状、著作权行政保护在新兴媒体良性发展中所发挥的重要作用以及 TRIPs 协议等国际条约对我国著作权保护的要求，我国著作权行政责任机制必将长期存在，并有如下发展趋势。

（一）主动行政执法与被动司法保护相补充

历经三十载探索与实践，我国在著作权领域的行政执法获得了国内外官方民间一致肯定，取得了极其成功的社会治理效果。❷ 但是，著作权侵权行政责任的适用必须坚持必要的限度，即以"损害公共利益"为限，应当明确著作权行政执法只是对著作权司法保护起到补充和辅助作用，应当防止著作权行政责任的过度扩张，超出权限之外惩处侵权人，进而为司法保护留有足够的空间。唯著作权侵权行为对公共利益造成损害或损害可能性时，著作权行政管理部门才得主动介入，这也符合我国政府向有限政府转型的行政改革目标之要求。❸ 有限政府要求把国家权力限制在最小的范

---

❶　邓建志. WTO 框架下中国知识产权行政保护 ［M］. 北京：知识产权出版社，2009：148.

❷　丛立先. 国家版权局机构改革与职能调整的法治保障 ［J］. 中国出版，2018（7）：13.

❸　赵光勇. 政府职能转变：有限政府与有效治理 ［J］. 中共杭州市委党校学报，2015（4）：62－63.

围内，只在为公共利益而必不可少的范围内才是正当的。❶ 目前行政保护和司法保护的衔接机制还有待加强，从具体实践角度看，需要解决行政保护与司法衔接中移交机制、侵权判断标准、证据规则等方面有较强操作性的问题。

（二）常态化监管与专项行动相结合

由于历史和社会的原因，我国现阶段运用专项行动机制打击著作权侵权行为具有正当性。但必须认识到，新兴媒体侵犯著作权行为具有持续发生、样态不断翻新的特点，打击侵权行为的战争注定是一场"持久战"，更需要统筹"战略战术"。虽然短期的专项行动也是重要的战术之一，但是意图通过短期的"运动式"行政执法打赢这场战争并不现实。新兴媒体侵犯著作权行为无处不在，因而常态化的行政执法、行政机制必不可少。日本文化产品海外流通促进机构（CODA）通过自动检测和删除更新等常态化监管方式，将电视上正在播放的节目纳入监测范围，联合三家主要广告团体共同分享侵权网站的清单，不在这些侵权站点上刊登广告，指导杀毒软件企业通过提示风险的方式警告用户不要打开侵权网站；责令谷歌搜索、雅虎搜索等搜索引擎停止显示盗版网站的搜索结果。❷ 因此，对专项行动中新出现的、符合时代发展需要的著作权行政干预形式，应当通过制度的形式予以长期坚持，并且形成更为明确的追责权限和行使程序，通过"专项行动"及时发现新问题，通过"常态化监管"解决立法的滞后性和不周延性弊端。

（三）行政干预机制创新与产业发展相联系

新兴媒体产业的发展是法律制度发展的推动力。著作权行政管理部门应根据产业发展情况进行针对性的行政干预创新，以保护公共利益为目标，兼顾产业发展的实际需求。经过多年的"剑网行动"，行政责任机制

---

❶ 罗豪才. 现代行政法制的发展趋势［M］. 北京：法律出版社，2004：263.
❷ 隋明照. 2018 中日著作权研讨会在沪举行［EB/OL］.［2019 - 06 - 01］. http：//www. ncac. gov. cn/chinacopyright/contents/518/390801. html.

正在向"行政干预机制"发展，而且随着新兴媒体技术的发展，一些国家还结合技术与产业发展的特点进行行政干预机制的创新，如法国、韩国、英国的"三振出局"机制❶、美国的"六振警告"机制等。❷ 其中，韩国的"三振出局"机制取法、美两国之长，行政执法机关采取暂停账户及公告栏服务的手段制止侵权行为，该做法既避免了侵害"言论自由"之嫌，又能排除现有的和潜在的互联网著作权侵权行为，同时还能兼顾网络服务提供者之利益。"三振出局"机制中值得我国借鉴的是：其一，将行政责任机制创新与产业发展的特征相结合，以"警告—惩罚"的渐进模式推进著作权行政执法；其二，对产业利益的兼顾，吸引网络服务提供者参与网络公共治理，为著作权行政管理部门提供技术上和管理上的支持，实现双方的共治共赢。

（四）软法措施与强制法措施并重

软法是原则上不具有完全的法律约束力的行为规则。❸ 实践中，行政调解、行政约谈、行政预警等典型的软法措施发挥着越来越重要的作用。从法社会学的角度看，任何纠纷的解决都不是以严格的规则主义为主的，而是以解决问题为主，仅依靠逻辑理性还不能完全理解和把握法律。❹ 新兴媒体侵犯著作权行为的发生，具有多元的社会原因，也是各种技术交融的结果，在实践中还具有违法后果扩散性、利益诉求多元化和用户参与性等特性。如果时时处处都以强制性的停业、罚款等为处置措施，不仅不能够有效制止侵权行为，而且会打压新兴媒体的发展，妨碍网络文化消费自

---

❶　2009 年修订的《法国著作权法》引入"三振出局"概念，成立独立政府机构互联网作品传播及权利保护高级公署（HADOPI），在网络用户经二次警告仍非法下载的情况下，对其全部或部分切断网络服务两个月至一年，并处最高 30 万欧元罚金。田扩. 法国"三振出局"法案及其对我国网络版权保护的启示 [J]. 出版发行研究，2012 (6)：6.

❷　美国于 2013 年正式启动六振版权警告系统，此机制共包括六次警告，并未赋予断网的权力，仅起警示教育作用，缺乏制止侵权的强制力，第六次警告后，用户如仍然持续版权侵权行为，也并无惩戒措施。这也是该系统实施四年后便宣告其终结的主要原因。夏劲钢. 从"三振出局"到"六振警告"：美国版权保护路径选择对我国的启示 [J]. 科技与出版，2018 (10)：98.

❸　姜明安. 法治思维与新行政法 [M]. 北京：北京大学出版社，2013：209.

❹　田成有. 中国法治进程中的民间法运用 [EB/OL]. [2019 – 05 – 17]. http：//www.doc88.com/p – 147660836629. html.

由。著作权行政管理部门探索更加多元的行政干预措施，积极地引导新兴媒体产业的健康发展。目前，这些软法措施还存在制度上的不足，就行政调解制度而言，应当构建行政调解协议诉前司法确认机制，强化行政调解协议之效力，使当事人取得依据人民法院司法确认的行政协议申请法院强制执行之权利。❶ 约谈、预警等行政干预机制，还没有形成明确的法律依据，具体的启动程序也需要更加规范化。

四、完善相关法律制度及配套机制的对策建议

新兴媒体侵犯著作权的行政责任具有充分的理论正当性，其不同于民事责任与刑事责任的特殊性在于责任追究过程具有更强的主动性、责任干预形式的创新性、责任追究效果具有更广的社会性。新兴媒体侵犯著作权行政责任机制的发展呈现主动行政执法与被动司法保护相补充、常态化监管与专项行动相结合、行政干预机制创新与产业发展相联系、软法措施与强制法措施并重的趋势。因此，为推进新兴媒体和传统媒体的融合发展，更好地发挥行政保护机制的作用，有必要对相关法律制度和配套机制进行完善，具体包括以下方面。

首先，完善新兴媒体著作权行政责任法律体系。不仅将行政处罚停留在罚款层面，同时还可以将责令停产停业、吊销营业执照等处罚手段纳入其中，并明确"约谈""发布预警信息"等新型干预形式适用的法律依据，从而构建一个多重处罚体系和行政干预机制，依据侵权违法行为的严重程度而依次适用，增强追究行政责任的威慑力。完善著作权行政管理部门进行约谈的法律规范，明确著作权行政约谈机制的功能定位，提升规范的效力等级，防止著作权行政管理部门滥用行政约谈机制，使其发挥引导产业健康发展的效用。例如，著作权行政管理机关对于可能出现的严重侵权行为（如果不及时约谈将产生扩散的可能），可以采取约谈措施，并及时将约谈结果向关联企业、行业协会等通报。国家著作权行政管理部门依据法定程序，及时发布"重点作品保护白名单"以及其他侵权预警信息。著作权行政管理机关发布预警信息的作品，网络服务提供者应该采取必要的过

---

❶ 何炼红 . 论中国知识产权纠纷行政调解 [J]. 法律科学，2014（1）：163.

滤技术防范该类侵权行为的发生。

其次，加强行政保护与司法保护的衔接。著作权行政保护与司法保护的衔接，涉及两个方面的内容：（1）在追究行政责任后，著作权人向人民法院提起民事诉讼，行政执法中的证据材料、判定标准、处罚措施与民事司法保护的衔接。对著作权行政管理部门查处的侵犯著作权行为，当事人向人民法院提起诉讼追究该行为人民事责任的，人民法院应当受理。人民法院审理已经过著作权行政管理部门处理的侵犯著作权行为的民事纠纷案件，应当对案件事实进行全面审查。❶（2）著作权行政管理部门在查处侵犯著作权案件过程中，发现该行为涉嫌构成犯罪的，应当依照有关规定将案件移送司法部门，此时涉及著作权行政保护与刑事司法问题的衔接。其中包括行政执法机关与行政执法机关、行政执法机关与检察机关、检察机关与法院等方面的衔接。对此，《著作权法》可以借鉴比较成熟的行政法规的规定，明确著作权行政管理部门发现查处的违法行为，根据我国《刑法》规定涉嫌构成犯罪的，应当由该著作权行政管理部门制作涉嫌犯罪案件移送书，并连同有关材料和证据及时移送有管辖权的司法部门。

最后，建立著作权信用评价体系。探索建立与著作权保护有关的信用标准，将恶意侵权行为纳入社会信用评价"黑名单"，这有利于将日常执法与"剑网行动"等专项行动中进行有效联系，将查处的群体侵权、重复侵权名单予以固定，提高执法效率，实现对新兴媒体的常态化监管。具体包括：（1）制定一套合理的信用评价规则，统一评价标准；（2）充分利用信息技术，建立著作权信息平台，建立企业与个人的著作权信用档案，对作品使用进行监管与信用评价；（3）建立健全奖惩机制，对于信用评级低于特定标准的主体受市场准入之限制，引导搜索引擎、安全软件以及广告商等及时停止与信用评价负面的新兴媒体开展合作，增加侵权违法成本，对侵权违法行为产生更强的震慑力。

---

❶　《最高人民法院关于审理著作权民事纠纷案件适用法律若干问题的解释》第3条："对著作权行政管理部门查处的侵犯著作权行为，当事人向人民法院提起诉讼追究该行为人民事责任的，人民法院应当受理。人民法院审理已经过著作权行政管理部门处理的侵犯著作权行为的民事纠纷案件，应当对案件事实进行全面审查。"

第七章

新兴媒体融合发展的著作权
制度完善与战略对策

 著作权作为一种动态的权利，其权利内容与边界随着科学技术的发展
而不断变化。新兴媒体融合发展环境下，面对不断变化的新技术、新形
势、新情况与新问题，著作权制度必须予以回应，进行适当的修改与调
整。著作权制度的完善是一项十分复杂的工作，涉及多元化主体的利益博
弈，力求实现权利的再平衡与利益的共分享。因此需要结合新兴媒体时代
特点与发展趋势，对权利配置、权利限制、权利利用、权利保护等规定进
行修改。同时，根据著作权利益分享理论，著作权制度的合理性建立在市
场选择和政策选择的基础之上，在新兴媒体融合发展中需要发挥市场的力
量，制定国家层面的著作权政策，将著作权制度完善与相关政策要求结合
起来；制定企业、行业层面的著作权战略，形成全方位的著作权创造、运
用与保护体系，以便于新兴媒体市场主体的规范与应对。

第一节　新兴媒体融合发展与著作权制度完善

 新兴媒体融合发展中的著作权制度完善，首先表现为著作权立法的完
善，具体体现在我国《著作权法》以及相关行政法规、司法解释的修改
中。新兴媒体融合发展并没有影响到著作权法的一般体系，因而其立法完
善必须遵循既有的基本原则和框架。历时 10 年，2020 年 11 月 11 日，十

三届全国人大常委会第二十三次会议表决通过了关于修改《中华人民共和国著作权法》的决定。新修正的《著作权法》于 2021 年 6 月 1 日起正式施行。十年的修法进程充分体现了开门立法、科学立法的精神，不少制度规则积极回应新兴媒体融合发展的新要求，具有时代意义。当然也应看到，立法完善永远在路上。与此同时，现行《著作权法》的一些新的内容也需要通过完善行政法规和更新司法解释的方式进行具体化。本节针对前文分析的主要问题，提出具体的制度完善建议。

一、基本原则

为了规范新兴媒体的行为，实现著作权法的立法目的，著作权修法要遵循保护著作权人合法利益的原则、激励作品创作和传播的原则以及实现利益分享的原则。

（一）保护著作权人合法利益的原则

作者的辛勤创作和传播者的智力付出是文学和艺术繁荣的源泉。新兴媒体融合发展环境下，作品的传播方式发生了巨大变革，一部优秀的作品将为社会带来前所未有的精神财富。加强对著作权人利益的保护，承认著作权人对作品、表演、录音制品、广播节目等理应享有的利益，是著作权法得以存在的根基，也是著作权法的基本要求。这有助于保护作者的创作积极性和传播者的传播能动性，增加整个社会的精神财富。[1] 与此同时，新兴媒体融合发展中出现一些新的利益关系，需要结合时代需要进行适度的调整，法律的调整本身也是维护著作权人合法利益诉求的体现。

（二）激励作品创作与传播的原则

著作权法的立法目的是保护文学、艺术和科学作品的著作权，以及与著作权有关的权益，鼓励有益于社会主义精神文明、物质文明建设的作品的创作和传播，促进社会主义文化和科学事业的发展与繁荣。无论新兴媒体遇到何种著作权问题，都应该遵循创作与传播同等重要的制度衡量标

---

[1]　吴汉东. 知识产权法 [M]. 北京：北京大学出版社，2005：41.

准，不能因为鼓励创作而影响传播，也不能因为要推动传播而妨碍创作。由于新兴媒体是传播的重要渠道，传统媒体是内容创作的重要平台，所以保护新兴媒体和传统媒体的合法利益同等重要，不可偏废。

（三）推动实现著作权利益分享的原则

利益分享是新兴媒体融合发展中著作权的正当性基础，也是新兴媒体时代著作权追求的价值目标。著作权法实现利益分享的基本途径是合理的权利配置、适当的权利限制、有效的权利利用和均衡的权利保护。新兴媒体融合发展中出现的各种纠纷，在个体利益考量的同时，也不能脱离新兴媒体技术及其带来的产业需求和战略要求。在法律制度设计上，需要结合我国媒体产业发展的实际，按照市场选择和政策选择的方式，保障传统媒体产业的软实力，激发新兴媒体产业的活力，推进我国媒体产业的高质量良性发展。

二、《著作权法》的完善

2020 年《著作权法》修改结束后，我国著作权立法水平进一步提高，许多新兴媒体融合中的著作权法律问题得到解决。本部分在现有规则的基础上，针对前文分析的主要内容，提出进一步完善立法的若干思考，具体的修改建议包括以下方面。

（1）针对口头作品的保护作出特别规定。考虑到新兴媒体环境下"口头作品"都可以以数字形式固定，没有固定的口头作品不应纳入保护范围。（2）规定更为宽泛的、能够涵盖 CAD 模型等数字样态的图形作品和模型作品，将 3D 打印技术带来的立体作品纳入调整范围。（3）著作财产权的体系化。将著作人身权和著作财产权分别规定，著作人身权是作者对作品署名和完整性所享有的精神利益，著作财产权是对作品进行再现所享有的财产利益。著作财产权包括有形再现权、传播权和演绎权。传播权包括播放权、信息网络传播权、表演权等权利。（4）进一步完善合理使用的规则。除了传统媒体外，应当将网络这一新兴全球性信息媒体纳入合理使用的主体之中。同时，采取开放式的合理使用情形立法模式，将《著作权法》第 24 条第 1 款第 13 项中的"法律、行政法规规定的其他情形"修改为"合理使用的其他情形"。（5）著作权许可合同条款的完善。将有关技术措施的要求写入著作权许可使用和转让合同之中。（6）规定新兴媒体可借助著作权交易平台利用作品。使用者可以通过版权交易平台与权利人及相关权利人进行交易，包括著作权交易、代理登记、信息查询、评估和转授权等，版权交易平台的权利声明具有等同于要约的法律效力，版权交易平台应定期公示著作权交易信息。（7）保障著作权商业运营公司的合法利用行为，对于违法开展诉讼运营的行为予以规制。著作权人委托商业运营公司从事著作权许可、转让以及其他利用著作权的活动，著作权商业运营公司可以以自己的名义进行交易活动并提起诉讼。著作权商业运营公司以自己的名义从事上述业务活动应在著作权行政管理部门备案。著作权商业运营公司在维权过程中实施强制勒索、滥用著作权、恶意诉讼等行为，由相关管理部门依法追究其法律责任。（8）规定新闻作品著作权许可合同的集体协商制度。著作权人许可网络媒体利用新闻作品的，权利人、传统媒体和新兴媒体可以依法组建媒体联盟，针对著作权许可合同条款进行集体协商。（9）调整音乐作品独占许可，将新兴媒体音乐作品独占许可的期限限制在 12 个月以内。（10）将录音制品法定许可拓展到新兴媒体领域。录音制品首次出版 12 个月后，其他录音制作者可以不经著作权人许可，使用其音乐作品制作录音制品，并将其上传到信息网络进行发行、传播，但应当支付报酬。未按照法定的标准在规定期限支付使用费的，权利人有权请求著作权行政管理部门撤销该法定许可。法定许可被撤销后，制作录音制品的行为构成侵权，依法承担法律责任。（11）规定网络广播组织者权。网络播放组织有权禁止未经其许可将其播放的节目进行转播，或将其播放的内容予以固定、复制或者传播。该权利的保护期为 50 年，截止于首次网络播放后第 50 年的 12 月 31 日。（12）完善广播组织播放权的法定许可规则。广播电台、电视台以及网络广播组织播放他人已经发表的作品，应当取得著作权人许可，并支付报酬。广播电台、电视台以及网络广播组织同步转播已经播放的作品，在未对初始传播信号进行任何改变的情形下，可以不经著作权人许可，但应当支付报酬。（13）建立著作权行政保护中的约谈和预警规则。著作权管理部门对于可能出现的严重侵权行为，如果不及时约谈将产生无法预料的后果，可以采取约谈措施，对于约谈的结果应该及时向权利人、关联企业、行业协会等进行通报。经权利人申请并审查后，发布"重点作品保护白名单"以及其他侵权预警信息。

三、《著作权法》配套规定的修改与完善

（一）《著作权法实施条例》的修改与完善

《著作权法实施条例》是针对《著作权法》中规定的基本范畴进行界定以及不宜在《著作权法》规定的制度进行补充细化的行政法规。根据前文的研究，应当结合《著作权法》内容对《著作权法实施条例》相关条款进行调整，同时增补若干规定，为新兴媒体融合发展的著作权制度运行构建相应的配套机制。具体包括：（1）对作品的界定和完善。视听作品是指由一系列有伴音或者无伴音的连续画面组成，并且能够借助技术设备被感知的作品，包括电影作品以及其他视听作品。图形作品是指为施工、生产、数字打印而绘制的工程设计图、产品设计图、计算机辅助设计图。模型作品是指为展示、试验、观测、数字打印等用途，根据物体的形状和结构，按照一定比例制成的立体作品。（2）对单纯事实消息和时事性文章进行界定和区分。单纯事实消息是指通过报纸、期刊、广播电台、电视台、网络等媒体报道，表达具有唯一性且不具备独创性的客观事实；时事性文章是指由党政机关及其媒体工作人员创作，内容具备时效性、重大性、权威性、非学术性的新闻作品。（3）确立传统媒体平台的集中许可资格。投稿、约稿作品著作权人如果许可报刊单位使用其作品，互联网等媒体对该作品进行转载，应当获得报刊单位的许可并向其支付报酬。报刊单位应该将获得的报酬按照约定提取一部分管理费用后，转付给著作权人。（4）规定行政保护和司法保护进行衔接的基本要求。著作权管理部门在查处侵犯著作权案件过程中，发现该行为涉嫌构成犯罪的，应当依照有关规定将案件移送司法部门。著作权管理部门应当制作涉嫌犯罪案件移送书，并连同有关材料和证据及时移送有管辖权的司法部门。行政执法部门依法收集、调取、制作的物证、书证、视听资料、检验报告、鉴定结论、勘验笔录、现场笔录，经公安机关、人民检察院审查，人民法院庭审质证确认，可以作为刑事证据使用。行政执法部门制作的证人证言、当事人陈述等调查笔

录，公安机关认为有必要作为刑事证据使用的，应当依法重新收集、制作。（5）建立著作权信用管理制度。著作权管理部门应建立与著作权保护有关的信用标准，将恶意侵权行为纳入社会信用评价负面名单，对于信用评级低于特定标准的主体进入市场实行准入限制。

（二）《著作权集体管理条例》的修改与完善

《著作权集体管理条例》是专门规定著作权集体管理组织设立条件及其活动规则的行政法规。新兴媒体利用著作权离不开集体管理制度的完善与创新。在新兴媒体利用音乐作品、新闻作品等过程中，都需要建立更为完备的集体管理规则。具体完善的建议包括：（1）确立集体管理组织的竞争性规则。探索不以权利为标准而是以著作权客体和新兴媒体形态为媒介的集体管理机构，取消集体管理组织之间业务不得交叉重叠的限制，引入多家著作权集体管理组织进行竞争，形成更为合理的集约化集体管理模式，为著作权集体管理活动注入新的活力。（2）允许著作权人在加入集体管理组织后，仍可以自行进行著作权利用，同时以一定的制度保障这种利用不会妨碍著作权集体管理的开展。

（三）《信息网络传播权保护条例》的修改与完善

《信息网络传播权保护条例》是专门针对信息网络传播权特殊规则进行立法的行政法规。由于新兴媒体传播的基本特征是交互性传播，所以新兴媒体融合发展中的著作权制度问题集中表现为信息网络传播权制度问题。换言之，《信息网络传播权保护条例》是规范新兴媒体融合发展中著作权问题的基本法律依据。《信息网络传播权保护条例》应当结合最新发展趋势，为新兴媒体融合发展提供制度保障，具体的修改建议包括：（1）针对信息网络传播权合理使用的特殊情形，以若干专门条文的形式，规定社交媒体非竞争使用构成合理使用、视障群体信息网络传播权合理使用的规则等；（2）完善非营利图书馆信息网络传播权合理使用规则，扩大网络环境下图书馆内作品合理使用的范围，保护社会公众获得知识与信息的权利；（3）完善网络远程教育机构信息网络传播权的限制规则，推动文化教育事业的发展；（4）建立非营利性新兴媒体信息网络传播权默示许可规则；（5）对深层次链接采取实质呈现标准，并且针对新闻聚合媒体等规定"补偿金"制度；（6）规定网络服务提供者的法律义务，推动网络服务机构积极参与互联网共同治理。

（四）相关司法解释的修改与完善

著作权法的修改提出了更新相关司法解释的要求。司法机关应在总结已有案例的基础上，深入领会学习著作权法的最新准则，结合最新的司法实践，制定新的著作权法司法解释，完善已有的司法解释。具体包括：（1）明确解释部分著作权条款的基本文义。例如向公众提供、播放等文义的基本含义，明确广播电视节目和广播电视信号的区别，明确媒体工作人员的基本范围等。（2）对作品的定义及兜底条款作出进一步解释，建立较为统一的"独创性""以一定形式表现""其他智力成果"的裁判标准，为人工智能生成物、体育节目赛事直播画面、网络游戏直播画面、短视频等案件的裁判提供指导。（3）明确著作权保护的相关条款的基本含义。例如，解释惩罚性赔偿中的计算基点以及"情节严重"的情形等。

第二节　新兴媒体融合发展的著作权战略对策

新兴媒体融合发展的著作权制度应对与变革，离不开著作权法律制度的修改与完善，同时也必须根据时代发展提出战略对策。在媒体融合战略和版权强国战略的双重战略叠加之下，公共政策层面的国家战略考量和市场运行层面的企业战略应对不可偏废。著作权制度的构建涉及各方利益主体，是一项庞大而又复杂的工作，必须在战略框架下进行审视，这也是著作权利益分享理论的必然要求和充分体现。因此，按照市场选择和战略抉择的理论指引，制定新兴媒体的著作权发展战略，为著作权制度的应对与变革确定精准的方向和提供运行的场域。新兴媒体融合发展的著作权的战略包括国家层次的发展战略和企业层面的应对战略，本节就此展开分析。

一、新兴媒体融合发展中的国家著作权战略

从战略上看，新兴媒体融合发展中的著作权问题并不是都可以从著作

权制度层次进行解决。构建新兴媒体融合发展的国家著作权战略，就是要充分认识新兴媒体融合发展的国家战略属性，提升著作权制度建设与其他制度完善之间的契合度，积极推动著作权制度与其他规定形成有效的衔接，实现著作权法律体系内部自洽和外部协调的统一，实现著作权基本政策和具体措施的统一。

（一）不断完善各项关联性立法和配套政策

首先，完善新兴媒体融合发展的法律制度。主要有以下方面的重点内容：（1）新兴媒体融合发展中网络私法规则的协调统一。例如，《民法典》明确网络侵权责任，是新兴媒体合规运行的基本制度保障，随着新兴媒体种类及其技术的发展，同样需要依据《民法典》构建位阶更为合理的新兴媒体侵权行为类型化体系，实现新兴媒体侵犯著作权规则和侵犯隐私权、个人信息权、其他知识产权等法律规则的有机统一。（2）新兴媒体融合发展中网络行政管理规定的协调统一。例如，国家互联网信息办公室通过《互联网信息内容管理行政执法程序规定》，规范网络违法行为的行政执法程序。（3）新兴媒体融合发展中的程序法机制的完善。例如，针对网络服务提供者在海外设置服务器进行域内管辖的规定，结合信息技术的最新发展，建立电子证据的认定标准等。（4）新兴媒体融合发展中网络综合性法律的协调统一。例如，2018 年通过的《电子商务法》第 41～42 条、第 45 条对"通知—删除"规则、"通知—公示"义务进行细化，为现行著作权法的相关规定进行了有效的补充。

其次，制定并不断完善新兴媒体融合发展的著作权政策。主要包括两个方面：（1）新兴媒体融合发展的著作权关联政策。通过落实已有的媒体融合政策，总结成功的发展模式，建立与著作权政策相互配套、相互联系的新兴媒体技术创新政策、新兴媒体经济扶持政策、新兴媒体产业发展政策、新兴媒体人才培养政策、新兴媒体社会教育政策等政策体系。（2）新兴媒体融合发展的著作权本体政策。本体政策是新兴媒体融合发展中的著作权创造、保护、运用、管理、服务等政策构成的完整体系。在制定《知识产权强国战略纲要》、"著作权工作规划"和"著作权行动计划"等知识产权本体政策时，应该重视推进理论创新和实践创新，不断加强著作权本体政策体系的构建。依据新兴媒体融合发展的特性，研究新兴媒体融合发展中的著作权需求，完善著作权运用、保护与服务模式，建立政府、企业、公众共治的新兴媒体著作权战略。

（二）大力提高新兴媒体的著作权创造水平

首先，提高新兴媒体创作优秀版权作品的积极性。新兴媒体不应该是侵权使用的代名词，而应该成为文艺创作的生力军。国家可通过新兴媒体优秀版权作品申报、新兴媒体高价值内容精品培育等措施，通过著作权等权利的制度激励保障投资者和创作者的合法利益，让具有经济效益和社会效益的新兴媒体获得丰厚的物质回报和精神激励，让更多的优质内容资源走向国际舞台，通过新兴媒体的对外输出和国际化传播获取更高的价值和利益。同时，推动传统媒体和新兴媒体在作品创作上的合作，发挥协同优势，以渠道优势带动内容生产质量的提升。

其次，大力发展新兴媒体产业。加快新兴媒体产业的信息宣传、资源收集、价值评估、开发重塑、调查发布和协作共享等平台功能建设，积极推动评选优质新兴媒体企业，注重提升该类产业的社会价值和经济价值。强化著作权支撑聚合媒体、视听新媒体、社交媒体、门户网站等媒体产业发展的能力建设，拓展新兴媒体的产业链和价值链，通过优秀的新兴媒体企业聚集互联网作品资源，形成新兴媒体发展的样板，持续推动传统媒体产业和新兴媒体产业的同步发展。

（三）着力提升新兴媒体著作权运用能力

首先，支持发展新兴媒体著作权交易平台。依托著作权集体管理组织、行业协会等社会组织，在充分发挥市场机制的基础上，通过社会开发和政府资助相互结合的方式，构建 3~5 家具有较高信用度、活跃度的著作权人与新兴媒体著作权交易公共服务平台。加大对著作权交易平台的投资，为其提供相应的设备、场地与人力支持。同时，制定相应标准与要求，积极推进视听作品、音乐作品、新闻作品、摄影作品、网络文学作品的市场交易。通过制度建设避免长期独家授权等违反自由竞争的情况出现，为著作权交易平台的良性、规范运营提供保障。实施数字版权技术研发工程，鼓励企业利用数字版权保护技术，开展数字版权保护技术巡展和培训活动，为新闻出版单位、影视 App、数字音乐平台提供良好的技术支持。形成数字版权保护技术标准体系，提高原创作品的侵权难度，并为后续侵权行为的追踪提供精确的定位。

其次，引导并规范新兴媒体著作权商业运营机构的发展。新兴媒体的发展为著作权商业运营机构提供了广阔的市场，向新兴媒体收取著作权使用费、代理著作权侵权诉讼已成为著作权运营机构的重要经营来源，与此同时也滋生了一系列不诚信的商业运营方式。对于一些滥诉现象频发的公司，应当降低其信用评价，并将企业的信用评价作为日后向其提供资金、数字版权保护技术等政策扶持的参考标准，同时为著作权人委托相关机构提供正确的指引。著作权运营机构信用评价体系可以在一定程度上对有关机构起到警惕与威慑作用，进而从源头上减少不合理的著作权运营模式，有助于形成健康、有序的著作权运营市场。

（四）加大新兴媒体融合发展中的著作权保护

首先，开展热点领域专项治理活动。对通过聚合链接、破坏技术措施等方式进行的侵权盗版行为进行查处，鼓励与支持传统新闻媒体与新兴媒体之间的版权合作，探索有效的网络转载版权许可付酬机制。通过建立作品"白名单"，加大对重点作品的主动监管，进而规范著作权市场秩序。禁止网络内容提供者直接或者间接提供预警名单中的作品，并对网络搜索、链接服务商的删除、断开链接义务进行规定。建立重点网站、App 等新兴媒体监管制度。加强主流新兴媒体的监管，对其上传的、点击率高的作品著作权授权文件进行检查，对于未经授权而上传或者授权文件过期的作品进行删除。

其次，建立体系化、多元化的保护机制。加强新兴媒体融合发展中的著作权行政保护和司法保护，发挥行业协会、社会团体、版权保护联盟等的作用，积极建立以司法、行政、仲裁和调解相结合的知识产权保护体系。加强著作权行政执法机构与网站接入电信管理机构的合作，对以从事盗版为业的网站及时予以处理。加强行政机关和司法机关的联动，实现行政执法权与民事司法的有效对接。完善知识产权专门审判机构，加强互联网法院的体制改革与审判机制创新，改进网络环境下著作权审判管辖的原则，切实发挥司法保护的主导作用。充分依托各类人民团体、行业协会和专业的仲裁调解机构，开展新兴媒体与传统媒体纠纷的调解仲裁工作，从源头化解各种纠纷，运用非诉讼机制有效缓解可能激化的冲突。

二、新兴媒体融合发展中的企业著作权战略

随着媒体融合的深入发展，著作权日益成为新兴媒体企业的战略性资源和竞争力的核心要素，成为提升其创新能力和发挥其渠道优势的重要支撑，对于传统媒体企业向网络空间延伸，以及新兴媒体的可持续发展均具有重要的战略作用。新兴媒体融合发展的著作权制度应对和变革，不仅着眼于国家层面的战略环境改善，而且更需要企业的自发设计和战略布局。

（一）建立新兴媒体企业的著作权管理机构和制度

我国当前大多数新兴媒体企业还处于被动应对著作权纠纷、防范著作权侵权的阶段，也没有将著作权管理提升到企业战略层面。随着新兴媒体融合发展的持续推进，传统媒体和新兴媒体、新兴媒体之间的竞争会不断加剧，新兴媒体企业应该自觉建立适合本企业发展实际的管理机构，推动著作权技术、法务和管理人才聚集与贯通。在新兴媒体企业最高层统一指导、专门著作权管理机构具体协调下，针对著作权等知识产权问题确立统一的投诉处理规则，出台相应的管理办法和建立具体的管理制度。对于综合性的新兴媒体企业，还需要加强平台上版权侵权问题的管理，出台平台版权管理规范，制定《不当使用他人权利规则与实施细则》等内部制度，较为迅速地处理短视频上传、微信公众号、视频分享网站中的侵权盗版问题，避免自身作为共同侵权者的被诉风险，也可以维护权利人的合法利益。

（二）拓展新兴媒体企业著作权运用的渠道和途径

新兴媒体企业积极开发属于自己的著作权交易平台。针对视听作品、新闻作品、音乐作品、网络文学作品等作品类别，建立适合新兴媒体与文化消费者利用著作权的交易平台，为每个用户提供有偿或者无偿的作品消

费服务。在向网络用户提供自创作平台或社交媒体空间时，著作权交易平台应严格审查原创作者的身份和购买者的资格，评估交易双方的信用度，建立黑名单制度。由于新兴媒体的基本优势并不在于原始信息资源的积累，新兴媒体还可以通过购买获取优质版权内容，与传统媒体合作搭建优质产品营销管道，为打造"正版文库"铺路。与此同时，探索以著作权 IP 为核心的产业全链条开发模式，通过授权许可、转让、投融资、担保、保险等方式挖掘著作权价值，实现跨领域、跨平台、跨产业的全面布局。

（三）构建新兴媒体企业著作权自助保护和维权体系

首先，构建新兴媒体企业的自助保护体系。新兴媒体平台可以为用户开通"原创声明"功能系统。该系统将待发表的作品与网络数据库进行比对，为拥有合法著作权的作品添加"原创"标识，同时可勾选"允许转载"或"禁止转载"两种转载类型，被打上"原创"标记的文章如果被转载，系统会自动为其注明出处，同时还针对原创作品开通"打赏"功能，进而激励著作权人进行优质的创作。目前，微信公众平台、今日头条等新兴媒体已开通"原创声明"功能，其他企业也可以建立防范措施，从源头上降低侵权行为的发生。新兴媒体企业还可以积极利用技术措施对"洗稿"等侵权行为进行比对甄别，具体涉及同义词识别、同义词转换、相同字数占比等要素，通过自定的技术标准和过滤手段主动防范侵权行为。此外，新兴媒体企业应当以大数据、区块链等技术为依托，开发智能、专业的著作权反侵权系统，对侵权行为实施在线识别、实时监测、源头追溯。❶ 利用数字加密技术限制作品的访问，通过区块链技术对侵权行为进行存证等。

其次，成立新兴媒体著作权联盟。互联网的发展使各大新兴媒体平台之间的竞争愈发激烈，一味强调竞争最终往往导致两败俱伤的结果。面对激烈的市场竞争环境，与其单打独斗，不如建立新兴媒体间的著作权联盟，实现强强联手，共同打造良好的著作权保护环境。新兴媒体著作权联

---

❶ 中国信息通信研究院. 2018 年中国网络版权保护年度报告（摘要版）［N］. 中国新闻出版广电报，2019－04－29（T08）.

盟旨在通过行业自律保护著作权，抵制各类侵权行为，集中资源解决侵权诉讼。除了新兴媒体企业之间建立联盟外，也应当构建传统媒体与新兴媒体的著作权运营与保护联盟，通过联盟方便内容资源的整合、技术平台的共享，进而创造出更多具有价值的内容和报道，实现媒体融合中的"帕累托最优"。

综合以上分析可知，新兴媒体融合发展是一项国家战略，在实施这一重大国家战略的时候，著作权制度的应对和变革也必须具有战略视野。新兴媒体融合发展的著作权战略包括国家和企业两个重要层面。通过政府外部政策的保障，为新兴媒体著作权的运用与保护创造良好的环境和发展空间。依托企业的市场主体地位，强化媒体产业价值链中的著作权创造、运用和保护，实现新兴媒体和传统媒体的利益分享。

参考书目

［1］Siva Vaidhyanathan. Copyrights and copywrongs：The rise of intellectual property and how it threatens creativity ［M］. New York：New York University Press，2001.

［2］Jessica Litman. Digital copyright ［M］. New York：Prometheus books，2001.

［3］John V. Martin. Copyright：Current Issues and Laws ［M］. New York：Nova Science Publishers，2002.

［4］Gillian Davies & Honorary. Copyright and the Public Interest ［M］. London：London Sweet & Maxwell，2002.

［5］Cohen，Julie E.，et al. Copyright in a global information economy ［M］. Provincie Zuid – Holland：Wolters Kluwer，2015.

［6］Paul Goldstein. Copyright Highway：From Gutenberg to Celestial Jukebox ［M］. California：Stanford University Press，2003.

［7］Martin Senftleben. Copyright，limitations，and the three – step test：an analysis of the three – step test in international and EC copyright law ［M］. Provincie Zuid – Holland：Kluwer Law International BV，2004.

［8］Stephen M，Mcjohn. Copyright：Examples and Explanations ［M］. New York：Aspen Publishers，2006.

［9］Lucie Guibault & Chistina Angelopoulos et al. Open Content Licensing：From Theory to Practice ［M］. Amsterdam：Amsterdam University Press，2010.

［10］Jessica Reyman. The Rhetoric of Intellectual Property：Copyright Law and the Regulation of Digital Culture ［M］. London：Routledge，2010.

［11］Cory Doctorow. Information doesn't Want to Be Free：Laws for the Internet Age ［M］. San Francisco：McSweeney's Publishing，2014.

［12］劳伦斯·莱斯格. 思想的未来 ［M］. 李旭，译. 北京：中信出版社，2004.

［13］劳伦斯·莱斯格. 代码：塑造网络空间的法律 ［M］. 李旭，等译. 北京：中信出版社，2004.

［14］M·雷炳德. 著作权法［M］. 张恩民, 译. 北京：法律出版社, 2005.

［15］威廉·W. 费舍尔. 说话算数：技术、法律以及娱乐的未来［M］. 李旭, 译. 上海：上海三联书店, 2008.

［16］迈克尔·盖斯特. 为了公共利益：加拿大版权法的未来［M］. 李静, 译. 北京：知识产权出版社, 2008.

［17］保罗·戈斯汀. 著作权之道：从谷登堡到数字点播机［M］. 金海军, 译. 北京：北京大学出版社, 2008.

［18］约翰·冈茨, 杰克·罗切斯特. 数字时代, 盗版无罪［M］. 周晓琪, 译. 北京：法律出版社, 2008.

［19］威廉·W. 费舍尔. 说话算数：技术、法律以及娱乐的未来［M］. 李旭, 译. 上海：上海三联书店, 2008.

［20］劳伦斯·莱斯格. 免费文化：创意产业的未来［M］. 王师, 译. 北京：中信出版社, 2009.

［21］约斯特·斯密尔斯, 玛丽克·范·斯海恩德尔. 抛弃版权：文化产业的未来［M］. 刘金海, 译. 北京：知识产权出版社, 2010.

［22］安守廉. 窃书为雅罪——中华文化中的知识产权法［M］. 李琛, 译. 北京：法律出版社, 2010.

［23］田村善之. 日本知识产权法［M］. 周超, 等译, 北京：知识产权出版社, 2011.

［24］北川善太郎. 著作权交易市场——信息社会的法律基础［M］. 郭慧琴, 译. 武汉：华中科技大学出版社, 2011.

［25］迈克尔·A. 艾因霍恩. 媒体、技术和版权：经济与法律的融合［M］. 赵启杉, 译. 北京：北京大学出版社, 2012.

［26］简·梵·迪克. 网络社会：新媒体的社会层面［M］. 蔡静, 译. 北京：清华大学出版社, 2014.

［27］柯利·多克托罗. 资讯分享, 锁得住？［M］. 朱怡康, 译. 台北：远足文化事业股份有限公司, 2015.

［28］西尔克·冯·莱温斯基. 国际版权法律与政策［M］. 万勇, 译. 北京：知识产权出版社, 2017.

［29］图比亚斯·莱特. 德国著作权法［M］. 张怀岭, 等译. 北京：中国人民大学出版社, 2019.

［30］吴汉东. 著作权合理使用制度研究［M］. 北京：中国政法大学出版社, 2005.

［31］吴汉东. 知识产权多维度解读［M］. 北京：北京大学出版社, 2008.

［32］饶明辉．当代西方知识产权理论的哲学反思［M］．北京：科学出版社，2008．

［33］王迁，王凌红．知识产权间接侵权研究［M］．北京：中国人民大学出版社，2008．

［34］王迁，Lucie Guibault．中欧网络版权保护比较研究［M］．北京：法律出版社，2008．

［35］王迁．网络版权法［M］．北京：中国人民大学出版社，2008．

［36］邹忭，孙彦．案说信息网络传播权保护条例［M］．北京：知识产权出版社，2008．

［37］易健雄．技术发展与版权扩张［M］．北京：法律出版社，2009．

［38］郑成思．版权法（上）（下）［M］．北京：中国人民大学出版社，2009．

［39］李明德等．欧盟知识产权法［M］．北京：法律出版社，2010．

［40］王景川，胡开忠．知识产权制度现代化问题研究［M］．北京：北京大学出版社，2010．

［41］冯晓青．著作权法［M］．北京：法律出版社，2010．

［42］陈明涛．网络服务提供商版权责任研究［M］．北京：知识产权出版社，2011．

［43］王振清．网络著作权经典判例（1999—2010）［M］．北京：知识产权出版社，2011．

［44］吴伟光．网络环境下的知识产权法［M］．北京：高等教育出版社，2011．

［45］罗向京．著作权集体管理组织的发展与变异［M］．北京：知识产权出版社，2011．

［46］胡开忠，陈娜，相靖．广播组织权保护研究［M］．武汉：华中科技大学出版社，2011．

［47］韦景竹．版权制度中的公共利益研究［M］．广州：中山大学出版社，2011．

［48］何贵忠．版权与表达自由：法理、制度与司法［M］．北京：人民出版社，2011．

［49］朱理．著作权的边界：信息社会著作权的限制与例外研究［M］．北京：北京大学出版社，2011．

［50］王迁．网络环境中的著作权保护研究［M］．北京：法律出版社，2011．

［51］杨柏勇．网络知识产权案件审判实务［M］．北京：法律出版社，2012．

［52］朱江．北京市第二中级人民法院经典案例分类精解：网络知识产权卷［M］．北京：法律出版社，2013．

［53］郑重．数字版权法视野下的个人使用问题研究［M］．北京：中国法制出版社，2013．

[54] 李琛. 著作权基本理论批判 [M]. 北京：知识产权出版社，2013.

[55] 蔡翔，王巧林，等. 版权与文化产业国际竞争力研究 [M]. 北京：中国传媒大学出版社，2013.

[56] 张晓梅. 新媒体与新媒体产业 [M]. 北京：中国电影出版社，2014.

[57] 国家互联网信息办公室. 中国互联网20年：网络产业篇 [M]. 北京：电子工业出版社，2014.

[58] 祝建军. 数字时代著作权裁判逻辑 [M]. 北京：法律出版社，2014.

[59] 宋哲. 网络服务商注意义务研究 [M]. 北京：北京大学出版社，2014.

[60] 孔祥俊. 网络著作权保护法律理念与裁判方法 [M]. 北京：中国法制出版社，2015.

[61] 梅术文. 著作权保护中的消费者运动与制度创新 [M]. 北京：知识产权出版社，2015.

[62] 李宇. 传统电视与新兴媒体：博弈与融合 [M]. 北京：中国广播影视出版社，2015.

[63] 毕书清. 新时期的媒体融合与数字传播 [M]. 江苏：江苏凤凰科技出版社，2015.

[64] 周志平. 媒体融合背景下数字内容产业创新发展研究 [M]. 浙江：浙江工商大学出版社，2015.

[65] 熊琦. 数字音乐之道：网络时代音乐著作权许可模式研究 [M]. 北京：北京大学出版社，2015.

[66] 赖文智，萧家捷. APP产业相关著作权议题 [M]. 台北：中国台湾"经济部智慧局"，2016.

[67] 邹举. 电视内容产业的版权战略 [M]. 北京：社会科学文献出版社，2015.

[68] 张祥志. 知识产权视阈下的文化产业创造力研究 [M]. 北京：中国政法大学出版社，2016.

[69] 朱丹. 知识产权惩罚性赔偿制度研究 [M]. 北京：法律出版社，2016.

[70] 梅术文. 网络知识产权法：制度体系与原理规范 [M]. 北京：知识产权出版社，2016.

[71] 石必胜. 数字网络知识产权司法保护 [M]. 北京：知识产权出版社，2016.

[72] 宿迟，陈锦川，杨柏勇. 网络知识产权保护热点疑难问题解析 [M]. 北京：中国法制出版社，2016.

[73] 陈杰. 论著作权的正当性 [M]. 北京：知识产权出版社，2016.

［74］曾琳．著作权法第三次修正下的"限制与例外"制度应用研究［M］．北京：中国政法大学出版社，2016.

［75］孙昊亮．网络环境下著作权的边界问题研究［M］．北京：法律出版社，2017.

［76］于波．网络中介服务商知识产权法律义务研究［M］．北京：法律出版社，2017.

［77］邵燕．孤儿作品著作权问题研究［M］．北京：法律出版社，2017.

［78］谢利明．内容经济［M］．北京：人民邮电出版社，2017.

［79］詹红．文化产业管理概论［M］．北京：中华书局，2017.

［80］尹章池，等．新媒体概论［M］．北京：北京大学出版社，2017.

［81］袁博．著作权法解读与应用［M］．北京：知识产权出版社，2018.

［82］袁博．泛娱乐与著作权的那些事［M］．北京：知识产权出版社，2018.

［83］刘银良．信息网络传播权问题研究［M］．北京：北京大学出版社，2018.

［84］姚鹤徽．数字网络时代著作权保护模式研究［M］．北京：中国人民大学出版社，2018.

［85］凌斌．电子商务法［M］．北京：中国人民大学出版社，2019.

［86］宋建宝．互联网知识产权典型案例精选与注解［M］．北京：人民法院出版社，2019.

［87］李扬．著作权法原理［M］．北京：知识产权出版社，2019.

［88］袁杏桃．著作权侵权惩罚性赔偿研究［M］．北京：知识产权出版社，2019.

［89］付继存．著作权法的价值构造研究［M］．北京：知识产权出版社，2019.

［90］曾青未．作品增值利益的要素分配［M］．北京：知识产权出版社，2020.

［91］熊琦．著作权法中的私人自治原理［M］．北京：法律出版社，2021.

后 记

　　2015 年，由我主持申请的国家社科基金项目"新兴媒体融合发展中的著作权制度应对与变革研究"（15BFX144）获准立项，项目预期研究计划包括三个方面：（1）结合典型的新兴媒体类型开展著作权问题的实证调研，撰写调查报告；（2）围绕新兴媒体融合发展中的著作权制度应对和变革的热点话题，撰写并发表相关论文 5 篇以上；（3）形成不少于 20 万字的最终研究成果。

　　2019 年，在课题组负责人统一协调和课题组成员参与下，项目组按照预定的计划顺利完成了上述研究任务：（1）课题组完成 5 篇调研报告；（2）公开发表 14 篇关联论文，其中 11 篇论文发表在课题结项前，3 篇论文发表在课题结项之后，论文发表的数量远远超出预期，是预定计划的 2 倍以上；（3）完成近 24 万字的最终研究成果。由此可见，课题组顺利完成了项目预期的研究任务，取得较好的研究实效。令人振奋的是，项目研究成果得到同行专家的充分认同和高度评价，在 2020 年 3 月的国家社科基金结项时获得优秀等级。

　　本书是该项目最终结项成果的全景式展现，也是集体成果的结晶。在此感谢课题组成员郑伦幸、雷艳珍、蔡晓东、聂鑫等诸位好友基于共同志趣而开展的智力攻关行动，感谢李晓晓、葛林、韩文斌、魏瑶、郭璇、宋歌、陈鹏宇、徐洁、王舒宁、李涛、王天资、肖哲媛、邵颖、韩英昂、曹文豪帅等诸位同学参与调研，收集资料，撰写部分研究内容的初稿或者调研报告。

　　本书付梓之时，若干内容已经在《法学》《科技进步与对策》《中国出版》《编辑之友》《新闻界》《科技与法律》《苏州大学学报（法学版）》《中国编辑》《南京理工大学学报（社科版）》《楚天法学》等学术刊物上发表。编著者不敢掠美，已经在所涉章节中一并指出。在此感谢诸位期刊编辑同人和审稿专家的厚爱、指点，给予思想交流和观点表达的机会！此外，本书顺利出版，还应感谢知识产权出版社刘睿、邓莹两位编辑的辛苦付出，勘校苦事，尤为不易。

需要说明的是，《著作权法》已经于 2020 年 11 月 11 日作出修改，所以本书不少内容亦因应立法修改的实际情况作出调整，但总体框架、基本思路和主要创新点等与课题结项成果保持不变。

本书定稿之日，正值金陵疫情再起之时，真所谓烈日苦雨，字里沧桑。好在场景常易，然心力还在，回望过去，求激励于当下。冬已逝，春复始，愿山河无恙，人间皆安！